Heinrich Preschers

Chronik von Berlin oder Berlinische Merkwürdigkeiten.

Eine periodische Volksschrift. Hrsg. von Tlantlaquatlapatli. Berlin, Petit 1789-1892

Heinrich Preschers

Chronik von Berlin oder Berlinische Merkwürdigkeiten.
Eine periodische Volksschrift. Hrsg. von Tlantlaquatlapatli. Berlin, Petit 1789-1892

ISBN/EAN: 9783743623521

Hergestellt in Europa, USA, Kanada, Australien, Japan

Cover: Foto ©ninafisch / pixelio.de

Weitere Bücher finden Sie auf **www.hansebooks.com**

Ezechiel Tlantlaquatlapatli
Vater des Volksschreibers.
geb: 1726 gest: 1778.

Chronic von Berlin

oder

Berlinsche Merkwürdigkeiten.

Eine periodische Volksschrift.

Herausgegeben

von

Tlantlaquatlapatli.

Mit Kupfern.

Wahrheit zeuget immer Feinde:
Heucheln niemahls ächte Freunde.

Drittes Bändchen.

Berlin 1789.
Bei Petit und Schöne.

Chronic von Berlin,
oder
Berlinsche Merkwürdigkeiten.
Volksblatt.

Neun und vierzigstes und funfzigstes Stück.

Berlin, den 27. Junius. 1789.

Ueber den Character und die Pflichten eines Präsidenten, Vorgesetzten und Schriftstellers.

Die Leser erhalten mit gegenwärtigem dritten Bändchen eine Abbildung meines theuersten Vaters. Er bekleidete viele Jahre mehrere Ehrenstellen bei verschiedenen Fürsten und wurde ihr Vertrauter! Ihr Liebling! Ich war sein Erstgebohrner! Als er einige Talente bei mir, vorzüglich den Hang zur Gerechtigkeits-Liebe bemerkte; so ging sein Haupt-Plan dahin, mich zu einem Staats-Manne zu bilden. In allen nur möglichen Wissenschafften, wozu ich Neigung äußerte, wurde ich unterrichtet. Täglich genoß ich seinen Umgang. Als Jüngling hatte ich schon das Glück, einen wahren Schatz von Erfahrungen und Kenntnissen und so zu sammeln, daß ich es selbst nicht wußte. Kann ich andern Leuten dienen, war der Grundsatz meines Vaters, kann ich ihr treuer Rathgeber seyn; so bin ich dieses meinem Sohne am meisten schuldig. Kurz, er ging mit mir nicht als Vater, sondern als warmer, vertrautester Freund um. Er führte mich selbst in die große Welt, und lehrte sie mich, so gut es geschehen konte, kennen: Er zeigte sie mir nicht nur wie sie seyn sollte, sondern wie sie wirklich ist. So groß sein Einfluß auf diese und jene Regierung war; desto weniger liebte er das blendende Geräusch. In dem Schooße seiner Familie und in dem Umgange einiger geprüften Freunde ruhte er gemeiniglich von seinen wichtigen Geschäfften aus. An seinem Geburtsfeste suchte ich den würdigsten der Väter nach meiner Pflicht und Kräften auf diese oder jene angenehme Art zu überraschen. Wie wohl wurde mir, was für frohe Empfindungen belebten meine Seele, wenn ich nur etwas meine Absicht in Erfüllung gebracht sah! Das Geburtsfest in dem Jahre 1777 wird mir unvergeßlich bleiben. Nicht nur glückte es mir abermahl dem besten der Väter eine kleine Freude zu machen, sondern ich genoß auch, als ein Zeichen seiner Zufriedenheit, die Wonne, daß er mir den ganzen Abend allein schenkte:

„Ich danke Dir, mein lieber Sohn," sprach der beste Vater, „für Deine Aufmerksamkeit. „Sie ist mir ein Beweis von den Empfindungen „deines Herzens und Du darfst versichert seyn, „daß ich nie aufhören werde, dein zärtlich treuer „sorgender Vater zu bleiben. Eben deswegen „will ich Dir diesen Abend weihen und Dich mit „einem Gegenstande unterhalten, welcher auf „deine ganze künftige Glückseligkeit den größten „Einfluß haben wird. Warum ich Dich studiren „ließe, weißt Du. Zwang fand niemahls statt. „Alles stand in deiner Willkühr. Mein Satz „war beständig: alles, was Du lernst, lerne „recht, sonst bleibest Du ein elendes Mitglied „der Welt. Der Pfuscher spielt in jedem Fache „eine sehr erbärmliche Figur. Er glaubt alles zu „wissen und kann im Ganzen genommen nichts.

Ccc 4

„Nur er dünkt sich am klügsten und alle seine Ar-
„beiten verrathen doch das Gegentheil. Meine
„Haupt-Absicht war, Dich nach und nach zu mei-
„nen Fächern vorzubereiten. Bin ich schon noch
„nicht sehr alt, so fühle ich doch von Tage zu
„Tage eine Abnahme meiner Kräfte und ich
„zweiffle, ob ich noch ein Geburtsfest erleben
„werde. Dich glücklich, versorgt, in meinem
„Sohne ein nützliches Mitglied der Welt zu sehen,
„ist mein einziger Wunsch. Ich habe Dir nicht
„erst zu sagen nöthig, auf welchen Fuß ich mit
„mehrern Fürsten stehe. Es ist Dir bekannt, daß
„man deinem Vater achtet, daß man Vertrauen
„in ihn setzt; denn sonst würde man ihm die wich-
„tigen Stellen nicht anvertraut haben. Chef eines
„Collegii, Präsident, Vorgesetzter, sind wahrlich
„bald ausgesprochen, aber die Pflichten, welche
„der Stand mit sich bringt, gewiß nicht leicht: der
„Gedanke, in einem Augenblicke das Wohl vieler
„tausende befördert zu haben, ist Seligkeitsvoll;
„aber auch mit Vorsatze die Glückseligkeit vieler
„Tausende vernachläßigen, zeuget stilltödtende
„Marter. Mein Wunsch war, daß Du in eben der-
„selben Laufbahne fortwalltest, welche dein Vater

„bald endigen wird. Fürsten gaben mir ihr Wort.
„Wegen Deines Vaters haſt Du vieles voraus.
„Einen guten Nahmen. Man will, daß ich Dich
„in fürſtliche Dienſte anſtellen ſoll. Haſt Du
„darüber reiflich nachgedacht, auch überlegt, was
„wohl Dich erwartet? Nnr wenige Jahre und Du
„erfüllſt deine Schuldigkeit, ſo ſteht ebenfalls in
„deiner Gewalt Menſchen Wohl und Elend!
„Bei Gott kein kleiner Gedanke! Eben deswe-
„gen will ich Dir kürzlich meine Grundſätze da-
„rüber vortragen. Der Mann, welcher Chef ei-
„nes Collegii, Präſident iſt oder welcher mit ei-
„nem Worte ſich in einer ſolchen Lage befindet,
„worin er die Menſchheit in ihren Fugen erhalten
„ſoll, bekleidet eine der wichtigſten Stellen in die-
„ſem Leben. Seine Pflichten ſind groß und ſeine
„Rechenſchafft wird es einſt nicht minder ſeyn.
„Nicht genug iſt es, wenn ein ſolcher Mann viele
„Bücher und ſonſt gelehrte Kenntniſſe beſitzt oder
„einen Stuben-Gelehrten macht. Er muß vor-
„züglich auch der Welt einen edeln moraliſchen
„Character zeigen. Er muß andern mit guten
„Beiſpielen vorangehen und keinem ſchwankenden
„Rohre gleichen. Ein Mann von gutem Herzen

Ccc 5

„aber ohne durchdringende Kenntniſſe kann nie
„ganz ſeinen Stand gehörig behaupten. Ein ſol-
„cher hingegen, welcher durchdringende Kennt-
„niſſe aber auch ein ſchlechtdenkendes Herz beſitzt,
„iſt der Menſchheit ein Greuel! Tauſende bringt
„er um ihre Glückſeligkeit! Tauſende an den Bet-
„telſtab! Sein Gewiſſen wiegt er zwar in Schlaf
„ein, endlich weckt ihn der nagende Wurm und
„übergibt ihn der Verzweiflung. Dieſes, mein
„Sohn, ſind die Folgen desjenigen, welcher das
„Amt gleichfalls an den Nagel hängt und nur
„nach ſeiner eigenen Willkühr handelt. Geſetzt
„auch, Du haſt ein Amt, verwalteſt dieſes ganz
„unpartheiiſch, überſchreiteſt aber die Gränzen
„der Achtung und der Höflichkeit; ſo begehſt Du
„zwar keine Bosheit aber doch einen ſolchen Feh-
„ler, wodurch Du in den Augen der feinen Welt
„auf alle Fälle verlieren muſt. Des Vorgeſetzten
„Pflicht iſt vorzüglich, jeden mit der gehörigen
„Artigkeit und Höflichkeit zu begegnen. Nur dann,
„wenn die Geſetze mit Gewalt oder aus Chicane
„überſchritten werden ſollen, muß der Richter auf-
„ſtehen, und mit ſeiner Wage Recht und Unrecht
„abwägen. Ob ich dieſer Schilderung, welche

„ich Dir so eben zeichnete, nachgekommen bin,
„wirst Du in meinem Betragen gefunden haben.
„Ich erzählte Dir schon, daß mein Vorgänger ein
„sehr würdiger und gelehrter Mann war. Bei
„Antretung meines Amtes sagte der Fürst: ich
„übergebe ihnen dieses Amt, welches eines
„der wichtigsten ist. Sie haben einen braven
„Vorgänger gehabt. Er war ein gelehrter
„und ein ehrlicher Mann. Nur einen Feh-
„ler hatte er. Er war grob! Suchen sie
„diesen zu vermeiden. Man kann höflich
„und nachgebend seyn, ohne seinem Landes-
„herrn das geringste zu vergeben. Du weißt,
„mein Sohn, daß ich Wort hielte. Der Bauer,
„wie der Fürst muß, sobald er vor das Gericht
„kömmt, eines seyn. Denn die Sache wird un-
„tersucht und nicht die Person. Ueberhaupt ha-
„ben der Präsident, Richter und Vorgesetzte die
„größte Festigkeit des Characters nöthig. Ge-
„mäßigte Leidenschafften, Gegenwart des Geistes,
„tiefe Kenntniß des menschlichen Herzens, höfliche
„Begegnung, strengste Unpartheilichkeit sind ihre
„Eigenschafften. Ohne diese erreichen sie nie-
„mahls ganz ihre Bestimmung.

„Ich will mich noch deutlicher erklären. Wenn
„der Vorgesetzte in seinem Amte mehr einen auf-
„brausenden als sanften Character äußert; so fällt
„zwar dieses anfänglich auf, aber endlich wird
„man es gewohnt. Die Untergebenen lassen ihren
„Vorgesetzten ausbrausen und nützen hernach seine
„Launen. Andere hören das, richten sich darnach
„und warten natürlich den wahren Zeitpunct ab.
„Du weißt, mein Sohn, wie viele Proben man
„mit Deinem Vater anstellte, wie viele Schlin-
„gen man ihm legte; aber dem Himmel sey ge-
„dankt!. Der Eifer für die Gerechtigkeit wider-
„stand jeder Versuchung. Ein Weg nur ist es,
„auf welchen der Vorgesetzte, wenn er das Wohl
„der Menschheit vermehren und auch befestigen
„will, schlechterdings wandeln muß: den Weg der
„Ehrerbietung, Furcht und Liebe. Ein Vorge-
„setzter, welchen man keine wahre Ehrerbietung
„beweisen, nicht lieben kann, vergibt sich seinem
„Character. Erweckt er knechtische Furcht, so
„entstehen Zwang und Zurückhaltung. Man ach-
„tet ihn, aber mit keinem liebevollen Herzen.
„Mit Widerwillen tritt man vor ihn, zitternd
„hört man ihn an und ist froh, wenn der Vor-

„fall geendigt ist. So wird sich der friedliebende
„Bürger betragen. Der zänkische aber läßt es
„dabei nicht. Er glaubt für seine gerechte Sache
„auch ein Wörtchen zu sprechen: vergißt Ehr-
„furcht und alles, und nun entsteht aus einer
„Klage oft die größte Injurie! Versteht hinge-
„gen der Präsident oder Vorgesetzte die in der
„That schwere Kunst, in seinem so wichtigen Amte
„das Gleichgewicht zu erhalten, jedem nach seinem
„Stande zu begegnen, die Auswüchse der Mensch-
„heit zu verringern und doch jeden Menschen zu
„lieben; so spielt er wahrlich in dieser Welt die
„glänzendste Rolle. Man wird den Vorgesetzten
„hochachten und herzlich lieben; der Unterdrückte
„sehnt sich nach ihm. Sein Ausspruch ist ihm die
„wirkendste Arznei. Unter tausend Segens-
„Wünsche verläßt er seinen wohlthätigen Arzt und
„betet voll Inbrunst zu dem Richter aller für die
„Erhaltung eines solchen Menschenfreundes und
„Patrioten.

„Habe, lieber Sohn, dieses kleine aber treue
„Gemählde stets vor Augen und die Menschheit
„wird einst Deinem Grabe Thränen des Dankes
„weihen und Dein Andenken segnen!

„Freilich sehe ich gar wohl, daß Du Dich lie-
„ber als Schriftsteller zeigen möchtest. Ist Dein
„Hang unwiderstehbar, so befriedige ihn. Lieber
„hätte ich indessen gesehen, wenn Du meinem
„Fache folgtest. Auch ist Dir dein Brot gewis-
„ser. Besinne Dich, prüfe und wähle. Nur
„eins muß ich erinnern. Willst Du auf dem
„Wege des Schriftstellers fortfahren, so bedenke,
„daß er sehr steil und gefährlich ist. Diesen Weg
„mit Ehre zu betreten, sich auf demselben zu er-
„halten wissen, ist wahrlich ebenfalls sehr schwer.
„In zwei Beispielen kann ich mich deutlicher
„machen.

„Timons Neigung war von Jugend auf die
„Schriftstellerei. Er hatte einen guten Kopf,
„leistete als Jüngling viel und bei reiferm Alter
„bewies er mit seinen Schrifften, daß er der
„Menschheit hätte sehr nützlich werden können.
„Aber! aber! Sein Herz taugte nichts. Er
„schrieb vortrefflich über Pflichten und Moral
„und er war gerade der erste, welcher in seinen
„Handlungen das Gegentheil äußerte. Er geis-
„selte die verdorbenen Sitten und wälzte sich
„selbst in Lastern herum. Er wollte der Welt

„wahre Religion lehren und genau genommen,
„suchte er ihr zu schaden und die Herzen der Ein-
„fältigen zu vergiften. Ueber die Sparsamkeit
„entwarf er die herrlichsten Regeln, er selbst blieb
„jedermann schuldig und freute sich andere um
„das Ihrige zu bringen.

„Theon hingegen benimmt sich ganz anders.
„Auch er fand an der Schriftstellerei sein größtes
„Vergnügen. Ehe er aber dieses große Gebiet
„zu betreten wagte, bereitet er sich, so viel er
„konnte, vor. Er sammelte Kenntnisse, sah die
„Welt und bekam Erfahrungen. Das Jüng-
„lings-Feuer erlosch und männliche Denkkraft er-
„setzte die Stelle. Jetzt setzt er ebenfalls zu einem
„periodischen Werke die Feder an. Aufmerksam
„ist er auf das Publicum, für welches er arbeitet.
„Er studirt seinen Haupt-Character, prüft seine
„Verdienste, seine Schwächen. Sein einziger
„Wunsch ist, für das allgemeine Beste zu arbei-
„ten und nach Kräften zu wirken. Er liebt alle
„Menschen, aber Schandthaten, Vernachläßi-
„gung des Dienstes sind ihm verhaßt und ver-
„dienen Rüge, damit die Obern desto besser ihre
„Maßregeln treffen können. Ausübung der

"Pflicht, Eifer für die Gerechtigkeit müssen Auf-
"munterung erhalten. Ausgeartete Sitten aber
"haben die schärfste Geißel nöthig. So streng er
"in Erfüllung dieser Grundsätze beharrt, eben so
"strenge beobachtet er sie an sich selbst. Als
"Schriftsteller muß er andern wahres Muster wer-
"den. Er muß den festesten Character behaupten,
"entfernt von allen Haupt-Leidenschafften seyn,
"keinen Groll gegen diejenigen hegen, welche ihm
"nicht wohl wollen, allezeit unerschüttert stehen
"und auf dem geraden Wege bleiben. Ueberhaupt
"befiehlt ihm seine Pflicht so moralisch als möglich
"zu handeln und zu leben: nicht allen öffentlichen
"Lustbarkeiten beizuwohnen und sich entweder im
"Spiele, Trunke oder in der sinnlichen Liebe aus-
"zuzeichnen. Aus dieser kleinen Darstellung wirst
"Du, mein Sohn, überzeugt werden, daß das
"Amt eines Schriftstellers ebenfalls ein sehr
"wichtiges Amt bleibt. Seine Pflichten sind
"äußerst schwer und deren strenge Erfüllung ist
"desto nothwendiger, weil nicht nur hunderte,
"sondern oft auch tausende auf einen solchen
"Mann Achtung geben, ihn prüfen, ob er selbst
"so lebt und die Grundsätze so ausführt. —

"Das

„Das wäre das, fuhr mein Vater in dem „freundschafftlichsten Tone fort, was ich Dir zu „sagen hatte. Ueberlege alles und prüfe. Nur „wiederhole ich das: Alles, was Du thust, „thue recht, laß Dir es angelegen seyn."

Einige Wochen nachher überreichte mir der beste Vater alles das, was er mit mir gesprochen hatte, schriftlich und sagte: „Dies sey der Catechis, „mus deines Vaters. Lies ihn durch, lern ihn „auswendig. Befolgst du ihn, so kann dir es „niemahls unglücklich gehen. Der wahre recht, „schaffene Mann wird dich schätzen. Neid und „Zwietracht mögen noch so sehr ihre Pfeile schär, „fen: noch so viel auf dich abschleßen, so werden „dich keine treffen. Du wirst stehen, so lange du „der wahren Religion getreu bleibst, deinen Für, „sten verehrst, deinen Vorgesetzten mit Ehrerbie, „tung begegnest und die Pflichten als ein patrioti, „scher Bürger des Staates erfüllest. Amen!!!"

Das Jahr darauf starb mein Vater. Mit sei, nem Tode verschwanden Freundschafft und Ver, sprechen. Auch gut, dachte ich: Was nicht seyn soll, soll nicht seyn. Du setzteft deinen Wander, Stab weiter, steckest deinen väterlichen Catechis, mum bei dir; befolgest ihn und Gottes Segen wird dich begleiten. Bleibe da, war mein Plan, wo du die Grundsätze deines unvergeßlichen Vaters theils erfüllt siehst, theils selbst erfüllen kannst. Die Vorsehung führte Tlantlaquatlapatli nach Berlin. Hier konnte er nicht nur die Pflichten eines periodischen Schriftstellers nach seinen Kräften ausüben, sondern er fand auch solche würdige Männer, Vorgesetzte und helldenkende Präsidenten, welche ganz derjenigen Zeichnung glichen, welche sein Vater einst entworfen hatte.

Tlantlaquatlapatli's Zeitung.

Der Liebhaber als Schornsteinfeger oder Mittel die Männer zahm zu machen.

In einem angesehenen Hause zu Berlin ging unter den Mägden und Bedienten die Sage: es spuke! Kaum war ein Bedienter 14 Tage in dem Dienste, so nahm er wieder seinen Abschied. Denn alle glaubten im Hause, Gespenster gesehen zu haben. Leise murmelten sie zwar unter sich, endlich kam es vor die Herrschafft selbst. — Bald darauf zeigte sich ein wirkliches lebendiges Gespenst, welches die vorhergehenden weit übertraf und wovon die Frau des Hauses die Quelle war. Sie wünschte längst eine kleine Rache an ihrem Gemahle, weil er so sehr den Eifersüchtigen spielte, zu nehmen. Ungeachtet sie ihn auf das zärtlichste liebte, so glaubte sie doch, daß er eine kleine Züchtigung verdient hätte. Denn nicht nur nährte er ungegründeten Verdacht, sondern es entstand auch dadurch nichts als Aerger und Zank. Der Secretair ihres Mannes schien ihr das einzige Werkzeug zu seyn, mit welchem sie ihren Gemahl auf den geraden Weg zu bringen glaubte. Durch ihr einnehmendes Betragen gewann sie den Secretair dergestalt, daß er endlich nichts anders muthmaßen konnte, als daß die Frau Principalinn sterblich in ihn verliebt wäre. Weil ihr Gemahl mit seiner Eifersucht fortfuhr, so schritt sie auch zu ihrem Plane. Nachdem sie vorher den Secretair ganz sicher gemacht hatte, so redete sie mit ihm ab, daß er sich morgen Abend als Schornsteinfeger einstellen sollte. Für die nöthigen Kleidungs-Stücke hätte sie schon gesorgt. Der Secretair fand alles und hielt Wort. Um die festgesetzte Stunde erschien er bei dem Cabinette der Dame. Eine neu angekommene Köchinn, welche noch nicht schlief, hörte ein Rauschen und gewisses Gehen. Ohne weiter an ein Gespenst zu denken ging sie heraus. Der Secretair, welcher zu seinem Unglücke das rechte Zimmer nicht gleich finden konnte, rief leise, wer da wäre? Der Muth der Köchinn verdoppelte sich. Ohne Complimente packte sie ihn fest an. Der Secretair, welcher an seinem Leibe so zitterte, als wenn er die größte Electricität hätte aushalten müssen, fragte ganz betroffen, ob er nicht bei dem Cabinette der gnädigen Frau wäre? Kaum vernahm dieses die Köchinn, so machte sie Lärmen und rief alle Leute im Hause zusammen, denn nun glaubte sie nicht anders; als daß man in das Zimmer der gnädigen Frau hätte einbrechen wollen. Indessen kamen Mädchen und Bedienten mit Lichtern, sahen und fanden einen Schornsteinfeger. Jetzt glaubten alle, daß es einer von denjenigen wäre, welcher in dem Hause fegte. Ohne weitere Untersuchung brachte man sogleich den metamorphosirten Schornsteinfeger zu dem Meister, welcher das Haus zu bedienen hatte. Dem Meister behagte die Ruhe zu sehr, als daß er wegen einer solchen Kleinigkeit aufstehen sollte. Er befahl daher, man sollte ihn nur in die Kammer sperren,

In dieser saß der arme Secretair bis an den Morgen. Als dieser heranbrach, so kam der Meister und besichtigte seinen eingebrachten Schornsteinfeger. Da er ihn weder kannte, noch vielleicht kennen wollte, so brachte er ihn selbst ohne weitere Umstände zu dem Herrn des Hauses. Das Erstaunen des Mannes, die Schadenfreude der Frau, die Schaam des Secretairs läßt sich nicht beschreiben. Als die beiden Eheleute allein waren; so sagte die Frau Gemahlinn lächelnd: das ist die erste Züchtigung für dein eifersüchtiges Betragen, fährst Du darin fort, so soll eine stärkere erfolgen. Indessen versichere ich Dir auf Ehre, daß zwischen mir und dem Secretair nicht das geringste böse vorgefallen ist, daß auch unser Gesinde nichts davon weiß. Wirst Du ganz wieder der gefällige Mann seyn; so werde ich mich ebenfalls als Weib so betragen. Der Mann versprach es und wurde ganz wieder derjenige, welcher er gewesen war. Oefters pflegte sie im Scherze zu sagen: Ihr Männer möget noch so eifersüchtig, noch so strenge, noch so trotzköpfigt seyn, so hat eine vernünftige Frau immer Mittel euch zahm zu machen.

Orthodoxie und Halsstarrigkeit des Rabbiners Jockusiel. Ahndung des Hamburgschen Magistrats.

Bis jetzt spielte ich nur die Rolle eines Stummen. Entfernt gab ich auf die niedern Handlungen des Rabbiners Jockusiels achtung. Ich las sein Buch: Lehren des Jockusiels und hatte Mühe in dem Schlamme nicht stecken zu bleiben. Ich las die darauf folgende Beurtheilung: Jockfels Beobachtungen von Owadioh und freute mich. Ein elender Wisch: an die Stadtleute in Berlin erschien und wollte mich wieder in den Schlamm führen. Allein die Fackel der Aufklärung leuchtete mir zu hell, als das ich hätte geblendet werden können. Da ich nun über alle diese Vorfälle meine Randglossen für mich machte, so hörte ich, daß Tlantlaquatlapatli in seiner beliebten Volksschrift auch über diese Gegenstände Aufsätze eingerückt hätte. Sogleich ließ ich sie holen. Mit größter Begierde las ich sie durch. Die folgenden Aufsätze ebenfalls. So viel Vergnügen mir Jockfels Beobachtungen von Owadioh machten, eben so viele wahre Freude empfand ich über Tlantlaquatlapatlis Aufsätze und Aeußerungen.

Jetzt, dachte ich, jetzt da ein Mann wie Tlantlaquatlapatli auf eine solche edle menschenfreundliche Art hervortritt, der gerechten Sache sich annimmt; da er, so viel ich weiß, nicht in der geringsten Verbindung mit meiner Nation steht, jetzt ist es hohe Zeit, daß du auch hervortrittst und einige Wörtchen dazwischen sprichst. Neues kann ich freilich nichts sagen. Allein Pflicht ist es, daß, da ein Mann wie Tlantlaquatlapatli, welcher nicht zu meiner Religion gehört, sich als ein toleranter unpartheiischer Volksschreiber beträgt, daß ich nicht nur diesem Patrioten im Nahmen meiner Nation danke, sondern ihm auch gleichfalls überzeuge, daß mehrere Männer in Berlin leben, welche an seinen Aeußerungen den größten Antheil nehmen und sich es zur Pflicht machen, die Fackel der Aufklärung nicht auszulöschen.

Daß die Ehre eines Mannes, wie des Rabbiners Jockusiels ist, sich nicht reitzen läßt, war vorauszusehen: denn sonst hätte er wahrlich keine so elende Lehren in die Welt geschickt und hernach so niedrig gehandelt. Leider gibt er abermahl einen traurigen Beweis, wie kurzsichtige und racheglühende Menschen das Zutrauen der nachsichtvollsten

Obrigkeit mißbrauchen können. Gewiß gereichet es den braven Hamburgern zu keinem Vortheile, daß sie nicht auf Mittel denken, solche schwarze Thaten nach Kräften wenigstens etwas zu veredeln. Zur ewigen Schande gereicht es auch dem bekannt gewordenen Bruch Verfasser und sogenannten übelriechenden Ton-Künstler, daß er seinen Vorgesetzten in den stärksten Sumpf gar hineinzog. Freilich bewies dieser Charletan, daß er viel zu wenig Seelen-Kräfte besitzt, als eine philosophische Vertheidigung zu liefern. Wenn kauterwelsche Sätze, pöbelhafte Ausfälle, elende Ausdrücke, ein Gemengsel von Unsinn den wahren Philosophen machen, so bleibt fürwahr diese Vertheidigung das allergrößte Meisterstück. Es ergibt sich aber sattsam daraus, wie oft Dummheit und Pedanterie die stärkste Wurzel fassen können. Dem Patrioten bleibt daher nichts übrig, als die orthodoxische Larve herunter zu reissen und den Mann in das gehörige Licht und Schatten zu setzen. Tlantlaquatlapatli hatte zwar schon so viele Menschenliebe, mehrere meiner Nation ebenfalls; indessen kann man dem Guten hierin nicht zu viel thun. Niederträchtige Handlungen verdienen allgemeine

Bekanntmachung. Die Pflicht eines jeden hell-
denkenden befiehlt: daß man vorzüglich seiner Gemeinde erzählt, wie vorsätzlich man sie oft in dem
Finstern tappen und das schönste Licht in das fürch-
terlichste Dunkel möchte verwandeln laſſen.

Wirft der unpartheiische Philosoph einen Blick
auf die Handlungen des Jockuſiels, prüft er die
hier in Berlin, dann die in Hamburg herausgekom-
mene Schriften; so wird er ganz deutlich erkennen: daß die That des Hamburgschen Rabbiners
abscheulich, des hiesigen Verfassers ganz vortrefflich und des Bruch-Verfaſſers äußerst elend iſt.
Wie kann überhaupt ein Volks-Lehrer so erbärmlich denken und einen Gegenstand über Ochsen
Gefühl als einen Lehrsatz der Welt aufbürden?
Und wie fade ist daher der Titel seiner Schrift:
Lehren des Jockuſiels. Hat er denn wirkliche
Gründe? Selbst der Talmud ist unvermögend in
gewisser Rücksicht seine Macht-Sprüche, Lehre zu
nennen. Er weiß eigentlich keine belehrende Gründe
als bloße Bezüge auf die mosaische Bibel anzufüh-
ren. Die Talmudisten dehnen sie oft in die Länge
und drücken sich sehr unbestimmt aus. Um nicht
das Größere zu überschreiten, heiſſen sie dieselben

feste Zäune und hüllen sie in den Mantel der Religion ein. Als ein wirklicher Lehrsatz mit hinlänglichen nachforschenden Gründen und Ueberzeugung des Satzes kann der Talmud unmöglich seine Journale der Aufklärung für die Nachwelt angekündiget haben. In dem Gegentheile verbietet er bei einer sehr großen Strafe seine Machtsprüche nicht auszuspähen.

Wie niedrig und straffällig ist es also, wenn in unsern so aufgeklärten Zeitläuften ein Werk des Aberglaubens zum Vorscheine kömmt! Ein Werk, welches nichts als Intoleranz, zusammengeraffte Brocken von Thorheiten und ein Gemengsel von Unsinn enthält! Alles dieses überging noch der Verfasser der hier herausgekommenen Schrift. Er behandelte den Rabbiner Jockusiel als Freund und Lehrer und bittet ihn vielmehr in den jetzigen Zeitläuften doch solche Sätze des Aberglaubens nicht auszustreuen, destomehr aber gerieth Raphael in Wuth. Ohne Vorwissen der Obrigkeit übte er durch seinen Bann die schändlichste Frevelthat aus. Erklärte einen Menschen ohne gegründete Ursachen für vogelfrei und will ihn dadurch um seine irrdische Seligkeit bringen. Auf die niedrigste Art verlachte er den Hamburger Magistrat, verbreitete Unruhe, bahnte einem Menschen den Weg zum Verderben und beharrt auch in dieser Halsstarrigkeit. — Wahrlich, wahrlich kann man diesen Raphael Jockusiel einen rebellischen Aufwiegler nennen. Schonung verdient er nicht. Vorbei sind die Zeiten des Fanatismus! Gottlob! Nie kann er wie sonst in der Stille seine Kette schmieden und damit tausende aneinander fesseln. Die Zeiten der Aufklärung werden solche Ketten wie Zwirnsfäden zerreissen und nie die Fackel des Aberglaubens brennen lassen. Vorbei sind die Wunder-Zeiten! Und kein Elias Wunder wird der Vernünftige von diesem schwachen rachgierigen Kopfe glauben!

Auch meine Pflicht ist es, die Hamburger Obrigkeit aufmerksam darauf zu machen. Denn eine solche schwarze Handlung verdient schärfste Ahndung und Bestrafung. Getrost kann der Hochedle und Hochweise Rath der freien Reichs- und Handels-Stadt Hamburg diesen Ober-Rabbiner Raphael Jockusiel gerichtlich einziehen. In einem streng angestellten Verhöre wird es sich bald entscheiden, was für unverschämte Beleidigungen die Berliner von einem so seichtdenkenden Rabbiner erdulden mußten. Indessen haben die Berliner eine zu gute Meinung von der Hamburger Obrigkeit, als daß dieselbe eine solche frevelvolle Handlung, welcher sich der Rabbiner Jockusiel schuldig gemacht hat, ohne die geringste Ahnudung sollte hinschleichen lassen.

Schlächter = Unterredung.

Vergangenen Dienstag gerieth Tlantlaquatlapatli in die Gegend des Stelzenkruges. Bei dem daran stoßenden Viehmarkte bemerkte er eine Versammlung Fleischer-Meister und Jüdische Viehhändler. Ein Viehmäster saß auf einer Bier-Tonne und las etwas ab. Tlantlaquatlapatli trat näher und hörte, daß der Viehmäster in seiner Chronic das Capitel von den Schlächtern in einem pathetischen Tone ablas. Einige der Schlächter tobten sehr darüber. Andere wurden noch aufgebrachter, weil die jüdischen Viehhändler sie deßwegen neckten. Seht ihr, sagten verschiedene, nun kommt ihr auch einmahl vors Brett! — O! hätten wir, sagte einer jähzornig, hätten wir den verfluchten Kerl hier, wir wollten ihn so zerprügeln, daß man ihn in eine Wurst füllen könnte. Hm! dachte Tlantlaquatlapatli, zu was du noch in der Welt nützen kannst. Abermahl ein Verdienst, welches dir bis jetzt unbekannt war. Eine ausgefüllte Wurst ist doch besser als gar nichts. Während dessen maulten mehrere Schlächter fort. Nachdem sie noch ein Weilchen lärmten, rief einer aus der Versammlung: Wenn wir nur gewiß wüßten, wer der Tlamplampuli wäre. Er sollte beim Teufel auf einem Ziegenbock reiten! Der Kerl! Die andern lachten alle. Da Tlantlaquatlapatli den Messieurs damahls nicht danken konnte, weil er sich nicht zu erkennen geben durfte; so dankt er jetzt öffentlich für die neumodische Strafe und nimmt sie für empfangen an.

Die ertrunkene Braut.

Freitag, den 11ten Junius, traf gegen Mittag Tlantlaquatlapatli eine große Anzahl Menschen in dem Lustgarten an der Spree. Natürlich ging er auch hin und kam eben dazu, als man ein ertrunkenes Mädchen herausgezogen hatte.

Nach näherer Erkundigung erzählte man ihm: daß es ein sehr braves Mädchen gewesen wäre. Arbeitsam, thätig, nicht über seinen Stand gekleidet, aber doch rein und ordentlich. Es hätte einen jungen Professionisten geliebt, welcher aber wegen seiner Minderjährigkeit noch nicht hätte Meister werden können. Das Mädchen war indessen von ihrem Geliebten schwanger geworden. Er hätte es auch heirathen und seine Pflicht als Mann und Vater erfüllen wollen. Allein Familien-Verhältnisse von Seiten des Mädchens vereitelten die Heirath. Den bittersten Vorwürfen soll das arme Kind ausgesetzt gewesen seyn. Es nahm sich dieses zu Herzen. Die Munterkeit verlor sich. Es härmte sich ab. Vorwürfe der Mutter, des Bruders kamen dazu; den Dienstag vorher verlor sich die unglückliche Braut. Niemand wußte, wo sie war. Endlich fand man sie Freitags darauf in der Spree. Allgemein wurde sie bedauert. Alle Nachbarn gaben ihr das beste Zeugniß. Der unglückliche Bräutigam sah selbst diese Catastrophe und sein Blick, seine Miene verkündigten nichts als jammernden Schmerz! Du bist zwar der Quell, Unglücklicher, aber der Tod deines Mädchens, deines Kindes kömmt nicht über dich! Wehe über denen, welche das treuliebende Mädchen in eine solche verzweiflungsvolle Lage setzten.

Wurst wider Wurst.

M. zog in einer Gesellschafft mit dem Schnupftuche ein Billett, an welchem ihm viel gelegen war, aus der Tasche. D, dessen Haupt-Character die Neugierde ist, steckte es bei sich und gab es, ob er gleich es schon gelesen hatte, doch nicht wieder zurück. M. war wegen des verlohrnen Billettes sehr verlegen. Nach einigen Tagen erfuhr er, daß D. es gefunden, gelesen und wahrscheinlich auch behalten hätte. M. sann darauf, sich wegen dieses so unedeln Betragens auf eine erlaubte Art zu rächen. Nach Verlaufe von etwa 14 Tage traf er D. wieder in einer Gesellschafft an. M. ließ gleichsam unbewußt ein anderes Billett aus der Tasche fallen. D. hob es ebenfalls mit Entzücken auf. M. bemerkte es wohl, sah aber doch nichts. Der Inhalt des Billettes lautete folgender Gestalt: „D. glaubt, wie jüngst „hin ein Billett zu finden, hebt es vergnügt auf, „steckt es ein und denkt schon mit dem größten

„Entzücken daran, wie er den wahren Eigenthü-
„mer necken will. Allein, welcher Irrthum! die-
„sesmahl findet sich der arme Herr D., welcher
„letzthin nicht so redlich dachte und das Billett
„seinem rechtmäßigen Besitzer wieder einhändigte,
„betrogen. Denn zu seinem größten Leidwesen
„hebt er die Strafe seiner Neugierde selbst auf."

Was für Gesichter D. bei Durchlesung des Billettes wird geschnitten haben, kann man sich vorstellen. Tlantlaquatlapatli dachte: Wurst wider Wurst. Nicht so?

Quittung.

Die Liste der Talente und Verdienste meines theuersten Vetters Halefusekalpelominosikovs-ky, welcher die Stelle bei den sechs Damen als Führer antreten möchte, folgt künftige Woche.

Chronic von Berlin,
oder
Berlinsche Merkwürdigkeiten.
Volksblatt.

Ein und zwei und funfzigstes Stück.

Berlin, den 4. Julius. 1789.

Beschluß der Lebens-Geschichte eines Berlinschen ungerathenen Sohnes.
(Leider ein wahres Familien-Gemählde.)

(Man sehe S. 532.)

Vorstellen kann man sich, daß, als Bastard
seine Bedienung verlor, wieder ein Häufchen
Schulden zu bezahlen war. Die Mutter brachte
es doch einmahl dahin, daß die Schulden getilgt
wurden und glaubte immer Ihr Aug-Apfel wird
sich endlich austoben. Jetzt arbeitete man wieder an
einer neuen Bedienung für den vielgeliebten Sohn,
welcher alle nur mögliche Besserung versprach.

Die Erfahrung lehrte millionenfältig, daß oft den würdigsten Menschen die Göttinn des Glückes flieht, bei den ausschweifendsten hingegen kehrt sie desto fleißiger ein. Bei Bastard erfolgte ebendasselbe.

Ein auswärtiges Aemtchen brachte ihn wieder in Brot. Mit diesem betrat er eine neue Lebens-Bahne und nahm die Maske eines guten Wirthes an. Allein dieses war, wie hernach der Erfolg am deutlichsten bewies, eine List, damit er die Tochter eines wohlhabenden Kaufmanns zur Frau bekommen konnte. Die Unterhandlungen der Heirath wurden vorgenommen. Bastard's Aeltern wandten alles an, die Heirath zu Stande zu bringen und glaubten dadurch, ihren Sohn noch zu dem besten Welt-Bürger umzuschaffen. Die Hochzeit wurde vollzogen. Das Heirathsgut der Braut war ansehnlich. Bastard betrug sich aus Politic die ersten Monathe gegen sein Weibchen sehr artig und machte es dadurch ganz sicher. Endlich erwachte in seinem Herzen wieder der alte Teufel. Ungeachtet die junge Frau ein vortreffliches Herz besaß und die beste Erziehung von ihren Aeltern erhalten hatte, so wurde sie Bastard doch

((781))

ängstlich überdrüßiger. Von dem erheiratheten Vermögen bezahlte er anfänglich die damahls gemachten Schulden, das übriggebliebene verpraßte er nach seiner Gewohnheit. So brachte er nicht nur die Mitgabe seines Weibes durch, sondern gerieth abermahls in eine große Schuldenlast. Tilgen kannte er sie nicht. Der Erfolg war der, daß er sein Weib und seinen Dienst heimlich verließ. Während dieser traurigen Catastrophe wurde die unglückliche Frau mit einem wohlgebildeten Kinde entbunden. Da der Mann sie gleichsam ganz ausgeplündert hatte; so war sie gezwungen sich in die Arme ihrer Aeltern wieder zu werfen. Jetzt kamen Bastard's Schandthaten alle an des Tages Licht. In den Zeitungen wurde er als der größte Verschwender erklärt. Allenthalben verfolgten ihn seine Gläubiger, welche meistentheils Juden waren. Man suchte ihn auf. Keine Freistadt blieb ihm mehr übrig. Sonst war Berlin seine Zuflucht, weil die Aeltern noch lebten. Diesesmahl aber schlug seine Absicht fehl. Seine Ankunft wurde verrathen. Man forschte ihn aus; einige mahl entwich er. Endlich entdeckten ihn die Landreiter. Bastard merkte es: in der größten Angst wollte

Eee 2

er sich in einem fremden Hause retten und sich in einem heimlichen Gemache verbergen. Bei Durchsuchung des Hauses aber fand man Bastard.

Viele Monathe mußte er auf der Hausvogtei sitzen. Von seiner Frau wurde er geschieden. Nach Verfließung seines Arrestes trieb er sich herum und suchte bei einem und dem andern Zuflucht. Er zeigt einen Reise-Paß vor. Diesen soll er selbst nachgemahlt und geschrieben haben. Mit diesem bemüht er sich Geld zusammen zu betteln. Auch wendet er vor, nach einem fremden Orte zu reisen und eine neue Bedienung anzutreten.

Vor einigen Monathen war dieser Bastard noch hier. So elend geht er einher, daß er sich bei Tage nicht mehr sehen kann lassen. Sein Körperbau gleicht einem Todten-Gerippe. Kein Mensch fühlt gegen ihn Mitleiden. Keiner seiner Freunde nimmt sich dessen mehr an. Die Thüren werden ihm verschlossen. Sein Nachtlager muß er auf den öffentlichen Straßen suchen. Nur das Ungeziefer bemüht sich, seine Gesellschafter zu bleiben.

So lebt dieser Bastard. Seine Aeltern brachte er um Vermögen und vor innerm Grame früher in die Gruft. Seiner vortrefflichen Frau stahl er einen braven Mann, dem Kinde einen rechtschaffenen Vater und der Welt ein nützliches Mitglied.

Jesus Sirach gab schon allen Aeltern die weisen Lehren: „Zärtle mit deinem Kinde, so mußt „du dich hernach für ihm fürchten, spiele mit ihm, „so wird es dich hernach betrüben. Scherze nicht „mit ihm, auf daß du nicht hernach mit ihm trauren müssest und deine Zähne, zuletzt kirren müssen. „Laß ihm seinen Willen nicht in der Jugend und „entschuldige seine Thorheit nicht. Beuge ihm „den Hals, weil er noch jung ist, bläue ihm den „Rücken, weil er noch klein ist, auf daß er nicht „halsstarrig und dir ungehorsam werde. Zeuch „dein Kind und laß es nicht müßig gehen, daß du „nicht über ihn zu Schanden werdest. — „

Aeltern! Aeltern! denkt an Sirach! Folgt ihr aber diesem braven Volks-Lehrer nicht, so muß euch ebendasselbe Schicksal treffen, welches Bastard's Aeltern betroffen hat.

Tagebuch
des
Königl. National-Theaters in Berlin.

(Sechs und zwanzigste Fortsetzung.)

Januar 1789.

Den 1ten. **Der Doctor und Apotheker.** Der erste Tag in diesem Jahre ließ sich sehr gut an. Denn die Vorstellung wurde stark besucht.

Den 2ten. **Der Vetter in Lissabon. Die Heirath durch ein Wochenblatt.** Heute war es dafür desto leerer. In dem letzten Stücke spielt bekanntlich Fleck die Rolle des Wilibald's. Er erschien, machte seinen Kratz-Fuß und ging sogleich wieder ab. Unrecht bleibt es: bedenkt man aber, daß das Haus leer, die Witterung sehr kalt war, und stellt sich in Flecks Lage, so läßt sich eine kleine Entschuldigung finden.

Den 3ten. **Das Räuschchen.** Da Reinwald unvermuthet unpäßlich wurde; so übernahm ein gewisser Wagner, welcher mit seiner Frau hier angenommen werden sollte, die Rolle des

Raths Brandts und wurde in optima forma ausgepocht. Schmeißet ihn herunter, rief eine Stimme: So schlecht Wagner den Character vortrug und durch sein affectirtes Spiel und außerordentliches Schnarren ganz unleidlich wurde, so bliebe es doch von dem, welcher seine Stimme erhob, auch unrecht. Bei der Ankündigung des morgendes Stückes wurde applaudirt und gepocht.

Den 4ten. Der argwöhnische Liebhaber. Mad. Wagner trat als Julie auf und hatte das Schicksal ihres Mannes. Ein Theil des Publici applaudirte, ein anderer pochte. In dem Parterre entstanden Streitigkeiten. Der Theil, welcher das Auspochen nicht leiden konnte, lehnte sich dawider auf, gebot Ruhe und erklärte: daß ein solches Betragen sehr unschicklich wäre. Hätte man etwas gegen die Leute, so sage man es ihnen und lasse es nicht andern entgelten. Wir stimmen diesen Grundsätzen bei. Die Theater Zeitung (welche wir in der Folge, weil man sie oft anführen muß, abgekürzt Th. J. berühren werden) meldet No. 2. Man kam mit eben den Gesinnungen in's Schauspielhaus, mit denen man dasselbe den vorigen Tag verlassen hatte. Wir vermutheten die-

Eee 4

ses auch; das Vorurtheil war einmahl wider den Mann, folglich traf es die Frau ebenfalls. Fettner meldet die Th. Z. daß er und sie die Rollen in der Geschwindigkeit übernommen hätten. Wenn unter solchen Umständen ihr Spiel nicht so ausfiel, als man vielleicht verlangen konnte; so hätte man doch bedenken sollen, daß es den größten Künstler in Verlegenheit setzen würde, unvorbereitet zum erstenmal vor einem neuen Publicum aufzutreten u. s. w. Diese Sätze sind theils richtig, theils unrichtig. Richtig: weil der geübteste Schauspieler, wenn er das erstemahl eine Bühne betritt, entweder in eine gewisse Furcht oder in Verlegenheit kömmt. Er ist in Ansehung seines Tones zu ungewiß, weil er Theater und Parterre noch nicht hinlänglich kennen kann. Oft will er diese und jene Stelle recht gut vortragen und sie mißlingt ganz ohne Verschulden. Unrichtig weil das unvorbereitet mehr voraussetzt, als der Verfasser der Th. Z. daran dachte. Wenn ein Schauspieler eine Rolle sehr oft gespielt hat und muß oder will sie für einen andern spielen, so fällt der wahre Begriff des unvorbereiteten weg. Dies war der Fall bei Wagner. Er steht in dem Wahne, daß er sein Brandtchen vortrefflich spiele und kömmt doch lange nicht unserm Reinwald bei. — Das Urtheil aber, Seite 10, daß der Mad. Wagner beßere Haltung ihres Körpers zu empfehlen sey, treten wir nicht nur von ganzem Herzen bei, sondern wir setzen auch noch hinzu, daß, so lange sie nicht mehr Gleichheit des Tons und der Sprache beobachten wird, so lange bleibt sie eine Stümperinn. Einige Stellen sagte sie so geschwind, daß man sie kaum verstehen konnte, andere hingegen waren wieder zu sehr gedehnt.

Den 5ten. Ausgesetzt wegen der großen Oper.

Den 6ten. Auf Allerhöchsten Befehl König Lear. Tr. in 5 Aufz. nach Schakespear von Schröder. Es ist immer gut, wenn solche Stücke, welche seit 10 oder noch mehreren Jahren ruhten, wieder hervorgesucht werden. Freilich konnte nach der Besetzung Lear nicht so ausfallen, wie er doch hätte ausgeführt werden können. Ein gewisser Zillmer trat zum erstenmahle als Edmund auf und mißfiel gänzlich.

Den 7ten. König Lear wiederholt. Die Th. Z. sprach (S. 17 und 18) ein langes und breites über diesen Haupt-Character. Wir halten es für überflüssig, weil einst viele Bogen darüber geschrieben wurden. Erlaubte es unser Raum, so möchten wir wohl eine Paralel zwischen unserm Fleck, Ifland, Schröder und Muth ziehen. Ganz gewiß bleiben sie vor der Hand die besten Leara. Jeder ist Künstler; jeder hat etwas eigenes in seinem Spiele. Zilmer hatte wieder die Ehre als Edmund ausgehustet zu werden. Wegen der Kälte nicht so voll wie gestern.

Den 8ten. Der Bürgermeister. Unsere Madame Bötticher spielt die Frau Bürgemeisterinn sehr brav.

Den 9ten. Ausgesetzt wegen der großen Oper.

Den 10ten. Die Frascatanerinn. Greibe spielte sonst den Don Fabrizio. Wegen seiner Unpäßlichkeit übernahm ihn Frankenberg. Als die Oper zu Ende war, sagte einer: Nun wissen wir doch, was der Don Fabrizio für ein Kerl ist. Vorher dachten wir: Er hätte gar keinen Character. Die Th. Z. (S. 25) giebt Lippert einen Lobstrich und rühmt sein passendes Spiel. Sind gedehnte Sprache, affectirtes Spiel hier passend?

Den 11ten. König Lear. Zilmer wurde heute abermahl als Edmund ausgehußet. Warum Hr. Professor Engel diesem Manne, welcher weder Gang, Ton noch Sprache u. s. w. besitzt, in einer solchen Rolle auftreten ließ, wollen wir nicht untersuchen. In die größte Angst geriethen wir, so oft Zilmer erschien.

Den 12ten. Nichts wegen der großen Oper.

Den 13ten. Die große Toilette. Ging wegen der Leere des Hauses ziemlich rasch.

Den 14ten. Jack Splien. Der Zauberspiegel. Mlle Hellmuth von dem eingegangenen Markgräflich-Schwedschen Theater, trat in dem Zauberspiegel zum erstenmahle als Rosine auf. Die Th. Z. streicht das gute Mädchen sehr heraus. Hierin widersprechen wir nicht. Junge Künstlerinnen verdienen allerdings Aufmunterung. Schon ihres Nahmens wegen erhielte sie Aufmerksamkeit. Jedem Liebhaber und Kenner des Theaters wird ihr braver Vater unvergeßlich bleiben. Er war ein gründlicher Musicus, ein vortrefflich comischer Schauspieler und gleichsam einzig in seinen Rollen. Aus der unbedeutendsten Rolle wußte er etwas zu machen. Und wenn er einen Character zwanzig mahl vorstellte, so brachte er gewiß in jeder Darstellung neue Nüancen oder Gruppen, wie unser Fleck, an. Ein Beweis, daß er ein gebohrner Schauspieler und keine Papagei war. Unsere jetzige Sängerinn hat ihrem Vater in der Tonkunst viel zu verdanken. Auch genoß sie den Unterricht des Musicdirectors Neffe. Noch erinnern wir uns, daß sie, als ein 8jähriges Mädchen, in Bonn mit allgemeinem Beifalle schon sang und viele Anlage verrieth. Wie groß war daher unsere Freude als wir sie jetzt, nach Verfließung von 8 und 9 Jahren, schon so gebildet wieder sahen und — doch künftig ein mehreres. —

Den 1sten. Der Barbier von Sevilla. Wegen des starken Thau-Wetters nicht voll.

Den 16ten. Nichts wegen der großen Oper.

Den 17ten. Zum erstenmahle: Betrug durch Aberglauben. O. in 2 A. von F. Eberl, die Music von Ditters, Edlen von Dittersdorf. Es ist immer ein Glück für einen armen Opern-Dichter wenn er unter die Hände eines musicalischen Meisters geräth. Er kömmt in Aufnahme ohne es selbst zu wissen und so wenig er auf den großen Beifall Anspruch machen kann, so bleibt er doch

allemahl der Quell davon. Der Nahme Ditters
bürgte uns schon für einen sehr delicaten Ohren-
schmaus. Merkwürdig bleibt es, daß mehrere unserer teutschen Original-Tonkünstler erst in dem tie-
fen männlichen oder nicht weit von dem Greisen-
Alter mit dem stärksten Jünglings-Feuer solche
Meisterstücke liefern. Das bewiesen Holzbauer,
Georg Benda und mehrere.

(Die Fortsetzung folgt.)

Tlantlaquatlapatli's Zeitung.

**Schreiben an den Herausgeber über die Fort-
schritte der Jüdischen Nation und Abschaffung der Polacken u. s. w.**

Da Sie mehrmals schon aus bloßer Wahrheits-
und Menschen-Liebe den Punct über die Aufklärung der jüdischen Nation berührt und sie in ihrer
so beliebten Wochenschrift mit treffenden Farben
die Bosheit des Hamburgschen Rabbiners geschil-
dert haben; es also scheinet,*) als wenn ihnen die

---
*) Nicht scheint, sondern wirklich liegt sie mir am
Herzen: dadurch will ich mir kein Verdienst an-
maßen, sondern nur die Pflicht eines redlichen

jüdische Nation nicht ganz gleichgültig wäre; so nehme ich mir die Freiheit, Ihnen folgende Bemerkungen über die Aufklärung dieser Nation mitzutheilen.

Die jüdische Nation nimmt täglich an Aufklärung zu. Das Joch des Aberglaubens, welches bis jetzt noch so hart auf ihren Schultern lag, schüttelt sie nach und nach ab und wendet alle Mühe an, die an die simbolischen Bücher geschmiedeten Ketten zu zerbrechen. Einzig geht ihr Bestreben dahin: das Gefühl der Menschen und Vaterlandsliebe, welches sich bis jetzt nur auf ihre Nation und ihr Vaterland (das gelobte Land) erstreckte, bei andern Nationen fortzupflanzen und mehrere wahre Bürger des Staates zu bilden.

Auch der Trieb zu den Wissenschaften, welcher durch Fanatismus und Tirannei eingewieget war und sehr fest schlummerte, kömmt wieder zum

Volksschreibers erfüllen. Weder Rang noch Religion kümmern ihn, sobald er sich in dem Stande befindet, etwas zum Wohle der Menschheit beizutragen.

Tlantlaquatlapatli.

Erwachen. Aber leider! leider! Noch tappen viele meiner Nation im Finstern! *) Noch geben sich viele Mühe, die schöne Aufklärungs-Fackel auszulöschen, ihre aufgeklärte Mit-Brüder zu hassen, zu verläumden! Auch findet sich eine andere Gattung, welche bloß aus Galanterie, Mode oder bon ton aufgeklärt ist, an die wahre Ueberzeugung aber nicht denkt! Solche Geschöpfe verderben leider mehr, als funfzig schon verbessert haben. Die Orthodoxen triumphirten, welches schon oft der Fall gewesen war.

Unsere Sprache, die zwar vorzüglich seit Mendelsohn immer mehr und mehr verfeinert und ausgebildet wurde, hat doch noch nicht das Ideal, dessen sie fähig ist, ganz erreicht. Ein Hartwig Wessely, ein Friedländer **) und die Heraus-

---

*) Das darf ihn nicht wundern. Bei meiner Nation geht es eben so. Zwei Vorurtheile verdrängen wir, ein Dutzend neue tanzen dafür wieder auf unserm Kopfe.
  Tlantlaquatlapatli.

**) Diesen wackern Männern werde ich in dem künftigen Stücke auch ein Wörtchen im Vertrauen sagen. Nützt es nichts, so schadet es doch nichts.
  Tlantlaquatlapatli.

geber des Hebräischen Sammlers, alle diese würdige, gelehrte und um ihre Nation so verdiente Männer haben zwar dieser todten Sprache gleichsam wieder neues Leben gegeben, ihr die barbarische und rauhe Schreibart der Rabbiner entrissen, aber noch herrscht diese Sprache nicht allgemein. Viele ziehen ihr kauterwelsches mit hebräischen Brocken gewürztes jüdisches Teutsch allem vor; Selbst mancher hirnlose Rabbiner stieß Flüche gegen die obbeführten Männer aus, weil sie die heilige Sprache mit ihren profanen Händen entweihet haben. Indessen sind die Fortschritte der jüdischen Nation sehr sichtbar. Unsere Sitten sind nicht mehr so rauh: doch besitzen sie noch nicht ganz jene Feinheit und Politur gesitteter Völker.*) Wo soll auch das Kind Sitten lernen? Etwa bei den Polacken? Sie sind es, welche meistentheils unsere

Na-

---

*) Das däucht mir, war ein bischen zu viel gefordert. Kann die alles belebende Sonne bei einer totalen Sonnenfinsterniß ihre Rechte behaupten? Alles nach und nach. Doch der Verfasser leitet selbst wieder ein.

Tlantlaquatlapatli.

Nation in den tiefsten und sumpfigsten Graben des Aberglaubens gestürzt haben und noch stürzen! Noch können sich leider viele nicht heraushelfen, weil der Aberglauben sie zu fest hält. Die Polaken sind es, welchen man bis jetzt die Erziehung der Kinder anvertraute: sie, die so wenig die reine Moral und bürgerliche Pflichten kennen, noch weniger Begriffe davon haben, sollen das Kind zu einem tugendhaften Jüngling, zu einem thätigen Manne und zu einem wahren Bürger bilden. O ihr Aeltern! Liebt ihr aufrichtig eure Kinder, liegt euch ihr Wohl am Herzen; so gebt sie nicht den Unwissenden und Rauhen Preis. Ungeheuer aber keine aufgeklärte Leute werden sie aus ihnen bilden. Noch denke ich mit größtem Schaudern selbst an diejenigen Zeiten zurück, wo auch ich noch unter dem Joche der unwissenden Heuchler gespannt war, wo meiner Denkkraft, welche nur Freiheit liebte, Fesseln angelegt und mein Kopf von Talmudischen Spitzfindigkeiten angefüllt wurde. Leer blieb damahls meine Seele von wahrer Vernunft. Aber Seegen dir, verklärter Mendelssohn! Du legtest den Plan zu einer vernünftigen Erziehung. Deine würdige Freunde Friedländer und

Itzig führten ihn schon theils sehr glücklich aus. Sie errichteten eine Frei-Schule. In dieser lehret man Sprachen und Wissenschaften. Anhaltenden Eifer, viele Kosten wenden sie an, die Frei-Schule emporzubringen. Alles gelang diesen Menschenfreunden. Manche längst errichtete Schule steht der Ihrigen nach. Bis an das Ende meines Lebens werde ich eure Nahmen mit Ehrfurcht nennen, mein Dank wird unauslöschlich bleiben. Denn auch ich genoß da den ersten vernünftigen Unterricht in allen Schulwissenschaften. Mein Geist wurde aufgeklärter. Ich erhielte bessere edlere Begriffe. Und doch, doch wurden diese so vortrefliche Anstalten getadelt.

Unsere Litteratur nimmt täglich zu. Es erscheinen Bücher aus den meisten Wissenschaften, besonders sehr gute Uebersetzungen. Indessen bringt man auch so viel Maculatur *) zu Markte, daß diese beinahe die guten Schriften verdrängt. Unsere Polacken tragen das Meiste bei. Sie lauffen

*) Wenn ihr Herren über Maculatur klaget, was sollen wir denn thun?

Tlantlaquatlapatli.

den Talmud durch, schmieren einen Commentar über einen Commentar, ziehen nach Teutschland, nehmen Pränumeranten an und lassen ihre Schmieralien drucken. Manche der Herren Rabbiner geben ein Attestat, daß ihr Werk ein sehr nützliches Buch wäre. Dadurch erhalten sie Vertrauen, spicken ihre Beutel, wandern nach Hause und lachen die kurzsichtigen Teutschen aus.

Recensionen oder Beurtheilungen waren bisher bei uns völlig unbekannt. Jüngst wollte sie ein braver Mann einführen und machte mit dem Buche des Hamburgschen Rabbiners den Anfang. Darüber gerieth der orthodoxe Raphael Jockusiel in Harnisch, legte den Recensenten in den Bann und möchte sich satt lachen, daß diese so niedrige Handlung ungerochen hingeht. *) Ob wir weiter kommen werden, kann nur die Zukunft entscheiden.

Fff 2

*) Das sollte ich nicht denken. Die Ehre der jüdischen Nation ist zu sehr angegriffen, als daß solche schwarze Handlungen nicht geahndet werden sollten. Wo würde sonst freie Denkkraft bleiben?

Tlantlaquatlapatli.

Indessen hat es doch auch seine Richtigkeit, daß die Aufklärung binnen 15 Jahre Riesen-Schritte gethan. *) Wo sah man sonst Mahler, Bildhauer, Kupferstecher Tonkünstler u. s. w. unter der jüdischen Nation? Wo sah man sonst wie jetzt so würdige und gelehrte Männer unter Ihnen? Muß es den Menschenfreund nicht freuen, wenn er sieht, wie freundschafftlich der Jude mit dem Christen lebt, wie Juden den Christen und Christen den Juden Wohlthaten beweisen? Wird er nicht ausrufen: dieses ist das Werk der göttlichen Aufklärung und Toleranz! Freilich werden noch viele Jahre vergehen, bis Toleranz und Aufklärung noch vertraulicher wandeln. Das gemeine Volk verachtet noch den Juden. So lange man noch den gehässigen Sinn der Beschimpfung und Verachtung mit dem Namen Juden verknüpfet; so lange

*) Desto nöthiger ist es also, daß man der Bann-Vollmacht des Raphael Jockusiels wenigstens Gränzen setzt. Eben so nöthig, daß Owadioh fortfährt und sich nicht abschrecken läßt. Was ich als Volksschreiber beitragen kann, soll gewiß geschehen.

Tlantlaquatlapatli.

man noch den Kindern mit dem Nahmen Juden
Furcht einzujagen sucht, so lange man wahre jüdische Verdienste nicht schätzet; so lange ist an keine
wahre Auffklärung zu denken. *) Viele tragen den
Juden einen innerlichen Haß nach, wenn sie
äußerlich auch noch so freundschafftlich sich stellen.
Viele harmoniren nur so lange mit ihnen, so lange
sie Vortheil von ihnen ziehen können. Millionen
Beispiele bestätigen es. Eins will ich doch selbst
hier anführen.

Ein junger Mensch, welcher die Medicin studirt, hört Collegia bei dem Professor K. und zeiget
einen anhaltenden Fleis und große Wißbegierde.
In seinem Betragen ist er friedfertig und sittsam.
Da ihm die Natur ein blödes Gesicht gab; so muß

*) So bald die alten Orthodoxen zu ihren Vätern
werden übergegangen seyn; so dürfte es wohl mit
der Aufklärung etwas schneller gehen. Vor der
Hand muß nur ein sehr guter Grundstein gelegt
werden, damit man ein dauerhaftes Gebäude auf-
führen kann.

Tlantlaquatlapatli.

Fff 3

er sich eines Vergrößerungs-Gläschens bedienen. Darüber witzelten und spotteten einige Studenten. Sie lachten ihn nicht nur während der Vorlesung aus, sondern sagten ihm auch sogar nach dem Collgio ganz dreist: Seht doch den blinden Juden an! Der junge Mensch antwortete ihnen in dem bescheidendsten Tone. Er hielte es für unschicklich, einen Menschen, welchem die Natur kein gutes Gesicht gegeben hätte, auszulachen. — Halts Maul, Jude! Mit deiner Moral! fing ein gewisser K, ein Ausländer an und gab ihm eine derbe Ohrfeige. Ein anderer, mit Nahmen Z, wurde dadurch noch mehr gereizt, nahm seinen Stock und gab dem armen jüdischen Jünglinge eine Tracht Prügel. Der arme Mensch beschwerte sich darüber bei dem Professor und drang auf Genugthuung. Der Professor erwiederte. Verklagen sie die Leute bei dem Ober-Collegio-Medico. Er that es, erhielte aber noch keine Antwort. *)

*) Von dem Collegio Medico läßt sich Antwort erwarten. Sollte sie aber in die Vergessenheit kommen; so ist es Pflicht des Professors K. daß er sich als Herr und Lehrer dieser Sache annimmt. Gehen solche Dinge ungestraft hin, so werden die Folgen desto gefährlicher.

Tlantlaquatlapatli.

Aus dieser Geschichte sieht man, daß der Haß gegen die Juden immer noch lodert und auf einmahl in die größte Flamme geräth. In der That finde ich den Grundsatz sehr weise, welchen einer unserer Nation oft schon äußerte: die **Christen müssen etwas nachlassen und die Juden etwas.** Dann können sie wohl mit der Zeit zusammen kommen. Aber Rom ist ja nicht auf einen Tag gebaut.

Was die Juden betrift, so werden sie gewiß, wenn die Alten in Abrahams-Schooße ruhen werden, wenn die Polacken aus Teutschland ganz verbannt sind, und die Erziehung, welche jetzt zu blühen anfängt, vernünftigen Teutschen anvertraut wird, in einem schönerm Glanze da stehen. Was aber die Christen betrift, das wird die Zeit lehren.

―――

Die Verbannung der Polacken aus Teutschland verdient eine eigene Abhandlung und Untersuchung. Ich fordere daher alle Gelehrte der jüdischen Nation aus wahrem Patriotismus auf, mir darüber ihre Gedanken zu melden. Alle Aufsätze erhalte ich unter der schon bekannten Aufschrift: an Tlantlaquatlapatli, Volksschreiber in Berlin, abzugeben in der Petit und Schöneschen Buchhandlung unter der Stechbahne, ganz richtig. So viel ist gewiß, daß, wenn ein so wichtiger Gegenstand nicht mit der größten Behutsamkeit behandelt wird, alles ein pium desiderium bleibt.

Tlantlaquatlapatli.

Ueber das Abpflücken der Korn-Blumen. Ein guter Rath für das Polizei-Directorium.

Schon vor mehreren Wochen erschien in den öffentlichen Blättern folgende Verordnung:

"Auf geschehene Anzeige der hiesigen Ackers"leute, daß beim Abpflücken der Korn-Blumen die "Saat zertreten und ihnen dadurch Schaden zu"gefügt würde, wird hiermit zu jedermanns Ach"tung bekannt gemacht, daß diejenigen, welche "sich in Zukunft dabei betreten lassen, außer Er"setzung des Schadens und Bezahlung des Pfand"Geldes noch mit Gefängnißstrafe belegt werden "sollen. Berlin den 8. Juni 1789."

Präsident, Bürgemeister und Rath.
Philippi. Ransleben. Wackenroder.
Buchholtz.

Dieses Polizei-Gesetz war nicht nur sehr nothwendig, sondern bleibet auf alle Fälle sehr heilsam. Ob es aber bis jetzt so beobachtet wurde? das will jetzt Tlantlaquatlapatli etwas näher untersuchen. Ohne Uebertreibung kann er wohl behaupten, daß sehr selten ein Tag vergeht, wo ihn nicht Mädchen, Jungen, Bauern-Weiber und große Schlingel begegnen, Korn-Blumen-Cränze und Sträuße anbieten und ihn, wenn er keine kauft, einige lange Straßen verfolgen und dadurch den Verkauf erzwingen wollen. Vorgestern kam wieder ein schon erwachsener Bursche und bot solche Cränze und Sträuße an: Kaufen Sie doch mich was ab. Eins vor'n Pfennig. — Ich wollte dir gern abkaufen, aber es geht nicht. — Sie spaßen wohl, scharmanter Herr! — Ich darf keine abkaufen. — Sie machen mir recht zum Lachen! — Weißt du nicht, daß es verboten ist, daß du keine Kornblumen abpflücken darfst. Wenn dich die Polizei oder die Stadtdiener erwischen, so wirst du gestraft und kömmst gar in das Gefängniß. — Was, was! rief jetzt der dumdreiste Bengel, Polizei! Stadtdiener! Polizeidiener hin, Polizeidiener her! Stadtdiener hin, Stadtdiener her! Ich hab sie nicht gepflückt! Das ist ja wunderlich! Gefängnißstrafe! Die Blumen läßt Gott für alle Menschen wachsen! — So gingen des Burschen Reden noch ein Weilchen fort und lachte noch sehr spöttisch über die wohlgemeinten Drohungen.

Indessen gab dieser Vorfall zu folgender Untersuchung Anlaß. Daß man die Saat durch das Korn-Blumen pflücken sehr zertritt, hat seine Richtigkeit und daher die Verordnung des Polizei-Directorii sehr nöthig war, wird kein ordnungliebender Mensch läugnen. Jetzt aber lehrt die Erfahrung, daß der Sinn dieser Gesetz-Ordnung eine ganz andere Auslegung erhalten hat und so, daß diese Polizei-Verordnung täglich mit dem größten Vorsatze überschritten wird. Wäre also diesem Unfuge, wenigstens nicht etwas abzuhelfen? Ich dächte! Ob man gleich die Befehle an den Stadtthoren wird gegeben haben, weder Mädchen noch Jungen mit Korn-Blumen hereinzulassen, so sind diese Befehle dessen ungeachtet noch lange nicht hinreichend. Für das erste haben sie diejenigen, welche sie verkaufen, verborgen. Tlantlaquatlapatli belauerte selbst ein solches Korn-Blumen-

Mädchen, welches von einem Jungen befragt wurde: wie es die Korn-Blumen hereinbrächte? Wie? antwortete das Mädchen, ich binde sie in kleine Gebinde zusammen und hänge sie unter den Rock. Wer weiß nun, was ich da habe! —

Für das zweite, werden solche Mädchen und Jungen (denn diese sind schon meistentheils gehörig abgerichtet) nie sagen, daß sie die Blumen selbst gepflückt, sondern von andern selbst erhalten hätten. Soll also dem Korn-Blumen-Pflücken mit Ernste Gränzen gesetzt werden, so wäre folgender Vorschlag nicht ganz zu verwerfen:

„Das Polizei-Directorium gäbe den Befehl,
„daß alle diejenigen, welche Kornblumen zum Ver-
„kaufen herumtragen, von jedem, wer es auch seyn
„mag, angehalten, und sogleich nach der Polizei-
„Stube gebracht werden sollen. Dort nehme
„man ihnen die Blumen ab, setze ihnen eine
„verhältnißmäßige Strafe an und weise sie zu
„dem Thore hinaus."

Tlantlaquatlapatli will hiemit nur die Pflicht als wahrer Bürger erfüllen und hofft, daß dadurch der Korn-Blumen-Verkauf gewiß am besten vermindert werden dürfte.

Die verlorne Feiertags-Perücke.

Ein schon etwas alter Bürger bekam den Einfall einen Spatzier-Ritt zu machen. Da er diesen mit Vorwissen seiner Haus-Ehre nicht vornehmen durfte, so setzte er sich da auf, wo er das Pferd bekam. Der Bürger wollte nach Charlottenburg. Das Pferd, welches die Kräfte seines Reiters merkte und ein ziemlich rascher Engländer war, lenkte immer ab. Endlich brachte es doch der Bürger so weit, daß er bald das Brandenburger-Thor erreicht hätte. Etwa hundert Schritte davon machte das Pferd wieder sein Männchen; es lenkte um und lief im vollen Galoppe die Linden hinunter. Der Bürger zitterte und bebte und glich einem echten lateinischen Reiter. Er zog den Ziegel und wollte das Pferd anhalten. Je mehr er es aber anzog, je stärker lief das Thier. Vor Angst hielte sich der Bürger an der Mähne. Nicht nur der Hut, sondern auch die Perücke hatte er verloren. Ein Häuflein Jungen folgte ihm nach und erhob ein Jubel-Geschrei. — Das Pferd blieb vor der Wohnung des Eigenthümers stehen: der Besitzer wunderte sich recht darüber. Niemand war froher als der Bürger. Diesesmahl geritten, sagte er, und in meinem Leben nicht mehr. Kaum glaubte er sich von dieser Bangigkeit erholt zu haben; so gerieth er in eine zweite. Seine Ehehälfte erfuhr den Verlust seines Sonntags-Huth und Feiertags-Perrücke! Ohne Gnade las sie ihm den Text und schloß endlich: wenn du nun Hals und Beine gebrochen hättest, was hätte ich anfangen sollen? — Du hättest alsdann einen andern Mann genommen, erwiederte ganz gelassen der Bürger. O Du Esel! rief die Frau, ließ den Mann stehen und lief fort. Wenn es gewiß ist, sprach phlegmatisch der Mann für sich, daß ich ein Esel bin, so wundert mich es jetzt nicht mehr, daß das Pferd mich herab schmeissen wollte.

Ein Paar Schlächter Frauen.

Weil am vergangenen Sonntage die Witterung ziemlich angenehm war; so ging ich mit meinem Schnipfelchen und meinen Kindern in den Thiergarten. Wir kamen in ein Zelt, wo zwei Frauen saßen. Sie tranken Caffee und sprachen recht vertraut. Ich bestellte indessen auch Caffee. Kaum war ich wieder gekommen, so lispelte mir Schnipfelchen in die Ohren: die Frauen sprechen von dir. — So! Wer sind sie denn? — Ein Paar Schlächter Frauen. Ich steckte meine Pfeiffe an, that als ob ich mich mit Schnipfelchen unterhielte und hörte den beiden dicken Weibelein zu. Unter andern habe ich noch folgendes in dem Gedächtnisse behalten:

Erste Schlächtermeisterinn. Ja, ja, glauben Sie mich, liebe Frau Gevatterinn, als mich mein Mann das Volksblatt vorlesen thäte, so wurde ich wie Gift und Galle.

Zweite Schlächtermeisterinn. So passirte mich's ooch. 's ist 'n verfluchter Kerel, der Clampampuli!

Erste Schlächtermeisterinn. Ein rechter ungezogener Bengel!

Zweite Schlächtermeisterinn. Der größte Naseweis.

Erste Schlächtermeisterin. Wenn ich nur wüßte, wer 's wäre!

Zweite Schlächtermeisterinn. Wahrhaftig einen Friedrichsd'or spendirte ich daran, und sollte ich meine beste Mütze versetzen.

Erste Schlächtermeisterinn. Und wenn ich ihn hätte, so müßte er mich auf den größten Ochsen reiten, den mein Mann im Stall' hätte.

Zweite Schlächtermeisterinn. Und ich ließ ihn in einen kleinen Wagen setzen, ein paar Schweine vorspannen und ihn zum Teufel fahren. —

Ich wollte noch länger zu hören, allein mein Schnipselchen konnte kaum sich des Lachens enthalten. Ich mußte mit ihr in dem Thier-Garten spatzieren gehen. Potz tausend, sagte Schnipselchen, was besitze ich nicht für ein betiteltes Männchen! — Weißt du, was das Beste bei der Sache ist? Nein Männchen! — Manche laufen, was sie können, schreiben die Federn stumpf, lassen sich manches Sümmchen kosten, bis sie so ein Ehrentitelchen erhaschen können; die Frau Schlächtermeisterinnen waren hingegen so galant und beehrten mich auf einmahl mit zu vielen Ehrentiteln! Da kannst du sehen Schnipselchen, was man deinem Tantchen für Ehre beweiset!

Entschuldigung meines Weibes.

Zu Ende des Monathes Mai's sollte wenigstens das erste Ländchen meines Blumen-Gärtchens erscheinen. Allein Krankheit meiner Kinder, dann unvermuthete Haushaltungs-Geschäffte brachten mich zwar von meinem Vorhaben nicht ab, aber sie hinderten mich doch an der Ausführung. Da ich nun die meisten Hindernisse glücklich aus dem Wege räumte, so konnte ich auch sogleich in meinem Blumen-Gärtchen arbeiten. Ich melde daher dem verehrungswürdigen Publico, daß künftige Woche ganz gewiß zwei Ländchen, wovon jedes drei Vögelein enthält und nur 2 Groschen kostet, erscheinen sollen. Die Nachfrage, welche während dieser Zeit geschehen, läßt mich hoffen, daß ich durch den Absatz in den Stand gesetzt werde, die Arznei-Kosten wieder zu erhalten.

Julie Caroline Tlantlaquatlapatli,
geb. von Ipsilischnipsilischnipst.

Wegen Mangel des Raums mußten einige wichtige und launigte Aufsätze zurückbleiben, folgen aber künftige Woche ganz gewiß.

Chronic von Berlin,

oder

Berlinsche Merkwürdigkeiten.

Volksblatt.

Drei und vier und funfzigstes Stück.

Berlin, den 11. Julius. 1789.

Tagebuch

des

Königl. National-Theaters in Berlin.

(Sieben und zwanzigste Fortsetzung.)

Januar 1789.

Den 18ten. Betrug durch Aberglauben wiederholt. Die Th. Z. meldet S. 26 daß Lippert sich in einer kunstvollen schweren Bravourarie als einen Tenoristen von seltnem vorzüglichem Talente gezeigt und die Rolle des comischen Bedienten Wilhelms mit ungemein vieler Gewandheit gespielt hätte. Wir sind nicht dieser Meinung. Daß Lippert beſſer iſt, mehr Schule, Praxis, Declamation, Gefühl als Benda hat, verſteht ſich. Allein zu einem Tenoriſten von einem ſeltnen vorzüglichen Talente gehört wahrlich weit mehr. Vorzüglich muß er mit ſeinem Geſange entweder das Herz des Zuſchauers rühren, oder in dem comiſchen ihm ohne die geringſte Uebertreibung ein Lächeln entlocken: fehlen ihm ſolche Eigenſchafften, ſo hat er auch kein ſeltnes vorzügliches Talent. Jeder Kenner wird uns eingeſtehen müſſen, daß Lippert's Stimme keinen ſanft rührenden Ton enthält. Im comiſchen hört man ihn noch lieber. Denn viele im Publico halten die Uebertreibung für etwas vortreffliches. Daß er die Rolle mit vieler Gewandheit ſpiele, verſtehen wir nicht. Das Subſtantiv Gewandheit iſt uns gänzlich unbekannt. Wir ſchämen uns gar nicht zu ſagen, daß wir Adelungs Lexicon darüber nachſchlugen. Wir wollten uns Rath holen, aber wir fanden das Subſtantiv Gewandheit nicht. Da uns nun der Begriff von dieſem Worte noch dunkel iſt, ſo bitten wir den Herausgeber der Th. Z. daß er uns doch erkläre, was man eigentlich unter Gewandheit verſtehe.

Den 19ten. Nichts wegen der großen Oper. Den 20ten. *Otto von Wittelsbach.* Die Th. Z. sagt No. 5. S. 33. daß der Verfasser seinen Otto etwas zu sehr auf Kosten der andern herausgehoben hätte u. s. w. das ist etwas altes.

Den 21ten. *Auf hohen Befehl. Betrug durch Aberglauben.* Madame Hellmuth spielte die Rolle der Cordula, weil Mad. Böhm unvermuthet krank wurde. Die gute Frau, die Mutter unserer so hoffnungsvollen Sängerinn, that, was sie konnte. Die Anmerkung, welche die Th. Z. N. 5. S. 33 und 34. über die Anzüge und Coustüme macht, sind sehr richtig. Oft erscheint das Cammermädchen weit galanter, als ihre Herrschafft. Oft erscheint auch ein ganz falsches Coustüme. Darauf sollte der Inspector Lanz sehen. Man kann nichts anders daraus schließen, als daß entweder Lanz das Coustüme, welches doch unwahrscheinlich ist, nicht versteht, oder um Ruhe und Frieden zu haben, fünf gerade seyn läßt. Herr Professor Engel sollte hier den Freund vergessen und sich als Director zeigen. So machen es Großmann und Schröder.

Den 22ten. *Nina.* Dann zum erstenmahle: *Die Abentheuer einer Nacht oder die zwei le-*

senden Todten. L. in 3 A. Vom Verfasser der offenen Fehde. (Der Schauspieler Dûmaniant bei den variétés amusantes im Palais royal zu Paris.) Die Th. Z. hat Recht, wenn sie S. 35. sagt: daß die Liebhaberei etwas unbedeutend wäre. So sehr man auch in diesem Stücke den Verfasser der offenen Fehde erkennen kann; so kömmt es uns beinahe vor, als ob Dumaniant gegen das Ende seiner Abentheuer keine Lust mehr gehabt hätte und daher zum Schlusse eilte. — Ob Demoiselle Dügazon, (S. 34) welche bekanntlich in Paris die erste Nina war, besser oder schlechter die Rolle als Madame Unzelmann vortrug, kann die Th. Z. eben so wenig als wir behaupten. So viel aber können wir mit Gewißheit sagen, daß uns einige Stellen in der Nina von Madame Unzelmann nicht ganz behagen wollen. Nähere Untersuchung in der Folge.

Den 23ten. Nichts wegen der großen Oper.

Den 24ten. Die Abentheuer in einer Nacht. Die gute Ehe. Das erste Stück gefiel wieder heute sehr. Daß Reinwald Gebehrdenspiel zu comischen Rollen hat, wird niemand abstreiten. Allein wie es (S. 34) heißet, seine

Gebehrden sind votrefflich zu comischen Rollen, ist zu viel gesagt. Dieses setzt alle comische Rollen voraus. Bekanntlich gehört zu jedem Character ein eigenes Gebehrden-Spiel.

Den 25ten. Auf Begehren: Betrug durch Aberglauben. Wegen Augen-Krankheit der Madame Baranius spielte Mademoiselle Hellmuth das Cammermädchen Friederike. Seite 26 schreibt die Th. Z. von dem Betrug durch Aberglauben: daß die Rollen der Friederike (Madame Baranius); der Cordula (Madame Böhm); Graf von Walldorf (Herr Benda); Magister Niclas (Herr Kaselitz) zur allgemeinen Zufriedenheit des Publicums vorgestellt wurden. Heute bewies die Mademoiselle Hellmuth, daß letzthin die Th. Z. sich sehr geirrt hatte. Denn das Urtheil jeden Kenners war: daß Madame Baranius der Mademoiselle Hellmuth in dem Character der Friederike weit nachstehen müsse. Folglich findt die allgemeine Zufriedenheit nicht statt.

Den 26ten. Ausgesetzt wegen der großen Oper.

Den 27ten. Auf vieles Begehren: Betrug durch Aberglauben. Mademoiselle Hellmuth spielte wieder die Friederike mit vielem Beifalle,

Die Th. J. S. 35 hat recht, daß sie ihre schwere Arien mit Leichtigkeit und Präcision vortrug.

Den 28ten. Die Geschwister. Gaßner der Zweite. Von dem ersten Stücke machte die Th. J. N. 6. S. 41 eine lange Brühe. Es wäre nicht gut, wenn wir gar so wenig liebenswürdige unverfälschte Geschöpfe der Natur wie Mariane in den Schauspielen aufzuweisen hätten. Der Herausgeber behauptet diesen Satz, wir aber nicht, denn wir könnten ihm eine ganze Reihe herstellen. Von Fleck schreibt er: das richtige Accentuiren wäre nur bei seiner Einsicht ein untergeordnetes Verdienst; doch sey es sehr angenehm, einen Mann zu hören, dem auch nie ein falscher Ton entwischt. Das können wir ebenfalls nicht annehmen. Richtiges Accentuiren gehört zu den Haupt-Verdiensten. Soll es bei Fleck untergeordnet seyn, so möchten wir wohl dasjenige wissen, was darüber geht, überhaupt ihn fragen: was ist eigentlich ein untergeordnetes Verdienst? Daß Fleck nie ein falscher Ton entwische ist ein Satz, welchen der Herausgeber auch nicht mit der geringsten Ueberzeugung behaupten kann. Will er ihn aber ja annehmen, so sprechen wir ihm alle Kenntniſſe des menſchlichen Umganges ab. Wir erinnern uns gar wohl, daß Fleck zuweilen ein falſcher Ton entwiſcht. Dadurch wollen wir ſeine Verdienſte nicht ſchmälern. Wenn es jedem Menſchen in dem gemeinen Leben ſo geht, ſo läßt ſich dieſes weit eher bei dem Schauſpieler denken. Schröder weiß gewiß, was er ſpricht, deſſen ungeachtet verſprach er ſich manchmal ſehr ſtark. Uebel nahm es ihm das Publicum nicht, aber es lächelte. — Warum meldet denn der Herausgeber nichts von Czechtizky, welcher doch den Gaßner brav ſpielt?

Den 29ten. Verbrechen aus Ehrſucht. Das Haus war leer. Der Schauſpieler Engel äußert zu wenig Feſtigkeit als Secretair Ahlden. S. 42. ſtreicht der Herausgeber Madame Bötticher vor allen andern heraus und ſagt, daß ſie die einzige geweſen wäre, welche bei einem leeren Schauſpielhauſe einerlei Achtſamkeit auf ihre Rolle gehabt hätte und ſich nicht aus der Faſſung bringen ließe. Wenn der Herausgeber in dieſem Tone fortfährt, ſo wird ihn ebenfalls das Loos treffen, welches uns traf: daß nemlich Bötticher mit ihm unter einer Decke ſtecke. Zu erinnern haben wir für diesesmahl bei der Madame Bötticher weiter nichts, als daß sie vorzüglich in der Scene mit Rußberg und dem Fiscale noch zu stark gesticulirte.

Den 30ten. Wegen der großen Oper nichts.

Den 31ten. Auf Begehren: Betrug durch Aberglauben. Benda als Graf Walldorf sieht man wohl an, daß er von Geburt aus keine gräfliche Erziehung genossen hat.

Anmerkungen.

Die anhaltende strenge Kälte, welche dem Schauspielwesen in Teutschland allenthalben großen Schaden verursachte, ferner das schnelle Thauwetter, wodurch das Gewässer zu sehr oft überhand nahm, endlich auch unvermuthete Krankheiten bei dem und jenem Mitgliede waren im Ganzen genommen der Theater-Casse sehr hinderlich. Natürlich gehörte eine starke Portion Liebhaberei dazu, bei so anhaltender Kälte oder so großem Thau-Wetter, dem Schauspiele beizuwohnen. Indessen waren doch die Vorstellungen während des Thau-Wetters wieder ergiebiger.

Zilmer erhielt wieder seinen Abschied und das mit Rechte. Eben dasselbe Schicksal begegnete Herrn und Madame Wagner. Herr Professor Engel hatte sie zwar angenommen und rechnete vorzüglich auf die Frau, weil sie Soubretten spielt, dieses Fach aber jetzt so gut als gar nicht besetzt ist: Indessen schlug die gute Ab-

ficht fehl. Da kann Herr Profeſſor Engel abermahls
ſehen, wie wenig den dramatiſchen Gerüchten zu trauen
iſt. Wenn es auch nicht ſo gekommen wäre, ſo würde
es doch mit Wagner nicht lange gut gethan haben.
Bei jedem Theater, wo er war, iſt er als ein ſehr unruhiger Kopf bekannt. In Schwerin, wo er das Amt eines Regiſſeurs verwaltete, blüht ſein Andenken noch. ††

Sonntags den 25ten Januar empfahlen ſich Hiller
und Vio ganz ſtillſchweigend ohne weitere Complimente.
Erſterer vertrat die Stelle eines Violiniſten in dem
Orcheſter und iſt ein Sohn des würdigen Opern-Dichters
Hillers, letzterer aber eines Mitgliedes bei dem hieſigen National-Theater. Auf vielfältiges Bitten nahm
ihn Herr Profeſſor Engel an, mit der Verſicherung,
daß er, wenn er ſich in der Kunſt Mühe gäbe, Zulage
erhalten ſollte. Statt deſſen hing er ſeinen Leiden-
ſchafften nach, verachtete die guten Ermahnungen ſei-
nes Lehrers und zeigte ſich nicht nur als ein roher, un-
geſitteter, ſondern wirklich auch als ein ſehr undank-
barer Menſch. Ueberhaupt gehört er zu der Gattung
derer, welche das Theater nicht der Kunſt, ſondern
des Hanges zum Vergnügen wählten. Sein rechtſchaff-
Vater iſt zu bedauern!

Mit dem Antritte eines jeden Jahres lieſet man
folgende Verordnung in den öffentlichen Blättern:

Dem Publico wird die ſchon öfters bekannt ge-
machte Verordnung: denen bei der Oper und Comö-
die ſtehenden Perſonen weder an Gelde oder Waaren nicht das geringſte zu borgen oder zu leihen,

wiederholentlich in Erinnerung gebracht, und haben diejenigen, die wider diese Verordnung handeln, zu gewärtigen, daß sie ihres Credits gänzlich verlustig gehen, indem diejenigen Klagen, worinn dergleichen Schuldforderungen angeklagt werden, bei keinem Judicio angenommen, sondern die Gläubiger mit ihren Forderungen abgewiesen werden sollen. Wornach sich Jedermann zu achten und vor Schaden und Nachtheil zu hüten hat. Gegeben Berlin, den 4. Februar 1784. Königl. Preuß. Hof- und Cammergericht.

Ob man dieser sehr heilsamen Verordnung nachlebt, werden mehrere Berlins Bewohner besser als wir wissen.

Ungeachtet schon in Gefolge der Königl. Vorschrift (die Leser werden sie S. 58 abgedruckt finden) vom 30. Aprill 1788 das Pochen und Pfeiffen verboten wurde; so wetteiferten doch einige, diese Königl. Vorschrift so vorsätzlich zu übertreten. Mehrmahl wurde gepocht und gepfiffen, indessen ging es doch so hin. Da aber den 3ten und 4ten Januar, wo der Schauspieler Wagner im Räuschchen, als Rath Brandt und seine Frau im argwöhnischen Liebhaber als Julie auftraten, durch das Pochen und Auspfeiffen die Gränzen des Wohlstandes und der wahren Ruhe so muthwillig wieder überschritten wurden; so müßte natürlich endlich eine Ahndung darauf folgen. Wir wünschen, daß daran mehrere ein Beispiel nehmen und bedenken möchten, daß es äußerst unsittlich ist, die Ruhe des Publici zu stören.

Die Fortsetzung folgt.

Tlantlaquatlapatli's Zeitung.

Empfang Ihrer Königl. Hoheit der Frau Erbstatthalterinn, Prinzessinn von Oranien.

Magdeburg.

Montags den 22. Junius hatte sich gleich nach Anbrechung des Morgens ein Theil der hiesigen angesehenen Kaufleute, welcher sich in ein Corps vereinigte, unter Anführung ihrer Chefs und übrigen Officieren in scharlachener weißgefütterter, mit himmelblauen Sammetkragen und Aufschlägen und goldenen Epauletten gezierter Uniform mit weißtuchenen Unterkleidern, Degen mit himmelblauen Quästen und silbernen Frangen, Hüthen mit einer goldenen Agraffe und schwarzen mit Orangeschleifen gezierten Cocarden, unter Begleitung ihrer reich gestickten Etandarte; so wie auch ein Theil der Knochenhauer-Innungsmeister in blauen Röcken, roth mit Silber besetzten Westen, mit Orange geschmückten Hüthen und mit Dragoner-Degen an der Seite zu Pferde nach dem eine Meile von Magdeburg gelegenen Dorfe Olvenstädt begeben, daselbst Ihro Königl. Hoheit zu empfangen und zurück zu begleiten. Der Pferde-Putz der

Kaufleute bestand in weissen Waltrappen, in weissen Brust Bändern beide mit himmelblauer Einfassung und dergleichen Stirn-Bändern. Die Waltrappen der Officiere waren besonders geschmackvoll gestickt. Nachdem Ihre Königl. Hoheit um 9 Uhr in dem Dorfe Olvenstädt angekommen war und sowohl dem Chefe des Corps der reitenden Kaufleute, als auch dem Anführer der Knochenhauer-Innungs-Verwandten auf ihre unterthänigste Bitte, die gnädigste Erlaubniß vor Höchstdenselben herzureiten, gegeben hatten, so begann der Zug nach Magdeburg. Jenseits der ersten Zugbrücke, zwischen dem Ulrichsthore, wurde von Seiten der Kaufmannschaft durch eine Deputation ein auf weissen Atlas gedrucktes, in weissen Atlas mit Stick- und Mahlerei gebundenes Gedicht auf einem blau atlassenen mit silbernen Tressen und Frangen besetzten Küssen unterthänigst überreicht. Bei dem Eintritte in den Ringmauern bezeigten die Magisträte der Altstadt die tiefste Ehrfurcht. Den Zug eröffneten die Knochenhauermeister unter Vorreitung zweier Trompeter und Anführung der ersten Innungs-Meisters, diesem folgte das Corps der Kaufleute in zwei Zügen. Vor dem ersten ritten ein Pauker und vier Trompeter in rother Uniform, dann der Chef des Corps. Bei dem zweiten Zuge, welcher von einem Officiere der Kaufleute geführt wurde, befand sich die Standarte der Kaufmannschaft, hinter dieser ritt ein Staabs-Officier der hiesigen Garnison. Diesem folgte der Wagen Ihrer Königl. Hoheit. So ging der Zug unter Abfeurung der Canonen hiesiger Festung und unter Trompeten und Paukenschalle über den breiten Weg bis zur Domprobstei, als dem Absteige-Quartier. Daselbst wurde Ihre Königl. Hoheit von Sr. Durchlaucht dem Prinzen von Braunschweig, der Generalität, von den Herren Präsidenten beider hohen Landes-Collegien, wie auch von vielen Staabs- und andern Officieren hiesiger Garnison empfangen. Nach der Tafel geruhte Ihre Königl. Hoheit nebst den beiden Durchlauchtigsten Prinzen und Prinzeßinn die Merkwürdigkeiten hiesiger Stadt in hohen Augenschein zu nehmen; Dienstag den 23ten aber mit Anbruche des Tages setzten Hochdieselben Ihre Reise mit den wärmsten Seegens-Wünschen der Magdeburgschen Bewohner begleitet unter Vorreitung des Corps von Kaufleuten und Knochenhauer-Innungs-Verwand-

ten in ebenderselben Ordnung wie den vorigen Tag,
unter Abfeurung der Canonen nach Berlin fort.
Abends ward von den Kaufleuten, welche das reitende Corps ausmachten, öffentlich gespeiset und
die Feierlichkeit mit einem glänzenden Balle beschlossen.

Potsdam.

Se. Majestät der König begaben Sich Freitags den 26ten Junius von Charlottenburg nach
Potsdam, um daselbst Ihre Durchl. Schwester,
die Prinzessinn von Oranien, Königl. Hoheit
zu empfangen. In gleicher Absicht folgten Ihre
Majestät die regierende Königinn, Ihre Königl. Hoheiten der Cron-Prinz und der Prinz
Ludwig, die Prinzessinn Friederike und Wilhelmine, dann Ihre Hochfürstl. Durchlauchten der Herzog Friedrich von Braunschweig
und dessen Gemahlinn.

Mit allergnädigster Bewilligung Sr. Königl.
Majestät versammelte sich zu dem feierlichen Empfange Ihrer Königl. Hoheit die hiesige Bürgerschafft. Ein ansehnlicher Theil befand sich vor
dem Brandenburgschen-Thore zu Pferde. Alle hat-

ten Orange-Cocarden an den Hüthen und dergleichen Quäste an den Degen-Gefäßen. Das Potsdammer Schlächtergewerk fand sich ebenfalls mit seiner Standarte unter Anführung des Mitmeisters Peterssen ein. Ein Theil der Schützengilde und anderer Bürger zu Pferde unter Anführung des Herrn Rietz sen. und des Kaufmanns Torchiana jun. verfügten sich nach Baumgarten-Brück, daselbst Ihrer Königl. Hoheit Ankunft vor dem Dorfe Pötzow zu erwarten. Den Herren Rietz und Torchiana wurde, unter Begleitung des Hofzimmermeisters Brendel und der Hofmauermeister Böhme und Blanckenhorn, aufgetragen, als Deputirte der Potsdammer-Bürgerschafft nach Pötzow zu reiten und Ihre Königl. Hoheit im Nahmen der Bürgerschafft zu complimentiren und zu bitten, daß Höchstdieselbe in Gnaden erlauben möchte, Dieselbe vom Baumgarten-Brück bis nach dem neuen Königl. Palais begleiten zu dürfen. Ihre Königl. Hoheit hatten auch die Gnade allergnädigst anzunehmen und zu erlauben. Der Zug der Bürgerschafft geschah darauf in folgender Ordnung:

1) Das Schlächtergewerk mit seiner Standarte Unter Anführung des Meisters Peterssen sen.

2) Ein Theil der hiesigen Schützengilde und Bürgerschafft zu Pferde unter Anführung des Herrn Rietz des ältern und des Herrn Torchiana des jüngern.

3) Der Postmeister Kähne aus Belitz und der Schulze Kähne aus Pötzow.

4) Einige Herren des hiesigen Königl. Hofbauamts in ihrer Staats-Uniform.

5) Zwei Königl. Stallmeister in ihrer Staats-Uniform.

6) Vier Königl. Leib-Jäger in ihrer Galla-Uniform mit aufgespannten Büchsen.

7) Ihre Königl. Hoheit nebst Prinzen und Prinzessinn, von dem Königl. Leib-Kutscher und Vorreiter mit Königl. Gespanne gefahren.

8) Der am hiesigen Hofe accreditirte Holländische Gesandte, Herr Baron von Rheden und der Herr Oberst von Stamfort.

9) Das Gefolge überhaupt.

Die Bürgerschafft stand bis an die Colossen im Gewehre. Ungefähr 300 Fuß von der großen Colosse unweit des neuen Königl. Palais befand sich eine Ehrenpforte. Bei dieser wurde Ihre Königl. Hoheit von dem Herrn Kriegsrath Richter

als

als Commiſſarius loci und dem ganzen Magiſtrate becomplimentirt und ehrerbietigſt empfangen. Darauf ging der Zug durch die Ehrenpforte. Eine anſehnliche Zahl junger Frauenzimmer, alle theils in weiß ſeidenen, theils in muſſelinen Kleidern mit Orangen-Bändern geziert und gekleidet, wartete bei der Ehrenpforte. Jedes Frauenzimmer hatte ein zierliches Körbchen mit Blumen angefüllt. Die älteſte Tochter des Kaufmanns, Herrn Torchiana hatte die Gnade Ihrer Königl. Hoheit im Nahmen des hieſigen Magiſtrats und der ſämmtlichen Bürgerſchafft ein auf Atlaß gedrucktes und mit einem Orangendeckel mit Treſſen beſetztes gedrucktes Glückwunſch-Gedicht, auf einem blauen atlaſſenen mit ſtarken Treſſen, Frangen und Quäſten beſetzten Küſſen, unter Aufſicht der Herren Stadt-verordneten Schulze und Marzahn, imgleichen des Herrn Viertel-Commiſſarius und Hofbuchdruckers Sommer und unter Begleitung des hieſigen Seidenſtricker-Gewerks mit der Anrede: „Durch-„lauchtigſte! Ewr. Königl. Hoheit erwünſchte „glückliche Ankunft in unſerer Stadt erregt bei „den Einwohnern die froheſte Empfindung: wir „erdreiſten uns mit dieſer unterthänigſten Aeuſſe-

„rung uns und unsere Aeltern Ewr. Königl.
„Hoheit zur höchsten Gnade zu empfehlen," überreichte. Ihre Königl. Hoheit nahm es sehr gnädig auf und geruhte darüber die Höchste Zufriedenheit zu bezeigen. Darauf rief die ganze Bürgerschafft: Es lebe Ihre Königl. Hoheit die Prinzessinn von Oranien! Der Zug nahm alsdann unter Anschließung der Schützengilde mit Ober- und Untergewehren, der sämmtlichen Bürgerschaft zu Fuße mit klingendem Spiele und fliegenden Fahnen, geführt von dem hiesigen Schützengilde-Major und Stadt-Verordneten Herren Haase; ferner der hiesigen Königl. Gewehr-Manufactur mit klingendem Spiele und Fahnen, desgleichen des Bäcker-Gewerkes mit Untergewehr, klingendem Spiele und fliegenden Fahnen, — alle hatten Orange-Cocarden an den Hüthen und eben solche Quästen an den Degen, seinen Weg durch den Königl. Schloß-Platz nach dem neuen Palais. Vor dem Portal des Königl. Palais stellten sich das Schlächtergewerk, die Schützengilde und übrige Bürgerschafft zu Pferde in zwei Reihen, und während daß Ihre Königl. Hoheit vorbeifuhren rief man abermahl mit allgemeinem Jubel dreimahl

aus: Es lebe Ihre Königliche Hoheit die Prinzeſſinn von Oranien! Den Schluß des Zuges durch den Schloß-Platz machten ſämmtliche junge Frauenzimmer und die noch übrige Bürgerſchafft. Ihre Königliche Hoheit ſtieg darauf bei Sr. Majeſtät dem Könige und Ihrer Majeſtät der regierenden Königinn auf dem neuen Palais ab. Auf eine ſolche Art endigte ſich dieſe Feierlichkeit, welche zur größten Freude der ganzen Bürgerſchafft veranſtaltet wurde.

An ebendemſelben Abend war Opera Buffa. Zur Unterhaltung dieſer höchſten Herrſchafften hatten auch Se. Majeſtät der König die Schauſpieler des National-Theaters in Berlin nach Potsdam beordert, daſelbſt wechſelten ſie mit den Sängern der Opera Buffa auf dem Theater des neuen Schloſſes bei Sansſouci ab. Die Stücke, welche von Sr Königl. Majeſtät ſelbſt befohlen wurden, waren das bekannte Trauerſpiel Otto von Wittelsbach vom Profeſſor Babo, Don Carlos vom Rath Schiller und das noch ungedruckte Schauſpiel Menſchenhaß und Reue vom Präſident von Kotzebue.

So sehr Tlantlaquatlapatli mit dem Raume der Blätter zu geizen Ursache und immer zu vielen als zu wenigen Stof hat; so sah er sich diesmahl genöthigt, einen Gegenstand, welcher zwar schon bekannt ist, zu berühren. Da aber die Zeitungen meistentheils zerrissen werden, viele hingegen die Chronic von Berlin sammeln und einbinden lassen, überdies die Haupt-Feierlichkeiten in Berlin den Anfang nehmen; so war es allerdings nothwendig, auch dasjenige kürzlich vorzutragen, was vorher sich zugetragen hatte. Manchem, das weiß Tlantlaquatlapatli ganz gewiß, ist damit gedient und lieset gern solche Gegenstände zusammenhängend. Sollte es dem und jenen Langeweile machen, so überschlage er es und denke, daß der Volksschreiber nicht auf einige Menschen allein Rücksicht nehmen kann. Künftige Woche wird Tlantlaquatlapatli die Feierlichkeiten in Berlin so umständlich als möglich nicht nur abhandeln, sondern auch selbst alles mit unpartheiischen Bemerkungen begleiten. Er wird vorzüglich sämmtlichen Schlächtermeistern sein Compliment über ihren so guten Empfang machen: auch dem wohl verdienten Altmeister des Korbmacher-Gewerkes und Bürger-Lieutenants

Herrn Herbst, weil er sich so ausnehmend zu seinem Vortheile ausgezeichnet hat, als Muster eines braven Bürgers und andern zur Nachahmung den verdienten Lobstrich geben u. s. w.

Mein Vetter wünscht der Führer bei den sechs Damen zu werden.

Aus der 586sten Seite werden sich wohl die Leser noch erinnern, daß sechs Damen einen ernsthaften Führer suchen. Als ich diese so vortheilhafte Stelle bekannt machte, so meldete ich zugleich, daß die Candidaten der Freude und Gesellschaft ohne Umstände ihre Talente und Prästanda einschicken können.

Auf einmahl erhielte ich ein Schreiben. Mit Vergnügen sah ich daraus, daß sich ein Candidat zu den bewußten sechs Damen meldet und daß dieser Candidat mein lieber theurer Vetter ist. Das Schreiben lautet wörtlich folgender Gestalt:

Mein guter Vetter!

Es mag nun schon Spaß oder Ernst seyn; so muß ich Euch, mein guter Vetter, sagen, daß ich aus dem uralten Stamme des Halefusekalpelo-minosikowsky bin, der schon zu Henochs Zeiten lebte. Ich erinnere mich jetzt, da ich zum erstenmahl die Ehre gehabt, Euern hohen Nahmen in der Berlinschen Chronic zu lesen, daß mein kleines Mütterchen, Gott hab sie seelig, mir ständig recht sehr viel Gutes von unsern lieben Vetter, Tlantlaquatlapatli vorgeprediget hat. Ich beuge, bei Gelegenheit der Damen-Gesellschaft, die einen ernsthaften Führer sucht, meine Kniee vor Euch, guter Vetter und wünschte wohl, diesen so honorablen Posten, der warlich einen guten Kuppelpelz abwerfen wird, durch Eure hohe Protection zu erhalten.

Ich bin ein Fremdling, einige hundert Meilen von diesem Ort und habe hieselbst weder Tanten noch Basen: bin alleweil von Buben ziemlich kahl gepflückt, weil ich die Ehre hatte, ihr Gesellschafter zu seyn, bei ihnen zu spielen und zu schmausen und zu brausen. Mir fehlt nur alles — und das Einzige was ich noch habe, ist eine arme gute Seele, durch deren Hülfe ich dieses so ehrenvolle Amt, wohl regelmäßig vorzustehen hoffe.

Die Eigenschaften und zwar den

1) Punkt anlangend, so verspreche ich unterhaltend genung zu seyn, auch sogar wenn es erlaubt ist, mehr als gewöhnlich aufzuschneiden, wobei ich mir jedoch Mühe geben werde, den Stoff aus den besten Büchern zu ziehen.

2) So bin ich schon jetzt zu jeder Stunde des Nachmittags zur Disposition der Damen frei und wünschte nichts sehnlicher, als daß mein Amt mit Anbruch des morgenden Tages seinen Anfang nehmen möchte.

3) Ist mein Alter gerade so, wie es verlangt wird, denn ich habe nicht lange das 28ste Jahr gezählt und denke noch an keine Vierziger, folglich hoffe ich gesetzt genung zu seyn, um Ehre und Ruhm zu erwerben.

4) Ist mein Körperbau nervigt, auch dabei schlang und lang, denn ich messe in Schuhen 7 Zoll 2 Strich und in Stiefeln netto 8 Zoll, auch sogar die Farbe des Gesichts mehr lebendig als todt. Von keiner Gebrechlichkeit und Hypochondrie weiß ich etwas, sondern im Umgange, wie es verlangt wird, bin ich immer launisch einerlei.

5) An Friedfertigkeit hat es mir nie gefehlt, wenn man mir gleich den letzten und fettsten Bissen von dem Munde genommen, so bin ich jederzeit passiv dabei gewesen. Auch Eifersucht ist nie mein Fehler, indem ich meinen Brüdern weit eher einen Braten zu, als abgewendet.

6) Die Verschwiegenheit aber betreffend, welche wohl die Hauptsache bei diesem ganzen Kram ist, und welche alle Nebensachen ohne Ausnahme übersteigt, so will ich mich weit eher zwicken, rädern, köpfen lassen, als daß ich davon meinem Vater etwas wissen ließe: denn ich bin nicht im Stande, mir ein so dummes Geschöpf zu denken, daß sein Glück so muthwillig mit Füßen stoßen sollte.

7) Die Enthaltung aller Unanständigkeit wird von selbst wegfallen, wie ich glaube, wenn der Führer ein moralisch denkender Mann ist, der von je an den exemplarsten Wandel zum Augenmerk gehabt. Mir hat es in diesem Fall gewiß nicht an Hofmeistern gefehlt, außer daß ich je zuweilen nachläßig schäkere, welches aber nur im 11ten Gebot verboten seyn kann. Mein Hauptfehler aber würde in gar zu großer Blödigkeit, besonders bei dem schönen Geschlecht bestehen, indem ich von je

an, mit selbigem nur sehr wenigen Umgang gehabt. Jedoch werde ich diesen durch die Länge der Zeit und täglichen Gesellschaft der Damen abzulegen, mich äußerst bemühen, denn ich gestehe es offenherzig, daß ich noch lange nicht mit allen Steinen gerieben bin.

Dagegen ist meine Hauptkenntniß die Music. Das Clavier spiele ich gut, die Violine mittelmäßig, die Flaut-Traverso aber etwas stümpericht, was aber an dieser abgehet, das ersetzt das große Contre-Violon.

Die Belohnung für diese so wenige und angenehme Arbeit ist sicher königlich, guter Vetter, und sticht gewaltig in die Nase. Wem also sollte nicht das Mäulchen darnach wässern? Wer würde nicht Kopf und Kragen wagen, dieser glückliche Philidor zu seyn, wenn er besonders so lange wie ich, — in Finsterniß getappt hat.

Halefusekalpelominosikowsky wünscht sich kein größer irrdisch Glück, kann sich kein wonnevolleres Paradies wie dieses — denken und was ihm den Gaumen am allerheftigsten kitzelt, welches ihm durch alle Adern durch Mark und Bein gehet, ist, o, er kann es nicht aussprechen! die Gemahlinn, die Gemahlinn die er dereinst erhalten kann. Wollte doch Himmel und Erde, ja Aether und Meer für ihn sorgen — wie würd' er sich nicht schmiegen, wie sehr sich biegen, damit er zum Besitze einer so liebevollen Beherrscherinn käme.

Lügt Ihr auch nicht, guter Vetter Tlantlaquatlapatli, oder hat Euer Einsender gelogen, und einen nur süßen Brei um den Mund geschmiert? Und wenn das Euer Blatt eben so gut und mehr als Wahrheit ist, so laßt es mir nur wissen. Ich will Euch schon den echten Kuppelpelz nicht nur versprechen, sondern ihn klingend zahlen und dabei zurufen: Mit welchem Maaß ihr messet ꝛc. Thut Euer bestes für

Euern

guten Vetter.

Halefusekalpelominosikovsky.

Illumination im Ladewigschen Garten. Ein paar Kriegsschiffe in der Luft.

Mit einer heitern und zugleich bittenden Miene kam, jüngst mein Schnipfelchen zu mir und rief:

Eine Illumination, Tantchen! Eine Illumination! Laß uns doch auch hingehen, Herzens Männchen! — Wo denn da? In einem Garten, bei dem Tischlermeister Ladewig. Weißt Du aber nicht, daß so etwas Geld kostet? — Wenn schon! Es wird alles nicht kosten. Zu dem will ich es wieder einbringen. Will sparsam seyn, fleißig spinnen! — Jeder vernünftige Mann wird seinem Weibe gewiß alle nur mögliche Vergnügen gönnen, so bald dieselben nicht die Gränzen der Sittlichkeit und der Ehre überschreiten. Ohne Umstände erfüllte ich auch den Wunsch meines Schnipselchens. Es war Mittewoche den 24ten Junius. Die Witterung hatte sich zwar bei Tage sehr schön angelassen, gegen Abend aber wurde der Himmel trüber. Zwischen acht und neun Uhr nahm ich indessen doch mein Schnipselchen in den Arm und ging nach der Illumination. Bei dem Eintritte mußte ich gleich für Schnipselchen und für mich 8 Groschen bezahlen. An der Thüre des Gartens hielt schon ein Musicant sein Notenblatt entgegen und ließ uns ohne vorher geopfert zu haben, nicht herein. Endlich hatten wir das Glück in den Garten zu treten.

Man war eben mit Anzündung der Lampen beschäftigt. Gegen neun überzog sich der Himmel stärker. Die Sächelchen wurden indessen angesteckt. Tusch der Trompeten und Pauken, Hoboisten und Choristen wechselten mit allerlei Stükchen ab. Der Zusammenfluß der Menschen war nicht beträchtlich. Indessen sah man doch manches Nymphchen und junges Herrchen, welche Anstalten zu einem unterhaltenden Duodrama trafen. Ueber die Illumination, Pyramiden u. s. w. könnte ich allerlei Bemerkungen machen, allein auf ein andermahl. Nur so viel. Es fing an zu tröpfeln. Da Ladewig angezeigt hatte, daß er mit Allerhöchster Königl. Erlaubniß eine sehenswürdige Illumination feiern und unter andern mehreren Kunststücken sich auch 2 Kriegsschiffe in der Luft attaquiren würden; so machte er so bald als möglich zu der Attraque Anstalt. Die Idee ist nicht übel, aber die Ausführung desto schlechter. Ein starker Regen verdarb die Freude ganz. Alles eilte nun nach dem Saale. Ich eilte mit Schnipselchen auch dahin: das Gedränge war groß. Alles unter einander Christen und Juden, Mädchen und Frauen, Jung- und Alt-Gesellen. Sittliche und

unsittliche Geschöpfe. Man theilte Rippenstößchen
aus und bekam eine stärkere Portion wieder.
Wollte man etwas zu essen oder zu trinken haben,
so hatte er die Ehre sich es zu holen. Das Glas
Bier kostete 2 Groschen und ging an. Im Saale
wurde gejubelt, geraucht, geschnattert! Man
glaubte sich in einem Zimmer zu befinden, wo
millionen Maikäfer sumsten. Auf einmahl ertönte
eine etwas erzwungene grobe Stimme: Eine Bouteille Wein her! Es war ein weibliches Geschöpf
in Mannskleidern gesteckt. Man merkte sogleich
an der Stimme, was für ein Organ sich hören
ließe. Kaum hatte es gerufen: eine Bouteille
Wein her! so wurde es allgemein ausgelacht, ausgepocht, ausgehustet und ausgepfiffen! Es war
ein Volks-Concert a la nature. Man hoffte auf bessere Witterung. Umsonst. Der Regen wurde stärker, löschte nach und nach die Lampen selbst und
sparte dadurch den Leuten des Wirths eine Mühe.
Man machte Anstalten zum Tanzen. Komm
Schnipselchen. Die Glocke ist bald elf, sagte ich,
Wollen uns auf den Weg machen. Sogleich hing
es sich an meinen Arm und leistete Gehorsam,
wie Sara ihrem Herrn. Kaum waren wir zu

Hause angelangt; so fing es desto stärker zu regnen
an. Ich wollte, daß ich mein Maul gehalten hätte, rief Schnipselchen. Wieder nicht recht?
Zehn Groschen weniger im Beutel, naß geworden, Schuh und Kleider verdorben und
nichts gesehen! Eine schöne Illumination!
So gehts Schnipselchen! Hätte ich nun deinen
Willen nicht erfüllt, so — Wäre es gut gewesen,
fiel Schnipselchen schnell ein.

Die ehrliche Unehrlichkeit.

Ein junger Herr kam nach Berlin. Entzückt
über die Artigkeit manches Lustmädchens beschloß
er bei einem den Becher der Liebe auszuschlürfen.
Es geschah, ereilte berauscht nach Hause, stand des
Morgens auf, wollte nach der Uhr sehen und nun
wurde er erst gewahr, daß ihm seine goldnen Uhr
fehlte. Ein verfluchter Streich! rief er aus,
Das sind die Folgen solcher Liebe! Nun besann er sich, daß er die Uhr auf ein Tischchen gelegt hatte. Was hilfts aber, dachte er. Sie wird
fort seyn. Indessen willst du doch diesen Abend
wieder zu dem Mädchen gehen und einen Versuch
machen. Der junge Herr verfügte sich unter der

Abend-Dämmerung hin und traf seine gestrige
Schöne. Ohne Verzug führte sie den jungen Helden in ihr Zimmerchen. Da Liebchen, sagte sie,
während dessen sie die Uhr holte, da hast Du
Deine Uhr! Du hattest sie gestern vergessen.
Ich merkte es wohl. Ich verschwieg es aber.
Nicht darum, weil ich die Uhr, behalten
wollte, sondern darum, weil ich gewiß vermuthete, du würdest wieder kommen! Niemand war jetzt mehr erfreut und erstaunt als unser
junge Herr. Er beschenkte das Mädchen noch extra
Wahrhaftig, rief er zu Hause aus, solche ehrliche Unehrlichkeit hätte ich in Berlin nicht
funden!!!

Fünf Polacken auf einmahl.

Ein Polacke mit sehr hagerer Miene und fürch-
terlichem Blicke, rief gleich einem Orakel mit auf-
brausender Hitze: a — ruach 1) in sie rin! Sog't
m'r nischt, thut achten geben: Sie mach'n
den Hamburger 2) Rohef a 3) Geseire!

Ein zweiter Polacke schrie, in dem er seinen Gür-
tel fester machte: 4) a wado! Was 5) maant'r

---

1) Böser Geist. 2) Rabbi. 3) Ein böser Streich.
4) Ganz gewiß. 5) Glaubt ihr.

ober? Wos fragt Rebbe 6) Rephoel 7) Haʃ
kauen noog die Berliner? — 8) Mechille zu reiʃ
den! Ihr v'rʃteihet m'r doch Rebbe Selig?

Dritter Polacke. Loßt gemach!

Vierter Polacke. Kummt 9) tomer Jau. Steiht 'r dau!

Erʃter Polacke. Wer?

Vierter Polacke. Wie haaʃt er doch?

Fünfter Polacke. Hm! Hm! e jau! 10) Gaʃ
gelegagel! (indem er ʃeinen Freund Selig bei
dem Arme zog) Kummt Rebbe Selig! 11) meiʃ
wen Dower — metauch dower!

Dieʃe Unterredung wurde vergangene Woche von einem jungen Polacken in die Buchhandlung gebracht mit der inʃtändigʃten Bitte, ʃie doch künftig abdrucken zu laʃʃen. So fade ʃie iʃt und ʃo unordentlich ʃie auch geʃchrieben war; ʃo wollte man ʃie doch als einen ʃolʃ
chen Beweis einrücken, wie wenig oft die Polacken ʃelbʃt ihre Landsleute achten.

6) Raphael. 7) Kohen. 8) Mit Reʃpect. 9) Vielʃ
leicht ja. 10) Tlantlaquatlapatli. 11) Ein Wort gibt das andere.

Chronic von Berlin,

oder

Berlinsche Merkwürdigkeiten.

Volksblatt.

Fünf und sechs und funfzigstes Stück.

Berlin, den 18. Julius. 1789.

Tagebuch

des

Königl. National-Theaters in Berlin.

(Acht und zwanzigste Fortsetzung.)

Februar 1789.

Den 1ten. Auf vieles Begehren: Lilla. Wir stimmen der Th. Z. was sie über dieses Singspiel No. 7. S. 50 schreibt, bis auf das Urtheil der Madame Baranius und Herrn Lippert völlig bei. Madame Baranius empfing zwar von der Mutter Natur eine sehr gute Figur und gute Organe, allein sie versäumt die Ausbildung. Glück etwas, so glückt es. Der Vortrag fehlt. In mancher Stelle verstanden wir sie nicht. Zu einem Baßsänger gehört mehr, als Lippert leisten kann. Dafür kann er freilich nichts. Die ersten Tenor- und auch Baßstimmen gut vorzutragen, ist unmöglich Mithin kann sich Lippert aller Mühe ungeachtet, welche er anwandt, nicht sehr vortheilhaft als Baßsänger zeigen: denn die Natur macht in solchen Fällen keinen Sprung. Unzelmann liefert in der Rolle des Tita ein Meisterstück.

Den 2ten. Nichts wegen der großen Oper.

Den 3ten. Jack Splien. Auf vieles Begehren: Die Abentheuer einer Nacht. Fleck spielt in Jack Splien den Engländer brav, allein Schröder ziehen wir doch vor.

Den 4ten. Auf vieles Begehren: Betrug durch Aberglauben. Für das viele Begehren hätte die Vorstellung von Zuschauern stärker seyn können.

Den 5ten. Der Stammbaum. Auf Begehren: Der Zauberspiegel. Amberg spielt bekanntlich in dem Stammbaume den Michel. Solche Charactere glücken ihm am besten. Nur befleissige er sich mehr Gleichheit des Tones. — Wieder nicht so voll, als man es auf Begehren erwarten kann. Die T. Z. rühmt S. 51 die simple Bäuerinn Kleidung der Madame Baranius als Röse. Wir setzen dazu, daß sie darin fortfahren möge.

Den 6ten. Ausgesetzt wegen der großen Oper.

Den 7ten. Die Abentheuer einer Nacht. Röschen und Colas. Kaselitz als Vorreiter Mosquito erhielte allein Applau. In der Oper wurde die Arie: Ach! die Tugend ist ein ꝛc. welche Madame Greibe als Mutter Anne zu singen hat, wieder da Capo gerufen. Gegen das, welches die Th. Z. No. 8. S. 57 über sie meldet, haben wir nichts zu sagen. Unzelmann versprach sich einmahl als Peter Rothkopf und sagte: Ich habe mit meinen Augen gehört und mit meinen Ohren gesehen. Viele im Publico lächelten ziemlich, andere rechneten es Unzelmann zu einem sehr großen Fehler an. Lächerlich klingt es, das ist wahr, so etwas aber zu einem sehr großen Fehler anzurechnen, bleibt sehr unrecht. — Die Gardine fiel diesesmahl, ehe der Chor zu Ende war und sie schlüpften also durch. Ein Fehler des Theater-Meisters, worüber er von dem Inspector Lanz einen Ausputzer verdient.

Den 8ten. Don Carlos. Recht hat die Th. Z. S. 57, daß dieses Trauerspiel nicht das in der Aufführung seyn kann, was es in dem Lesen ist. Ungeachtet Schiller seine Jamben in Prosa selbst übertrug, das Stück stärker beschnitten wurde, so wird dessen ungeachtet, die Wirkung niemahls sehr groß seyn. — Mademoiselle Rademacher spielte die Marquisinn von Mondekar und heute zum letztenmahle als Jungfer. Ursache dessen, weil sie dem Schauspieler Herdt ihre Rechte auf ewig darbietet und mit ihm an einem Joche ziehen will.

Den 9ten. Nichts wegen der großen Oper.

Den 10ten. Auf Allerhöchsten Befehl: Betrug durch Aberglauben. Nicht nur Se. Majestät der König, sondern auch Ihre Majestät die Königinn beehrten die Vorstellung.

Den 11ten. Macbeth. Die Th. Z. streicht S. 58 Fleck und Demoiselle Döbbelin vorzüglich heraus. Das Urtheil über Fleck unterschreiben wir ganz, über Mademoiselle Döbbelin nicht ganz. Richtig ist es, daß sie ihre Rollen einsieht und überdenket, allein ihre Organen versagen ihr: mit Kunst will sie zu Hülfe kommen und dadurch entsteht mancher unangenehme Ton. Der Königl.

Hof und Se. Hochfürstl. Duchlaucht der regierende Herzog von Weimar beehrten die Vorstellung mit ihrer Gegenwart.

Den 12ten. Zum erstenmahle: Die Erbschleicher. Ein noch ungedrucktes L. in 5 A. von Gotter. Seine Bearbeitungen sind längst zu seinem Vortheile bekannt. Auch in diesem Stücke verkennt man seinen Dialog und Launen nicht. Einen Vorzug hat dieses Stück noch. Es kommen mehrere gute Rollen vor. Außerordentlich gefiel es nicht. Indessen denken wir, daß es noch kommen wird. Herdt als Bieder wurde allein applaudirt. Gegründet ist das, was die Th. Z. S. 58. über Fleck sagt. Nur in dem Falle nicht, wenn es ihm an guter Laune fehlt.

Den 13ten. Gab mit Bewilligung der Königl. General-Direction des National-Theaters der brave Sänger Frankenberg auf dem National-Theater zu seinem Benifize ein Concert. Es bestand in zwei Theilen. Im ersten kamen vor. 1) Ouvertüre vom Königl. Capellmeister Reichardt. 2) Scene von Righini, gesungen von Frankenberg. Mit Empfindung und Geschmacke vorgetragen. 3) Forteplano-Concert von Hoffmeister, gespielt vom Musicdirector Wessely, ist als ein sehrgeübter Clavierspieler bekannt. 4) Arie von Misliwischek gesungen von Madame Unzelmann. 5) Terzett aus der Grotta di Trifonio von Salieri, gesungen von Madam Unzelmann. Mademoiselle Hellmuth und Herr Frankenberg: erhielten Beifall. Im zweiten Theile 1) Scene von dem Capellmeister Schuster, gesungen von Mademoiselle Hellmuth. Mit Beifalle. 2) Violin-Concert von Stamitz, gespielt von Labes (ein Sohn des hiesigen Schauspielers) Marggräflich Schwedtschen Cammermusicus. Er bewies Fertigkeit und Ausdruck. 3) Rondo von Sarti, gesungen von Lippert. Seine Manier ist bekannt. 4) Harfen Concert von Hertel, gespielt von Freier Das Concert scheint von 1740 herzurühren: das hörte man an den Gängen und Läufen. Auch muß der Harfenist sein Concert auswendig gewußt haben, denn er sah sehr wenig auf die Noten. 5) Arie von Walter, gesungen von Frankenberg. Endlich 6) Terzett aus der Oper Andromeda vom Königl. Capellmeister Reichardt, vorgetragen von Madam Unzelmann, Mademoiselle Hellmuth und Herrn Frankenberg und zwar mit vielem

Beifalle. Die Preise der Plätze waren wie bey dem Schauspiele und der Anfang geschah um 5 Uhr. Ungeachtet die Witterung angenehmer hätte seyn können, so war doch die Zahl der Zuhörer nicht beträchtlich. Ein Beweis, das Frankenberg viele Freunde in dem Publico besitzt. Se. Majestät der König beschenkte den Sänger selbst mit 20 Friedrichsd'or und gab abermahl ein Beweis, wie sehr Allerhöchstderselbe wahre Talente aufmuntert und lohnt. Wir hoffen, daß das Königl. Geschenk und die Unterstützung des Publici für Frankenberg ein solcher Sporn ist, immer in der Kunst weiter zu kommen.

Den 14ten. Auf hohen Befehl: Lilla. In dem zweiten Aufzuge ging ein Zettelchen herum, auf welchem folgendes mit Bleistifte geschrieben war:

Lilla, Herzens Lilla, o
Wie entzückst Du das Gehör!
Dein Gesang macht uns so froh,
Und Dein Spiel täuscht uns so sehr!

Den 15ten. Die Erbschleicher. Daß die Rollen nach der Th. J. S. 59 alle gut besetzt waren, können wir nicht durchgängig behaupten. Das aber destomehr, daß das Stück überhaupt beffer als das erstemahl gieng, der Zuspruch des Publici stärker war und mehr Applau erfolgte.

Den 16ten. Auf Begehren: Fiesco. Nicht so voll als gestern. Czechtizky als Calcagno erhielte von Unzelmann als Gianettino natürlich unverschuldeter weise eine kleine Wunde, doch war sie, Apollo sey's gedankt, nicht gefährlich. Mademoiselle Rademacher trat heute zum erstenmahle als Madame Herdt auf. Da wir sie zu sprechen keine Gelegenheit haben, so wünschen wir dem guten Weibe zu dem Ehestande Glück, Heil und Segen und hoffen, daß sie in der Kunst als Weib da fortfahren wird, wo sie als Mädchen in der Kunst stehen bliebe.

Den 17ten. Auf Allerhöchsten Befehl: Betrug durch Aberglauben. Se. Majestät der König beehrten die Vorstellung und sonst war der Zuspruch nicht unbeträchtlich.

Den 18ten. Die Mündel. Das Stück ging nicht zum besten, ungeachtet Fleck und Unzelmann als die Mündel thaten, was sie konnten. Auch war die Versammlung der Zuschauer schwach.

Den 19ten. Der Barbier von Sevilla. Im Parterre konnte man wohl hören, daß Unzelmann ganz aus dem Tacte kam. Frankenberg machte die Sache wieder gut und sang Unzelmanns Stimme mit. Die Th. Z. sagt S. 74 daß Frankenberg den Doctor Bartholo so meisterhaft spiele, daß er selbst demjenigen, der Schrödern in dieser Rolle gesehen, Gnüge leistet. So sehr wir Frankenberg schätzen, so müßten wir wahrhaftig blindlings für ihn eingenommen seyn, wenn wir diesem Urtheile beitreten wollten. Als Sänger leistet er nicht nur Gnüge, sondern er übertrifft auch Schröder wirklich. Als Schauspieler aber noch nicht. Gesetzt, er wäre es, so könnten wir mit allem Rechte sagen: Frankenberg wäre der allererste Sänger und Schauspieler in der Welt und wird es auch bleiben. Daß er aber schon seitdem er in Berlin ist, sich gebessert hat, den Provinzialton sich etwas abgewöhnt, auch als Schauspieler mehr Wärme schon äußert, dies ist wahr und dies gibt uns die Hoffnung, daß er in der Kunst, nicht wie andere, stehen bleibt, sondern immer weiter zu kommen sucht.

Den 21ten. Die große Toilette. Unzelmann spielte, wegen Czechtitzkys Unpäßlichkeit, den Capitain von Rondo.

Den 22ten. Der Zauberspiegel. Die beiden Billette. Wie schon gesagt: Gürge bleibt ein gutes Röllchen für Amberg. Noch besser würde er aber gespielt haben, wenn Madame Baranius mehr Simplicität und Naivität geäußert hätte.

Den 23ten. Sollte Mariane und der Stammbaum seyn, wurde aber der Bürgermeister gegeben.

Den 24ten. Auf Allerhöchsten Befehl Sr. Majestät des Königes zum erstenmahle: Der Baum der Diana. Ein comisches S. in 2 A. a. d. i. übersetzt von Neefe. Die Music von Martin. Der Verfasser der Th. Z. schreibt S. 75. man befürchtete und mit Recht, daß eine Oper, welche ein mythologisches Sujet habe und großen Aufwand in Ansehung der Kleider, Decorationen und Maschinerien erfordert, so wie es gewöhnlich auf unsern deutschen Theatern zu geschehen pflegt, in's Lächerliche fallen würde. So bald der Dichter mit dem Tonkünstler abredet, gut ausführt und auf die Wirkung Rücksicht nimmt; die Direction Kosten an Decorationen und Kleidungen wenden kann, der Theater-Meister ein guter Maschinist ist, so kann niemahls eine Oper in das Lächerliche fallen. Das Publicum war so ziemlich mit der Vorstellung zufrieden. Wir können es also auch seyn.

Den 25ten. Den Baum der Diana wiederholt. Besser ging die Oper wie gestern und gefiel auch mehr. Das Duett mit Frankenberg wurde da Capo gerufen.

Den 26ten. Auf vieles Begehren: Die Erbschleicher. Ungeachtet der Springer Spinacuta für die Armen heute eine Vorstellung gab, so war das Schauspiel doch ziemlich besetzt. — Noch machte die Direction folgende Nachricht bekannt. Da während des Carnevals des Montags kein Schauspiel gegeben worden, so werden von Morgen angerechnet, die sechs Vorstellungen durch den sonst ausgesetzten Freitag nachgeholt. Nach dieser Zeit bleibt der Freitag wieder wie gewöhnlich ausgesetzt.

Den 27ten. Der Revers. Das Publicum hat sich schon an den Freitag, wo gemeiniglich ausgesetzt wird, gewöhnt, daher wurde auch das Schauspielhaus nicht voll.

Den 18ten. Auf Allerhöchsten Befehl zum erstenmahle: **Ethelwolf.** Schauspiel in 5 A. a. d. e. von Beaumont und Fletscher. Die heutige Einnahme war für unsern Fleck und er hatte Ursache zufrieden zu seyn, ungeachtet das Publicum mit dem Stücke gewiß nicht zufrieden seyn wird. Seine Majestät der König hatten Selbst die Gnade die Einnahme dem Künstler zu bestimmen und ihm zur fernern Aufmunterung als ein Zeichen Allerhöchster Zufriedenheit 60 Friedrichsd'or einhändigen zu lassen.

Anmerkung.

Herr Decker, in dessen Druckerei die Anschlagszettel gedruckt werden, zeigte sich mit Anfange dieses Jahres, durch sein sehr schönes Papier, daß er wirklich Geheimer Ober-Hof-Buchdrucker ist. Wir empfanden wirklich großes Vergnügen, wenn wir einen Zettel durchsahen. Unsere Freude aber nahm in diesem Monathe wieder ein Ende. Denn das Papier erschien wie sonst gewöhnlich. Ein Beweis, daß es damahls an schlechterem Papiere gefehlt hat. Warum wird denn kein besseres Papier geliefert? fragte jüngst einer, — Weil es sehr theuer ist! —

Tlantlaquatlapatli's Zeitung.

Empfang Ihrer Königl. Hoheit, der Frau Prinzeſſinn von Oranien.

Ehe Tlantlaquatlapatli mit dem Empfange in Berlin fortfährt, ſo muß er doch erſt die Durch-reiſe zu Brück in Sachſen Ihrer Königl. Hoheit kürzlich erwähnen. Der 26. Junius der Tag, wo das jährliche Vogelſchleßen gehalten wurde, war für dieſe Stadt ein ſehr feierlicher Tag. Die Schützen-Geſellſchafft erhielte die frohe Nachricht, daß Ihre Königl. Hoheit die Frau Erbſtatt-halterinn bei der Durchreiſe nach Potsdam die Stadt Brück mit Ihrer höchſten Gegenwart be-glücken würde. Sie beſchloß daher dieſen glück-lichen Augenblick nicht vorbeigehen zu laſſen, der Schweſter eines der erhabenſten Monarchen Eu-ropa's die tiefſte Ehrfurcht zu bezeugen. Früh um 9 Uhr wurde die Ankunft Ihrer Königl. Hoheit mit wiederholten Kanonen-Schüſſen angekündigt, bis zu der hohen Ankunft fuhr man damit fort. Die Schützen-Geſellſchafft, unter dem Commando des Herrn Hauptmanns und Senatoris Henze, des Adjutanten Herrn Krehaſt und der Herren

Lieutenants Müller, Hübner und Schill standen vor dem Thore in Parade und empfingen Ihre Königl. Hoheit mit fliegenden Fahnen und klingenden Spiele, worüber Höchstdieselben auf die allerleutseligste Art das gnädigste Wohlgefallen bezeigten und die Reise unter den feurigsten Segenswünschen aller hiesigen Einwohner weiter fortsetzten. Das Ende dieses feierlichen Tages wurde mit einem Feste beschlossen, wobei das Wohl der hohen freundschafftlichen Häuser, Oranien, Preussen und Sachsen unter Pauken und Trompetenschalle und unter dem Donner der Canonen ertönte.

Berlin.

Donnerstags den 2ten Julius geruhten Ihre Königl. Hoheit die Frau Prinzessinn von Oranien Potsdam zu verlassen und nach Berlin, Ihre Geburts-Stadt mit der höchsten Gegenwart zu beehren. Um 10 Uhr kamen Höchstdieselben in Begleitung Ihrer Durchl. beider Prinzen und Prinzessinn in Schöneberg an. Zu diesem Empfange hatten sich bereits sehr früh ein Theil der hiesigen Kaufmannschafft, der Schützen-Gilde und des Schlächter-Gewerkes zu Pferde schon in

Schöneberg versammelt; desgleichen Se. Excellenz der General der Infanterie und Gouverneur hiesiger Residenzien, Herr von Möllendorf und der Stadt-Präsident und Polizei-Director, Herr von Eisenhardt dahin begeben, die zu einem feierlichen Empfange nöthigen Verfügungen zu treffen. Kaum war Ihre Königl. Hoheit angelangt; so näherten sich die Herren Isaac Itzig und Friedländer, ersterer in schwarzer Kleidung wegen des Absterbens seiner Frau Mutter, letzterer aber in einem violetten Kleide und beide mit Orangen Bändern an dem rechten Arme. Hr. Friedländer hielte eine kurze aber sehr gut durchgedachte Rede und hatte die Gnade der erste zu seyn, auf einem violetten taffeten Küssen, dessen Mitte mit Orange gestickt war, ein Gedicht unterthänigst zu überreichen. In einer kleinen Entfernung standen eine Anzahl jüdischer Frauenzimmer, alle weis und geschmackvoll angezogen, mit Orangen-Bändern geschmückt und äußerten bei der Ankunft die wärmsten Empfindungen der Freude.

Darauf hielte der Altmeister Kersten im Nahmen des Schlächter-Gewerkes eine Anrede. Alsdann überreichte der Anführer der Schützen-Gilde und Stadt-Verordnete, Herr Blüher, in Begleitung des Schützen-Königs Herrn Fechts und der beiden Ritter Herrn Schubart und Weiland ein in grünem Taffet gebundenes und mit Silber eingefaßtes Gedicht auf einem orangefarbenen atlassenen mit Perlen garnirten Küssen und wünschten in einer kurzen abgefaßten Rede Glück. Desgleichen erschienen die beiden Oberältesten der Kaufmannschafft, Herr Kuno und Herr Chemnitz. Ersterer hatte die Ehre eine dem Gegenstande angemessene Glückwünschungs-Anrede zu halten, letzterer aber ein auf weißen Atlas gedrucktes Gedicht, auf einem orange goldbrokadnen reichbesetzten Küssen, zu überreichen.

Ihre Königl. Hoheit nahmen nicht nur alle Reden und Gedichte sehr gnädig auf, sondern bewilligten auch, als man in der tiefsten Ehrfurcht Ihre Königliche Hoheit begleiten zu dürfen bat, die Begleitung in den gnädigsten Ausdrücken.

Jetzt wurde ein allgemeines dreimahliges: Es lebe Ihre Königl. Hoheit die Prinzessinn von Oranien! angestimmet. Darauf ging der Zug in folgender Ordnung:

1) Vier Post-Secretaire mit gezogenen Degen.

2) Sechs

2) Sechs Postillionen. Einer hatte die Fertigkeit und Geschicklichkeit ein Stückchen zu blasen, alsdann stimmten die andern ein verstimmtes Tutti an.

3) Das löbliche Schlächter-Gewerk mit seiner Standarte, einem Pauker und 8 Trompetern. Ihre Kleidung bestand in braunen Röcken mit Orange-Westen, Cocarden und Orange-Federbüschen auf den goldenen Tressen-Hüten. Die Altmeister Kersten, welcher der erste war, dann Geisler, Forster, Fickweiler, Bennemann, Levin, Kirchert, Brederecke und Eichler waren die Anführer.

4) Die Schützen-Gilde mit ihrer Standarte und Trompetern in blauen Kleidern, rothen mit goldenen Tressen besetzten Westen und Orange-Cocarden an den Hüthen, unter Anführung des Stadt-Verordneten Herrn Blüher, des Schützen-Königes, Herrn Sechts und der beiden Ritter Herren Schubart und Weiland.

4) Die Kaufmannschafft in scharlachfarbenen Röcken, weissen Westen unter Anführung der Herren Jores, Pierre Louis Berinquier, Blanc und Aschenborn. Die Trompeter waren hellblau, mit Orange-Aufschlägen und stark mit breiten silber-

nen Treffen besetzt. Sie hatten alle Orange-Cocarden und Portepees.

6) Der Königl. Wagen, in welcher Ihre Königl. Hoheit mit den Durchlauchtigsten Prinzen und Prinzeſſinn ſaßen.

7) Die Polizei-Officianten in ihrer Uniform mit Orange-Cocarden an den Hüthen und mit Schleifen von gleicher Farbe an dem linken Arme, unter Anführung des Stadt- und Polizei-Präſidenten, Herrn von Eiſenhardts, welche zu Pferde Ihre Königl. Hoheit begleiteten.

In dieſer Ordnung kam man bis an das Potsdammer-Thor. Daſelbſt wurde Ihre Königl. Hoheit von dem ſo würdigen Stadt Präſidenten, Herrn Philippi, im Nahmen des ſämmtlichen in Corpore daſelbſt verſammelten Magiſtrats auf das ehrerbietigſte bewillkommt. Unter dem Stadt-Thore hatte der älteſte Bürger-Hauptman, Herr Meudtner das Glück, Ihrer Königl. Hoheit ein Gedicht auf einem orangefarbenen atlaſſenen Küſſen unterthänigſt zu überreichen.

Nun ging der Zug durch die Stadt. Von dem Potsdammer-Thore an durch die Leipziger- und Wilhelms-Straße, längs den Linden und über den

Lustgarten bis nach Monbijou stand die Bürgerschafft in zwei Reihen Compagnien weise. Ihre Fahnen waren mit Orangen-Bändern geschmückt, ihre Hüthe aber mit orangen Cocarden und ihre Degen mit Schleifen gleicher Farbe geziert. Ihre Königl. Hoheit wurde während des Vorbeifahrens mit klingendem Spiele und fliegenden Fahnen salutirt. Allenthalben erscholl ein frohes jubelvolles Vivat von Berlins Bewohnern.

Zur Bezeigung ihrer Freude über die beglückte Ankunft der Frau Prinzessinn ließen auch die jetzt mit ihren Schiffen von Hamburg hier befindlichen Churmärkischen Schiffer, Eppers und Schulz u. s. w. von ihren auf der Spree und bei den Packhöfen liegenden Schiffen orange farbene Flaggen und Wimpel wehen.

Als Ihre Königl. Hoheit mit dem schon beschriebenen Zuge in Monbijou angekommen war; so dankte Hochdieselbe auf das Herablassendste für die Begleitung und wurde darauf von Ihrer Majestät der regierenden Königinn, welche, wie auch mehrere Durchlauchtigste Personen der Königl. Familie schon vorher aus Potsdam wieder eingetroffen waren, auf das zärtlichste bewillkommt,

Am ebendenselben Morgen traf Se. Majestät der König aus Potsdam ein. Auch bezeugte Allerhöchstderselbe nachher über die Ordnung, welche bei den Feierlichkeiten geherrscht hat, Allerhöchste Zufriedenheit und ließ der sämmtlichen Bürgerschafft für ihre Bereitwilligkeit, für ihre Ehrfurcht und Ergebenheit gegen das Königl. Haus danken.

Da der vorhergehende Tag so stürmisch und regnerisch war; so vermuthete man, daß die unangenehme Witterung fortdauern würde. Freundlich ließ sie sich zwar an dem feierlichen Tage nicht an, denn es war sehr trübe und regnete zuweilen ein bischen, indessen hatte sich doch der größte Sturm gelegt und der Himmel gegen Mittag aufgeheitert. Dieser trüben Witterung ungeachtet, war bei den meisten Bewohnern in Berlin die Sehnsucht, Ihre Königl. Hoheit die Frau Prinzessinn von Oranien nach so vielen Jahren einmahl wieder zu sehen, ohne Gränzen. Gerecht war diese Sehnsucht. Die Straßen wimmelten voll Menschen. Alle Fenster in den Häusern, an welchen der Zug vorbei kam, waren mit Zuschauern beſetzt. Viele Kutſchen hielten in der Ferne. Allenthalben las man auf der Stirne der guten Berliner Freude und Entzücken. Jetzt war für die orange Farbe der glücklichſte Zeitpunct erſchienen. Sie verdrang auf einige Zeit alle ihre Schweſtern und ſcheint bis jetzt allein zu herrſchen. Viele Damen, welche zu den Fenſtern heraussahen, hatten ſich mit orange Bändern, Girlanten, Schleifen und ſo weiter geſchmückt. Andere Damen zeigten ſich in einem ganzen orangefarbenen Anzuge. Viele Kinder ſah man mit ſolchen Bändern und Schleifen geziert. Mehrere Bürger hatten Schleifen an den Hüthen, Bänder an den Armen und Uhrketten. Ja ein junger Herr zeigte ſich mit einem orangefarbenen Haarbeutel. Manche Kutſche, in welchen Zuſchauer ſaßen, war ebenfalls mit orange Bändern gleichſam austapezirt. Viele Herrſchafften ließen ihre Pferde mit dieſer Farbe ſchmücken. Alte Mütterchen, welche für die Mode ganz ausgeſtorben zu ſeyn ſchienen, wachten an dieſem frohen Tage wieder auf und zeigten ſich ſogar in Kleidern mit orangem Bande beſetzt. Die Kaufleute nützten auch, welches niemand zu verdenken iſt, dieſe Gelegenheit und ſtellten allenthalben orange

Bänder und Galanterie Waaren aus. Verschiedene Tabagisten hatten auf die Biergläser orange Deckel angebracht. Allenthalben nichts als Orange und abermahls Orange.

Das Publicum äußerte bei dem Empfange überhaupt allerlei Urtheile. Indessen muß man gestehen, daß für die Kürze der Zeit alles gethan wurde, was gethan werden konnte. Die Kaufmannschafft war bei dem Einzuge am schwächsten. Das löbl. Schlächter-Gewerk aber am stärksten. Der Altmeister Kersten führte, wie schon berührt, den Zug an. Ihm folgten die übrigen Altmeister Geisler, Forster, Fickweiler, Bennemann, Levin, Kirchert, Brederecke und Eichler. Mit großen orangen Cocarden und Federn geschmückt. Ohne die Kaufmannschafft und Schützengilde zu verachten, so mußte doch der Neid dem Schlächter-Gewerke nachsagen, daß ihr Zug vorzüglich in die Augen fiel. Auch hatte es die beste Music. Einstimmig war das Publicum: die Schlächter-Meister trugen diesesmahl den Preis davon. Sie hätten prächtig ausgesehen, zum Theile Pferde gehabt, welche gleichsam nur tanzten, wären auch gute Reiter, hätten keine Kosten gespart und in der That nichts als Ehrerbietung gegen das Königl. Haus gezeigt.

Tlantlaquatlapatli, welcher nur die Wahrheit liebt, pflichtet diesesmahl der Stimme des Volks bei. Auch ergetzte er sich vorzüglich an dem Zuge des Schlächter-Gewerkes und konnte sich nicht satt sehen. Nu, Nu, dachte er, wahr ist es, mancher nahm wohl bisweilen ein Dreier, oder Sechserchen mehr auf das Pfund! Mein Schnipselchen mußte es auch bezahlen. Aber der Aufzug sehnt mich ganz wieder aus. Das Schlächter-Gewerk machte der Stadt Ehre und Freude und machte das wieder auf einmahl gut, was manche verdorben hatten. Vorzüglich gefiel Tlantlaquacapatli wohl, daß auch einige Schlächter-Meister den Wagen Ihrer Königl. Hoheit neben der Polizei begleiteten und ihr sogenanntes altes Recht behaupteten. In der That nahm sich es sehr gut aus. Tlantlaquatlapatli dankt dem Hochlöblichen Schlächter-Gewerke ebenfalls, daß es sich so brav betrug und verspricht ihm, wenn es wieder einen andern Vorfall feiert, aus Erkenntlichkeit für die Freude, welche er durch den Aufzug empfand, ebenfalls alles auf das rühmlichste zu gedenken.

Als die Bürgerschafft compagnien weise aufzog und sich zum Empfange stellte; so ging sie Tlantlaquatlapatli aufmerksam durch. Alle Fahnen hatten orangen Band bis auf eine. Die Herren Bürger Officiere waren sehr schön aufgeputzt. Unter andern bemerkte er doch einen solchen Herrn, welcher sich vor allen andern auszeichnete. Denn er hatte nicht nur eine ansehnliche orange Schleife an dem Huthe, an dem Degen, sondern auch sogar ein orange Band, gleich einem Ordensbande, nur nicht so breit, über das Kleid hängen. Hm, dachte Tlantlaquatlapatli, dieser Mann sieht capital aus. Er thut sich vor allen Collegen durch sein orange Band gut hervor, ist ein hübscher ansehnlicher Mann und macht ein ernsthaftes Gesicht! Natürlich fragte er einen Nebenstehenden: — Um Vergebung, wer ist denn dort jener Herr? Welcher, mein Freund? — Jener mit dem orange Bande über dem Kleide! Er ist nur der einzige! — O das kann man einen braven, rechten braven Mann nennen! Er ist Altmeister bei dem löbl. Korbmacher-Gewerke und Bürgerlieutenant und heisset: Hr. Herbst. — Da Tlantlaquatlapatli ferner bemerkte, daß

Hr. Herbst etwas mit einem orange Bande um den Hals auf der Brust herunter hing, es aber wegen der Entfernung nicht deutlich erkennen konnte; so fragte er abermahl: Was ist denn das, was Herr Herbst an dem orange Bande hängen hat? — Eine Art von Orden, versetzte der Unbekannte, um recht zu paradiren und Ehre zu machen: Es ist eigentlich die kleine silberne Huldigungs-Medaille, welche man für 10 Groschen kaufen kann. Herr Herbst, fuhr der Unbekannte fort, ist ein Mann, welcher alles zu nützen versteht und der Stadt in solchen Fällen wahre Ehre macht.

Tlantlaquatlapatli däuchte eine etwas ähnliche Gesichtsbildung in Lavaters Phisiognomic gesehen und erinnert sich ungefähr dieses noch gelesen zu haben: Diese Phisiognomie hat außerordentlich viel vortheilhaftes. Der wohl proportionirte Mund, die erhabene Nase, der scharfe ernsthafte Blick verrathen einen Mann von Kenntnissen, ein Mann, welcher sehr nützliche Dienste dem Staate leistet, ein Mann, welcher Kinder zeugt, die eben so nützlich dem

Staate, wie der Vater werden und gewiß zu großen Ehren kommen.

Nu, nu, dachte Tlantlaquatlapatli haſt du dich doch nicht geirrt. Unſer Lavater iſt ein creuzbraver, frommer, ehrlicher Mann, der Phiſiognom aller Phiſiognomen. Da dieſer ein ſolches Urtheil fällt; ſo wird gewiß auch alles eintreffen. —

Der Tag, wo Ihre Königl. Hoheit in Berlin eintraf, blieb ein feierlicher Tag. Die Schützen-Gilde veranſtaltete ein Gaſtmahl. Bei dieſem wurde die Geſundheit Ihrer Königl. Hoheit der Frau Prinzeſſinn von Oranien und des ganzen Königl. Hauſes unter Abfeurung der Canonen getrunken. In der und jener Tabagie vereinigten ſich die Bürger, blieben ein Stündchen länger und brachten die Geſundheit Ihrer Königl. Hoheit und des ganzen Königl. Hauſes aus. Mehrere Familien gaben ſogenannte Familien-Feſte und freuten ſich bei einem Gläschen alten Wein, daß ſie Ihre Königl. Hoheit nach ſo viel Jahren wieder einmahl ſo munter ſehen konnten.

Auf eine ſolche Art beſchloß das Publicum den 2ten Julius. Da ſo viele Tauſende den wärmſten Antheil nahmen, iſt es daher nicht Pflicht daß man alle diese Feierlichkeiten in den Preußischen Annalen aufbewahrt?

Die Fortsetzung folgt.

Beschreibung des berühmten Enßlenschen ärostatischen Kunst-Cabinettes.
(Beschluß.)

Tlantlaquatlapatli hat von diesem berühmten Enßlenschen Kunst-Cabinette in dem 23 und 24, 25 und 26, 27 und 28, 29 und 30, 31 und 32, 33 und 34, 35 und 36, 37 und 38, 39 und 40, und 43 und 44sten Stücke umständlich gehandelt, sich aber wegen anderer eingelaufenen Aufsätzen, welche doch nicht zurück gelegt werden konnten, mit dem Schlusse verspätet. Doch jetzo soll er desto schneller folgen.

Freitags, den 24ten Aprill, ließ der Künstler Enßlen sein ärostatisches Kunst-Cabinett zum Vortheile der Armen sehen. Der niedrigen Plätze ungeachtet, war der Zuspruch nicht außerordentlich zahlreich.

Sonntags aber, den 26ten Aprill, war das Cabinett zum allerletztenmahle offen. Ob viele

Berliner gleich durch das allerletztemahl sonst abgeschreckt wurden, weil oft ein kleiner Eigennutz darhinter steckte und sie hernach von dem Gegentheile überzeugt wurden; so fand sich doch, dieses mahl der Zuspruch ziemlich beträchtlich ein. Ja, einige Particulier ließen den Künstler ersuchen, das Cabinett für sie allein offen zu halten. Sie erschienen mit ihrer Familie und lohnten den Künstler. Der Ausspruch eines jeden, welcher nur einige Kenntnisse von diesen Gegenständen hatte, war: wir haben in der Art noch nichts vortrefflichers gesehen! Freilich fielen allerlei Anecdötchen vor. Der eine sah die Harpy für eine See-Jungfer an, der andere für einen Waldteufel, der dritte behauptete, der Künstler verstünde gar nicht die Zeichnung eines Hirsches, Schweines oder Hundes, weil er die Klauen nicht gespalten hätte. Ungeachtet er an der Diana und Hirschen zeigte, daß er die wahre Anatomie verstünde; der vierte hielte sich über die Cörper der Schweine und Hunde auf und sagte: sie wären zu groß: freilich hatten sie nicht ganz die gehörige Proportion. Erinnerte aber nicht der Künstler ausdrücklich, daß er diese Figuren zum Aufliegen ausarbeitete; daß er des-

wegen ihnen größere Cörper gab, damit sie sich
nicht so schnell in der Luft aus dem Gesichtspuncte
verlieren möchten. — Bei jeder Vorstellung ließ
der Künstler einen Luftballon mit einer kleinen
Gondel herumfliegen, welcher den Zuschauern vieles Vergnügen machte. Ungeachtet dieser weiß und
roth gemalt war; so wog er doch nicht mehr als
ein Loth und der Luftschiffer Blanchard soll so
keinen machen können. An einem heitern Morgen
machte der Künstler Enßlen noch ein anderes kleines Schauspiel. Er füllte nehmlich seinen Ballon
und ließ ihn aus dem Dache an einer Schnur in
eine solche Höhe steigen, daß man ihn zuletzt nicht
mehr erkennen konnte. Die ganze Krauserstraße
wimmelte voll Menschen. Da Windstille herrschte;
so stieg er in einer geraden Linie auf. Und jeder
wunderte sich über diese Direction.

Viele Personen besuchten das Cabinett drei bis
sechsmahl und brachten immer andere wieder mit.
Ueberhaupt gefiel es deswegen auch vielen, weil
sie ungehindert herumgehen, plaudern und Späß-
chen treiben konnten. Auch für die Lustmädchen
war es eine erwünschte Stelle. Allein kamen sie
herein, mit Geschmacke angezogen, bejahrten ihre

4 Groschen und in Gesellschafft gingen sie weg und suchten auf diese Art ihr ausgelegtes Capitälchen mit starken Zinsen wieder zu erhalten. Sonst aber fiel weiter nichts vor. Es herrschte Ordnung und Ruhe. Viele im Publico wünschten, daß der Künstler eine Luft-Jagd anstellen möchte. Zur Befriedigung dieses Wunsches hielt er um Allergnädigste Erlaubniß an, allein sie wurde ihm abgeschlagen. Er setzte darauf seine Reise weiter fort und nahm nicht nur den Ruf eines großen Künstlers, sondern vorzüglich auch eines Menschenfreundes und ehrlichen Mannes mit. Von Berlin ging er nach Braunschweig und dann nach Hamburg, wo er ebenfalls die größte Aufmerksamkeit und Bewunderung erhielte.

Einige im Publico wunderten sich, daß man in der Chronic von Berlin dieses Kunst-Cabinett so umständlich abhandelte, ja, einige äußerten sogar ihren Verdruß. Tlantlaquatlapatli aber hielt es für eine Schame, einem solchen Künstler keine Gerechtigkeit widerfahren zu lassen und ihm in dem Nahmen so vieler öffentlich noch zu beweisen, daß es in Berlin Männer gibt, welche sein Kunst-Cabinett als wahre Meisterstücke der Kunst schätzen.

Nachschrift.

Noch verdient angemerkt zu werden, daß es eine gewisse Gattung Leute gab, welche einige Meisterstücke des Künstlers abkaufen wollten. Da sich Herr Enßlen nicht dazu verstand; so wollte sie einen andern Weg einschlagen. Sie beneidete das Lob, welches jeder Kenner dem Kunst-Cabinette widerfahren ließ und behauptete, ebenfalls solche vortreffliche Meisterstücke zu schaffen. Zu dem Ende besichtigte sie vorzüglich den Reiter zu Pferde, stieg sogar, ohne den Künstler vorher um Erlaubniß zu fragen, in das Behältniß, wo die Figur stand, und critisirte alles, vom Anfange bis an das Ende. Gelassen stand Enßlen in der Ferne, sah eine Weile seinen Gegnern zu und sagte endlich mit lächelnder Miene: Ich hielte die Herren für Originale. Da sie aber eine so scharfe Besichtigung anstellen; so dürfte wohl nicht einmahl eine elende Copie zum Vorscheine kommen.

Antwort auf das eingelaufene Schreiben.

Nein, mein Lieber! Ihr offenherziges Geständniß verringert meine Achtung gegen Sie nicht, in dem Gegentheile hat sie sich sehr vergrößert — Was aber Ihre Bitte betrifft; so verzeihen Sie mir, wenn ich sie vor der Hand noch nicht erfüllen kann. Gewisse Behältnisse sind allein daran schuld. Fahren Sie indessen mit Ihrer Aufmerksamkeit gegen mich fort. Sie können dadurch Ihrem Vaterlande immer nützlicher werden. Gern biete ich Ihnen meine Hände und werde mich freuen, wenn das patriotische Feuer in Ihrem Herzen niemahls erlischt. Erfüllen Sie meine Bitte; so bin ich auch in dem Stande künftighin die Ihrige zu erfüllen. Leben Sie wohl.

Dem Herrn A. danke ich für sein Anerbieten, welches er mir in dem Schreiben vom 12ten Julius gemacht hat, auf das freundschaftlichste und versichere ihm, daß, sobald er sein patriotisches Anerbieten erfüllt, alles der Wahrheit gemäß abgedruckt werden soll.

Tlantlaquatlapatli.

Chronic von Berlin,

oder

Berlinsche Merkwürdigkeiten.

Volksblatt.

Sieben und acht und funfzigstes Stück.

Berlin, den 25. Julius. 1789.

Ehrfurcht und Freude Jhro Königl. Hoheit der Frau Erbstatthalterinn von Holland, Friederike Sophie Wilhelmine, Schwester Sr. Majestät des Königs von Preußen, bei Höchstdero Einholung nach Berlin unterthänigst zu Füßen gelegt, von der Kaufmannschafft sämmtlicher Residenzen. Berlin den 2. July. 1789.

Hohlt Sie ein, ihr Wonnethränen,
Hohlt die Königsschwester ein;
Die Erhabne strahlt bei denen,
Die es werth sind: gros zu seyn.

Es ist Wilhelmine — streuet
Ihr den Spätlingslenz noch hin:
Freut Euch Hollands Mutter freuet
Euch der Frevelzähmerinn.

Ihre reine Seelengröße
Ueberstrahlt das Sonnenlicht;
Wenn Ihr keine Thräne flöße
Spahrten sie die Engel nicht.

O der Sieg, den Sie errungen,
Wird von der Unsterblichkeit,
Wird vom Staube nicht besungen,
Und Ihr Dank ist: Seeligkeit —

Denn Sie hängt am Bruderbusen
Wie der Fromm' an seinem Gott:
Und vergißt am Bruderbusen
Schwarzer Seelen schwärzern Spott!

Heilig bleibt Sie der Geschichte,
Wie Sie uns erhaben bleibt —
O daß ewig kein Gedichte
Seelenfülle niederschreibt!

Sei willkommen! Sei willkommen!
Nur so viel jauchzt Dein Berlin,
Veilchen — wo Du aufgeglommen,
Ewig, ewig fortzublühn.

Sei willkommen! und empfinde
Wilhelms Feste, wie Sein Herz —
Bei den Kronendeinen — finde
Höher Dich als Himmelwärts!

Und laß Dir dies Lied gefallen!
Nein — nicht Lied — nur Seelengluth!
Sprich mit sanftem Wohlgefallen:
Meines Bruders Volk meints gut!

Wer Berlin nicht kennt und dieses Gedicht lieset, der muß auf den Gedanken kommen, daß sich in dieser so berühmten Königlichen Residenz-Stadt nicht ein halbmittelmäßiger, noch weniger ein guter Dichter befindet. Dieses Urtheil fiel Tlantlaquatlapatli bei Durchlesung des Gedichtes ein. Unser Herr Unger sorgte zwar für sehr gutes Papier, Schwärze und Druck. Was hilft aber die schönste Kleidung, wenn der Junge vorher so ungestalt aussah.

Tagebuch
des
Königl. National-Theaters in Berlin.
(Neun und zwanzigste Fortsetzung.)
März 1789.

Den 1ten. Ethelwolf wiederholt, das erstemahl gefiel er wenig, diesesmahl noch weniger. Eins trug mit dem andern bei. Die Th. Z. welche S. 75 und 76 ein mehreres über Ethelwolf sagte, überhebt uns der Mühe, daß wir uns gar nicht dabei aufzuhalten brauchen.

Den 2ten. Auf vieles Begehren: Der Baum der Diana. Die Oper gefiel heute wieder sehr. Die Arie im ersten Aufzuge: Du schelmisches Auge ꝛc. wurde da Capo gerufen.

Den 3ten. Auf vieles Begehren: Die Erbschleicher. Außerordentlich voll war es nicht.

Den 4ten. Der Kaufmann von Venedig. Recht hat die Th. Z. No. 11. S. 81. daß dieses Shakespearsche Stück am wenigsten Glück gemacht, unrecht aber, wenn sie glaubt, daß der Character des Shylocks es allein immer aufrecht halten sollte. Daß die Schluß-Scene dem Umarbeiter nicht glückte, da hat die Th. Z. wieder recht. Wir setzen noch hinzu, daß der Umarbeiter überhaupt eine Schrödersche Schere hätte zu Hülfe nehmen sollen.

Den 5ten. Auf vieles Begehren: Betrug durch Aberglauben. Das auf vieles Begehren wird ordentlich Mode. Wir vermutheten allezeit ein sehr zahlreiches Publicum und kommen wir, so haben wir noch hinlänglichen Raum hinten in dem Parterre einen Spatziergang zu machen.

Den 6ten. Die Abentheuer einer Nacht und die Heirath durch ein Wochenblatt. Die Th. Z. versichert uns No. 11. S. 81. daß das letzte Stück wirklich originelle Posse sey. Wir halten sie für eine zusammengeflickte. Solche Possen schmiert man wöchentlich sechse und die siebente gibt man im Kaufe. Indessen gefällt die Heirath durch ein Wochenblatt und beweiset bei vielen den echten Geschmack. Daß Wiedemann weiß, was Sänger und Singkunst sind, ist bekannt. Als italienischer Capellmeister wird er auf eine solche Art nicht mißfallen.

Den 7ten. König Lear. Bötticher spielt Edmund für den ausgehusteten Zilmer. Als Bötticher das erstemahl erschien, so rief einer im Parterre aus: Gottlob! daß Bötticher kömmt. Wäre Zilmer erschienen, so hätte das ganze Publicum an einem Catharre krank werden können.

Den 8ten. Auf vieles Begehren: Der Baum der Diana. Heute war das auf vieles Begehren doch wahrscheinlicher. Wir konnten nicht auf dem Parterre, wegen Mangel des Raumes, auf und abgehen. Die Oper gefiel wieder sehr. Bald beglückt mich heitre Ruh ꝛc. wurde da Capo gerufen. Von der Decoration zu einer andern Zeit.

Den 9ten. Die Mündel. Leer. Das Stück ging schlecht. Bei der Stickerei müssen wir doch erinnern, daß, als sie gebracht wurde, wir auf die Gedanken geriethen, als ob der Inspector Lanz keinen altmodischeren Nährahmen auf den ganzen Trödel-Markte auftreiben konnte. In dem

Parterre merkte man es nicht so, befindet man sich aber in den Logen, (wo wir denn zur Abwechselung sind und wie es diesesmahl der Fall war) sieht man auf das Theater, möchte gern getäuscht seyn und kann sich doch nicht durch zu schlechte Requisiten täuschen lassen; so vergeht einem in der That Lust und Liebe.

Den 10ten. *Betrug durch Aberglauben.* Lippert entschuldigte vor der Vorstellung, daß Madame Unzelmann wegen Unpäßlichkeit einige Arien weglaßen müßte. Das ist sehr dumm, sagte darauf eine Stimme im Parterre. Doch das liebe Weibchen soll sich schonen, wir wollen lieber einige Arien weniger hören, damit wir hernach desto mehr hören können. Mademoiselle Hellmuth wurde dafür da Capo gerufen.

Den 11ten. *Die Erbschleicher. Die Th. Z.* liefert No. 12. S. 89. von dem Stücke den Plan. So viel wir uns erinnern können, so ist er nach einem französischen Plane gearbeitet.

Den 12ten. *Otto von Wittelsbach.* Den dramatischen Stücken geht es, wenn sie auch noch so vortrefliche Schönheiten haben, wie den Webern. Je älter sie werden, je gleichgültiger wird man gegen Sie.

Den 13ten. Die Abentheuer einer Nacht. Der Liebhaber als Automat. Gestern war es nicht voll, heute noch weniger.

Den. 14ten. Das Räuschchen. Frankenberg spielt bekanntlich für den abgegangenen Alexi den Doctor Wunderlich.

Den 15ten. Sollte der Doctor und der Apotheker seyn; da aber Madame Unzelmann nicht singen konnte, Mademoiselle Hellmuth auch noch nicht mit der Rolle ganz fertig werden konnte, so wurden die Erbschleicher gegeben.

Den 16ten. Die Glücksritter. Brav spielt Madame Unzelmann, sagte ein sehr angesehener Mann, allein mir däucht, Mademoiselle Witthöft spielte den Character mit mehrerer Simplicität.

Den 17ten. Die Räuber waren schon auf dem Anschlagszettel bekannt gemacht; auf allerhöchsten Befehl Sr. Majestät des Königes wurden die Erbschleicher gegeben.

Den 18ten. Der Doctor und der Apotheker. Die Th. Z. macht über dieses Singspiel No-

13. S. 97. verschiedene Bemerkungen, zu denen wir auch einige hinzufügen wollen. Wir geben zu, daß der Doctor und Apotheker mehrere Mannichfaltigkeit und comische Laune als Betrug durch Aberglauben enthält. Mademoiselle Hellmuth spielte wegen Unpäßlichkeit der Madame Unzelmann die Rolle der Leonore. Daß sie aber die Bravourarie mit den obligaten blasenden Instrumenten mit so vieler Fertigkeit und Präcision vortrug, können wir nicht zugeben. Sie that, was sie thun konnte. Und gewiß würde sie mehr geleistet haben, wenn die Mutter Natur ihre Brust gleichsam mehr gestählt hätte. Ueberhaupt müssen wir Mademoiselle Hellmuth als wahre Freunde rathen und zugleich ihre Mutter bitten, daß sie nicht zu viele Bravourarien singen muß. Einer weiblichen Kehle und Brust, welche noch nicht zur Reife gekommen sind, schaden in der Folge solche starke Arien am meisten. — Madame Baranius spielte die Rosalie mit ihrer eigenen Ungezwungenheit. Das heisset, ohne zu wissen warum. Allerdings kann sie, wenn sie will; hat sie aber lange Reden zu sagen, so eilt sie nach dem Ende und selten verstehen wir den kleinsten Perioden.

Das Talent des Herrn Lippert, schreibt die Th. Z. 98 weiter, für comische Rollen ist bekannt, vorzüglich auch im Uebertreiben. Würde Lippert seinen Feldscheer Sichel etwas trockener vortragen, so müßte der Character weit mehr auffallen. Kaselitz ist als Apotheker an seinem Platze. Etwas deutlicher möchte er hie und da seyn. Sonst aber geben wir ihm das Zeugniß, daß er den Character so ziemlich trocken nimmt. Von Madame Greibe wundert es uns nicht, daß sie das zänkische eigensinnige Weib gut trift. Hat sie in Berlin nicht Originale genug? Wiedemann kömmt als Hauptmann Sturmwald Alexi nicht bei. Am Schlusse macht noch S. 98 die Th. Z. die sehr richtige Bemerkung, daß man so vieles von der Music wegschnitte. Eine Dreistigkeit die man sich wohl bei den Werken eines Ditters nicht erlauben sollte. Sehr recht hat hier die Th. Z. Das sind aber die Früchte von den Musicdirectoren! Wenn keiner weiß, wer Koch oder Kellner ist; so läßt sich in der That nichts besseres erwarten. Ueberhaupt ist es Pflicht eines jeden Musicdirectors, daß, so viel als möglich, die Music so einstudirt wird, als sie der Tonkünstler setzte.

Den 19ten. Maß für Maß. Sch. in 5 A. nach Shakespear. Se. Majestät des König hatten die Gnade ganz unvermuthet das Schauspiel zu beehren. Die Th. Z. macht S. 98 über das Stück einige richtige Bemerkungen, welchen wir ganz beitreten. Allenthalben sieht man ganz deutlich, daß der Umarbeiter an das Stück keine wahre Feile legte.

Den 20ten. Maß für Maß wiederholt. Das Stück macht ebenfalls bei uns kein Glück. Die Th. Z. macht S. 99 Herrn Herdt das Compliment: man müsse ihm das Verdienst lassen, daß er stets viele Aufmerksamkeit auf seine Rolle wendet. — Nicht unrecht hat der Herausgeber, allein schade ist es nur, daß, wenn sich Herdt den Character ganz gedacht hat; so glaubt er oft, er wäre am richtigsten und läßt sich, wenn ihm auch Einwendungen gemacht werden, nicht leicht davon abbringen. Freund Simoni verdient als Wirth Fiumo Aufmunterung und kann in der Folge, wenn er mehrere solche Rollen erhält und sich Mühe gibt, in dem comischen Fache etwas leisten. Unzelmann als Junker Lucio versprach sich einigemahl. Sehr schön! rief einer im Parterre:

Warum ſchön? fragte ein anderer, er hat ſich ja verſprochen! — Eben deswegen iſt es ſchön, darin beſteht eben der Character eines Junkers!

Den 21ten. Die Erbſchleicher. Man gab bei den Mitgliedern einen Zettel herum, daß ſie ſich nicht mehr ſo zwiſchen den Couliſſen aufhalten ſollten. Wahrſcheinlich rührte es daher, weil mehrmahls ſchon eine oder die andere Couliſſe, wegen des Drängens, nicht mehr ganz ihren Rang behaupten konnte. Der Regel nach gehört bei jedem Aufzuge niemand auf das und hinter dem Theater, als die ſpielenden Perſonen, der Director, Inſpector und Theater-Meiſter und ſeine Untergebene.

Den 22ten. Der Doctor und der Apotheker. Der Zuſpruch war heute wieder zahlreich und die Oper erhielte den alten Beifall. Daß Mademoiſelle Hellmuth die Roſalie auf alle Fälle beſſer als Madame Diſtler ſpielt, verſteht ſich.

Den 23ten. Caſpar der Thorringer. Dieſesmahl verſtanden wir Unzelmann als Caſpar durch das ganze Stück.

(Die Fortſetzung folgt.)

Tlantlaquatlapatli's Zeitung.

Feierlichkeiten bei dem Empfange und Aufenthalte Ihrer Königl. Hoheit der Frau Erbstatthalterinn, Prinzeſſinn von Oranien.

(Zweite Fortſetzung.)

Die Glocke hatte elf geſchlagen als Ihre Königl. Hoheit die Frau Erbſtatthalterinn in Monbijou abtrat, ſich daſelbſt umkleidete und ein Dejeuner einnahm.

Gegen Mittag erhob ſich Hochdieſelbe mit Ihrer Majeſtät der regierenden Königinn nach dem Luſtſchloſſe Schönhauſen: daſelbſt wurde Sie von der verwittweten Königinn Majeſtät und den ſämmtlichen Prinzen und Prinzeſſinnen des Königl. Hauſes auf das zärtlichſte empfangen.

Mittags große Tafel auf dem Luſtſchloſſe Ihrer Majeſtät der verwittweten Königinn. Durch die Gegenwart Sr. Majeſtät des Königes, Ihrer Majeſtät der regierenden Königinn, ſämmtlicher Prinzen und Prinzeſſinnen, wie auch vieler anderer hohen Standes Perſonen war alles auf das glänzendſte und feierlichſte.

Zu Ehren Ihrer Königl. Hoheit der Frau Prinzeſſinn von Oranien waren in der Mitte der Königl. Tafel folgende Verſe zu leſen:

> Princeſſe en ces lieux ramenée
> Par le vœux ardens de nos cœurs,
> Quelles fêtes, quels fons flatteurs
> Célebront cette journée?
> Muſes, pretés nous vos accords!
> Que notre voix ſe faſſe entendre
> Pour exprimer les tranſports
> De l'amitié la plus tendre!
> Oui, tous nos vœux feront pour vous
> Digne Sœur d'un bon Monarque,
> Et nous prieront tous la Parque
> Qu' elle daigne files pour Vous
> Les jours les plus longs, les plus doux.

Da mancher Bürger in Berlin dieſe Verſe, welche wahrſcheinlich ein Impromptü ſind, nicht verſtehen wird, er ſie aber doch gern in ſeiner Mutterſprache leſen möchte; ſo ſuchte Tlantlaquatlaplati dieſen Wunſch nach ſeinen Kräften zu erfüllen. Zu dem Ende nahm er ſeine franzöſiſche Grammaire, ſein Lexicon und ſein altes Reimbüchlein zu Hülfe, wagte es, diese Verse zu übersetzen und so entstanden folgende teutsche Strophen.

Der Lieblings Wunsch, Prinzessinn, Dich
In unserm Lande zu erblicken,
Traf ein. Ein jeder freute sich
Und äußert' seligstes Entzücken.

Leiht Musen, euer Saiten-Spiel!
Dann wird's gewiß uns allen glücken,
Das ehrerbietigste Gefühl
Von ganzem Herzen auszudrücken!

Die Wünsche, welche die Natur
In jede Herzens-Falte streuet,
Sind Dir, o würd'ge Schwester! nur
Des besten Königes geweihet.

Die neid'schen Parzen werden wir
Stets flehend suchen zu bewegen,
Damit sie Tag' und Jahre Dir
Noch lange glücklich spinnen mögen!

Gegen Abend erhoben sich der Hof und die anwesenden hohen Fremden von Schönhausen nach

Monbijou, wo Ihre Majestät die regierende Königinn ein großes Souper gab.

Nach diesem bezog Ihre Königl. Hoheit die Frau Erbstatthalterinn die Cammern Friederichs des Ersten auf dem hiesigen Schlosse.

Heute trafen ebenfalls der Oberst, Prinz von Baaden, der Fürst von Sulkowski und der Hr. Graf von Doneski aus Pohlen, der Herr Graf von Colonna aus Schlesien, der Kaiserl. Gesandte, von Breuner am Dänischen Hofe aus Wien, wie überhaupt alle nach Potsdam auspassirt gewesene hohe Herrschafften ein.

Auch kamen Se. Durchlaucht der Herzog Ferdinand von Braunschweig von Potsdam, gingen durch Berlin nach Schönhausen.

Freitags den 3ten Julius. Auf dem hiesigen Schlosse bei Sr. Majestät dem Könige große Tafel. Die beiden Königinnen Majestäten, die Frau Erbstatthaterinn Königl. Hoheit, mit den beiden Prinzen und Prinzeßinn, sämmtliche Königl. Prinzen und Prinzeßinnen, desgleichen verschiedene der Herren Generale und Minister waren gegenwärtig.

Nachmittags um fünf Uhr Cour bei der Frau Erbstatthalterinn Königl. Hoheit.

Abends großes Souper bei Sr. Majestät dem Könige.

Sonnabends, den 4ten Jullus, Morgens gab Ihre Majestät die regierende Königinn der Frau Erbstatthalterinn von Oranien Königl. Hoheit ein großes Dejeuner in der Fasanerie.

Mittags war bei Sr. Majestät dem Könige große Tafel, welcher Ihre Königl. Hoheit die Frau Erbstatthalterinn mit Ihren Durchlauchtigsten Kindern und alle Prinzen und Prinzessinnen des Königl. Hauses beiwohnten.

Abends wurde im Opernhause, in Gegenwart Sr. Majestät des Königes, Ihrer Majestät der regierenden Königinn, Ihrer Königl. Hoheit der Frau Prinzessinn von Oranien mit Ihren Durchlauchtigsten Kindern, aller Prinzen und Prinzessinnen und vieler fremden Herrschaften, die Oper Medea von dem Churfürstl. Sächsischen Capellmeister Herren Naumann in Music gesetzt, mit größtem Beifalle aufgeführt.

Nach geendigter Vorstellung war bei Sr. Majestät dem Könige wieder große Tafel.

Die Fortsetzung folgt.

Ueber jüdische Aufklärung.
Erstes Fragment.

Gewiß ist es jedem Freunde, welcher die wahre Aufklärung wünscht, sehr angenehm, wenn er sieht, daß auch die jüdische Nation in der Aufklärung so große Fortschritte gemacht hat. Selbst in den Gegenden, wo man sie am wenigsten vermuthete, wurde sie am meisten sichtbar. Seit einem Jahre ereigneten sich abermahls solche Beispiele, welche der Menschheit zur Ehre gereichen und beweisen, daß die Juden eben so gut als die Christen zu dem Dienste des Vaterlandes fähig sind.

Joseph der Zweite war es, welcher schon vor anderthalb Jahren den Befehl gab, einen Theil von den in seinen Ländern wohnenden Juden zum Kriegsdienste auszuheben. Man konnte sich leicht vorstellen, daß dieser Kaiserl. Königl. Befehl sehr viele Juden in die größte Angst und

Schrecken versetzen würde. Ja die Juden-Gemeinen in Gallizien wagten es, Deputirte nach Wien zu schicken und bei Hofe dawider eine allerunterthänigste Vorstellung zu thun. Zugleich forderten sie die Triester Judenschafft auf, damit sie mit ihnen gemeinschafftliche Sache machen sollten. Mit aller Wahrscheinlichkeit vermuthete man damahls, daß sich diese Widersetzlichkeit auf die Furcht, weil ihre Glaubensgenossen im Felde die Ceremonialgesetze nicht würden beobachten können, gründete. Ihr Aufforderungs-Schreiben wurde von der Triester Juden-Gemeine in einem hebräischen Briefe beantwortet. Sein Inhalt macht in Ansehung der Ehrfurcht, Dankbarkeit gegen ihren huldreichen Landes-Vater und der aufgeklärten Begriffe gewiß die größte Ehre. Die Uebersetzung, welche ich aus Ursachen, die ich in der Folge melden werde, abdrucken lasse, lautet folgender gestalt:

„Wir sind stets willig und bereit, wenn unsere Nation uns auffordert, unsere Kräfte aufzubieten und unsern thätigen Eifer für Israel zu zeigen, im Fall Zeit und Umstände es erheischen. Im gegenwärtigen Falle aber, werthe Brüder! finden wir keinen hinreichenden Grund Ihnen zu willfahren."

„Wir kennen Ihre gutgesinnte Herzen und die Einsicht Ihrer Vorsteher. — Was bedarf es also unsers Scherfleins? Dennoch aber wollen wir, in Ansehung der von Ihnen uns bekannt gemachten allerhöchsten Willens-Meinung, unsere Gesinnung so äußern, wie wir glauben, es unserm Gott und unserm gnädigsten, für uns so huldvoll gesinnten Monarchen schuldig zu seyn."

„Er hob Israel aus dem Staube, will es politisch sowohl als moralisch bilden und zu jedem bürgerlichem Stande fähiger machen. Wir sollen von Handwerken, Künsten und Wissenschaften, wie jede andere Nation, Gebrauch machen und somit auch gleich jenem im Kriege dienen und wider die Feinde des Vaterlandes die Waffen ergreifen. So viel Zutrauen setzt Er in uns und das hat vor Ihm noch kein Monarch gethan."

„Was fordert Er denn anders, als daß wir Arbeitsamkeit lieben und Trägheit hassen sollen? — Trägheit bringt die menschlichen Kräfte und Fähigkeiten in Stocken und ist ein Verderb des Landes. Wenn der Mensch zu arbeiten sich weigert, wovon will er leben? — Vom Schweiſe andrer? — Nach fremden Gute ſtreben, iſt wider dasjenige der zehn Gebote, welches nach dem Talmud alle neun übrigen aufwiegt."

„Wie könnten wir alſo wider jenen Befehl unſers huldreichſten Monarchen, der Sich unſerer und unſerer Jugend ſo väterlich annimmt, etwas vorbringen? Wie könnten wir dies vor Gott rechtfertigen? Soll denn das göttliche Wort, das den Menſchen zur Arbeit beſtimmt, von uns allein unerfüllt bleiben? — Sollten wir gegen den, der uns mit Gnade überhäuft, und uns ſo viel Zutrauen ſchenkt, undankbar ſeyn? — Gott behüte, daß wir durch unſer Betragen uns ſeine gerechte Ungnade zuziehen ſollten!"

„Unſere weiſen Talmudiſten haben uns in Kriegeszeiten von ſehr vielen religiöſen Gebräuchen losgeſprochen. Sie ſagen: bei einem Vertheidigungs-Kriege hat man ſogar das Recht, der Braut dem Bräutigam zu entreiſſen; denn ſie wußten wohl, daß im Lager nicht alle Ceremonial-Geſetze beobachtet werden können und daß Unmöglichkeit den Menſchen davon befreiet. Unſer weiſe Monarch erklärt indeſſen ausdrücklich, daß jeder bei seiner eigenen Religion bleiben könne und in Glaubenssachen kein Zwang statt finden soll."

„Alles was wir, ohne Verletzung der Ehrfurcht gegen diesen allerhöchsten Befehl zum Besten unserer Nation also sagen können, ist dies: daß man den gnädigsten Monarchen allerunterthänigst bitten könnte, eine Commission aus einigen Großen im Staate, mit Zuziehung einiger von unsern Rabbinern und Gemeinde-Vorstehern zu ernennen, welche diesen Gegenstand genau erwägen und wegen Beobachtung der Ceremonial-Gesetze das Nähere bestimmen mögen. Zu gleicher Zeit kann und muß allerhöchsten Orts vorgestellt werden, wie ohne Religion keine Treue möglich ist, und daß die Ehrfurcht für den Monarchen sich auf die Ehrfurcht für Gott gründet."

„Diese Commission würde für jene zur Armee abgehende Israeliten eine genau bestimmte Vorschrift verfassen; und auf diese Weise könnte Gott und dem Kaiser Genüge geschehen und der göttliche Seegen würde all' unser Thun begleiten. Wenn der Monarch alsdann unser Bestreben, dem Staate aufrichtig zu dienen, wahrnimmt, so wird er seine väterliche Hand nie von uns abthun und und uns stets gnädig seyn."

„Unsere Talmudisten gebieten uns überhaupt, das Wohl des Fürsten und der Regierung, deren Schutz wir genießen, zu befördern; um wie viel mehr sind wir es demjenigen schuldig, der uns mit Milde und Wohlthaten überhäuft?"

„Wir wollen also mit dem besten Gewissen und Verehrung des göttlichen Willens, ohne die mindeste Gegenvorstellung zu machen, den Befehl unsers gnädigsten Monarchen annehmen und Israel dadurch unter den Völkern einen rühmlichen Namen verschaffen, daß man von uns sagen möge: dies ist ein Volk Gottes, es ist seiner Religion wie dem Vaterlande treu und ergeben."

„Folgen Sie uns, lieben Brüder, und verscheuchen Sie alle beunruhigende Zweiffel." Wir sind, u. s. w.. Triest. (Siram 25. J. 548.) den 30. Junius 1788.

Die Geschwornen der Juden-Gemeine zu Triest unterzeichnen dies auch im Nahmen ihres Rabbi. Moise Levi. Abramo Iseppo Marpurgo. Elia Moise Luzzatto.

(Der Beschluß folgt.)

Glückliche und unglückliche Lotterie Nummern.

Tlantlaquatlapatli besitzt in der Friedrichs-Stadt einen guten Freund, welcher Lotterie-Collecteur ist. Er war gerade an einem Abend bei ihm, wo wirklich eine ziemliche Anzahl Menschen kam, welche in der Zahlen-Lotterie durchaus glücklich werden wollte. Da im vergangenen Jahre die Nullen so wenig herausgezogen wurden; so findet sich eine Gattung Leute, welche die Nullen stark besetzet. Daher rührt es; daß vorzüglich die Nummern 10. 20. 30. auch 12 u. s. w. gestrichen wurden; darüber brummten sehr viele Leute. Der Collecteur sagte ihnen ganz freundschafftlich: Wer zuerst kömmt, mahlt zuerst, meine Herren! — Eine gewisse Gattung Leute merkte sich dieses. Bei der folgenden Ziehung erschien sie desto früher und besetzte die Nullen desto fleissiger. Handelt doch nicht so in den Tag hinein, ruft Tlantlaquatlapatli euch zu. Alle, die da reich werden wollen, verfallen in Versuchung ꝛc. Wollt ihr Leute aber wirklich gewinnen, so macht es wie Tlantlaquatlapatli. Auf ein Haar weiß er die glücklichen und unglücklichen Nummern. Daher kömmt es auch: daß er bei jeder Ziehung gewinnt. Will einer oder der andere es wissen, so melde er sich schriftlich unter der Aufschrift: An Tlantlaquatlapatli in der Petit und Schöneschen Buchhandlung. Ohne Eigennutz soll hernach bekannt gemacht werden, wie man immer zu gewinnen in dem Staude ist.

Der fanatisch=pohlnische Selbstmörder.

In einem angesehenen jüdischen Hause lebt seit vielen Jahren ein pohlnischer Jude. Die brave Herrschaft schenkte ihm ganz das Zutrauen, ließ ihm tausende an Werth unter seiner Aufsicht, gab ihm dazu einen beträchtlichen Gehalt, freie Kost, erhielte einen gehörigen Platz zur eigenen Bequemlichkeit, mit einem Worte, es ging dem Pollacken nicht das allergeringste ab. Allerdings hätte er in einer solchen glücklichen Lage seinen großmüthigen Wolthätern nichts als wahre Dankbarkeit beweisen sollen. Aber auf welche Art zeigte er sie? Fanatischer Eifer hat für Tugend kein echtes Gefühl. Die gute Herrschaft übersah wirklich dem Pollacken manchen Fehler, welcher bei einer andern auf das strengste würde geahndet worden seyn. Nichts destoweniger beharrte dieser in seinen unglücklichen Grundsätzen.

Als er eines Tags wieder eine Nachlässigkeit beging, so erhielte er, wie ganz natürlich, darüber einige Verweise. Statt sich zu bessern, fand er sich ordentlich darüber beleidiget und schmiedete so gar den Plan einer Rache. Da er auf keine erlaubte Art seine Wünsche befriedigen konnte; so suchte er auf eine andere Art seinen rachsüchtigen Geifer auszuspeien. Fanatismus gab ihm dazu die erste Gelegenheit. In dem Bezirke, wo er wohnte, war auch die Schule, worüber er die Aufsicht hatte. Voll fanatischer Rache geht er nach dieser Schule, nimmt ein zehen Gebot aus seinem Schranke, zeichnet den Character seines Herrn darin ein, schreibt viele Schmähwörter dazu, nimmt einen Psalm, plauderte, (denn beten kann man es nicht nennen) aus diesem und gibt während dessen sich einen Schnitt mit einem Schächtmesser in die Kehle. Da er die Gurgel traf, so floß sehr viel Blut und der Pollacke sank auf den Boden. Neben der Schule hatte ein anderer das Psalmenbeten, Lärmen und um Hülferufen gehört.

Er eilte auf das anhaltende Schreien dazu und fand den Polacken in seinem Blute. Man machte sogleich zur Rettung Anstalt, fand zwar die Wunde tief, aber doch noch heilbar. Er wurde nach dem jüdischen Lazarethe gebracht, gehörig verpflegt und wieder hergestellt. Zur Rechtfertigung seiner That wußte er nichts hervorzubringen, als daß er zu voreilig gehandelt und sich vom Fanatismus hätte zu sehr leiten lassen. Manche andere Herrschaft würde nun diesen Polacken seinem Schicksale ganz übergeben haben: diese aber häufte Großmuth mit Großmuth. Sie setzte ihm monatlich vier Thaler aus. Ob wir Christen in solchen Fällen edler handeln können? Seine Richtigkeit hat es, daß der Polacke abermahl ein Beispiel gibt, was für Folgen der Fanatismus nach sich ziehen kann.

Frische Cartoffeln.

Mehrere Leute haben in und auswärts Berlin die löbliche Gewohnheit, daß sie manche Obst-, Hülsen-, Garten- und andere Früchte noch halb unreif auf den Markt bringen, in Hoffnung einige Groschen mehr zu verdienen. Eben diese Bewandniß hat es auch mit den Cartoffeln. Durch eine sehr weise Untersuchung des Ober-Collegii-Medici ist es zwar dahin gediehen, daß vor dem ersten August keine Cartoffeln auf den Markt gebracht werden sollen: dieses unterbleibt zwar auch so ziemlich, dafür aber schlagen die Leute andere Wege ein und suchen sie unter dem und jenem Deckmantel an den Mann zu bringen. Vergangene Woche bekam Tlantlaquatlapatli auch schon die ersten Cartoffeln. Sein Schnipselchen hatte sie von einem Mädchen gekauft, welche sie in einem zugemachten Korbe hatte. — Warum hast Du sie denn so zugedeckt? — Ei, damit mir die Polizei nicht sieht. Denn sieht-sies, so nimmt sie mich alles weg und schmeisset sie in die Spree. — Da aber Du das weißt, warum unterläßest Du es nicht? — Ja, sieht sie, jetzt sind die Cartoffeln noch etwas neues, da kriegt man gleich einige Dreier mehr. — Sie sind aber noch zu jung, nicht ganz reif und ausgewachsen. — O wenn sie auch jung sind, so schadet es nichts. Man trinkt einen Schnaps darauf, so bleibt man so gesund wie vorher. — Weißt du das gewiß? — O ja! denn mein Vater und meine Mutter machen es so, ich kriege auch einen fingerhuth voll Schnaps ab und befinde mich so frisch wie die Fische im Wasser. — Nun auf deine Gefahr will ich eine Metze kaufen. — Thun sies, schönes Mamsellchen und machen sies wie meine Aeltern und trinken ein Schnäpschen. Mein Schnipselchen kaufte wirklich auch wohl deswegen, weil sie das Mädchen noch ein Mamsellchen nannte. Mit den frischen Cartoffeln wollte man mir eine Freude machen, allein sie schmeckten noch nicht: Alles hat seine Zeit, sagt Salamo.

Kurze Anzeigen der Verlags-Bücher, welche in der Petit und Schöneschen Buchhandlung unter der Stechbahne in Berlin um beigesetzte Preise zu haben sind:

Blumen-Gärtchen. Angelegt von Julie Caroline Tlantlaquatlapatli, geb. von Ipsilischnipsilischnipsi. Ersten Abtheilung erstes Ländchen. Berlin 1789. mit einem allegorischen Titelkupferchen. 36 S. in Duod. (2 Gr.)

Mein Schnipselchen schriebe in der Nachschrift S. 35.: „Wenn Schriftsteller ihre

Schriften in andern periodischen Werkchen selbst wieder recensiren und anpreisen, so kann ja eine junge Frau noch eher ein an sie verfertigtes Gedicht in ihrer Sammlung aufnehmen. — Mithin kann ich ja als ihr Mann eben so gut das Blumen-Gärtchen meines Weibes in der Chronic von Berlin anzeigen. Die Aufschriften der Gedichte lauten folgender Gestalt: An diejenigen, welche mein Gärtchen besuchen. Gelehrten Trost. Mein Carlchen. Ueber einen Schriftsteller. Schleiferklingsklang. Als ein Gelehrter sein Zimmer mit großen Männern aufpußte, sein eignes Portrait aber in die Mitte hing. Ob es eine Hölle gibt. Morgenjubel. An meinen Mann zu seinem Geburtsfeste. Wunsch eines Bauern bei Aushebung der Recruten. Auf Luisens siebzehntes Geburtsfest. Als ein Prediger bewies, daß Niemand zweien Herren dienen könne. An meinen Mann, bei Ueberreichung eines Maien-Sträuschens. Antwort. An Madame Tlantlaquatlapatli. Mädchens-Trost. An Agnese. Auf die Wet-

verfahren des Rathhauses in einer Reichs-Stadt. An Caroline. Nachschrift.

Ob es nun schon dem Manne nicht zu verdenken wäre, wenn er die Schriften seines Weibes anpries, so bleibt er doch nur bei dem Inhalte stehen und überläßt das Urtheil den Lesern.

Catechetischer Unterricht in der christlichen Lehre nach den fünf Hauptstücken des Lutherischen Catechismus eingerichtet und zum Gebrauch seiner Schulkinder, herausgegeben von einem Landprediger in der Priegnitz. 56 S. in 8. (3 Gr.).

Der Verfasser hatte die Anweisung zur Glückseligkeit des Menschen nach der Lehre Jesu vom Herrn Ober-Consistorial-Rath Dieterich in Berlin zum Grunde gelegt. Da sie aber nicht catechetisch abgefasset war, so richtete er es auf eine solche Art für seine Schul-Kinder ein. Die Idee ist fromm und gut, der Vortrag deutlich und nicht, wie bei manchem Catechismus, zu gedehnt. Daher wird dieses Werkchen, besonders auf dem Lande den Schulkindern gute Dienste thun.

Verſuch einer logiſchen Auseinanderſetzung des Mathematiſchen Unendlichen, von Lazarus Bendavid. Mit dem Motto: Rerum inter summam, minimamque qui escit? *Luc. Lib.* I. 613. 148 Seiten in groß Octav. (12 Gr.)

Ungeachtet ſchon manches über dieſe Gegenſtände geſchrieben wurde; ſo können wir deſſen ungeachtet dem Verfaſſer gegenwärtiger Schrift unſern Beifall nicht entziehen. Da er überdies zu der jüdiſchen Nation gehöret; ſo rechnen wir es ihm noch zur größern Ehre an, daß ein Mann, wie er, ſich theils als Selbſtdenker zeigte, theils ſeiner Nation ein gutes Beiſpiel gab. Damit man aber nicht glaube, als ob wir dem Verfaſſer aus gewiſſen Urſachen Lorbere ſtreuen wollten; ſo fügen wir hinzu: daß wir, nachdem wir das Buch aufmerkſam durchgeleſen hatten, den Wunſch fühlten, daß ſich Herr Bendavid mehr auf wirkliche Beiſpiele eingelaſſen hätte. Dem Mathematico wäre dieſes beſſer zu ſtatten gekommen und dem Verfaſſer würde es nicht ſchwer gefallen ſeyn, da es ihm wahrſcheinlich an Beleſenheit nicht fehlt. Schließlich können wir noch verſichern, daß der Beweis, daß Irrational-Zahlen weder in ganzen Zahlen noch im Bruch Wurzeln haben können, uns ſehr wohl gefiel; desgleichen daß a getheilt durch Null unendlich ſey, auch die Betrachtungen über die unendlichen Reihen u. ſ. w. — Herr Bendavid fahre in ſeiner Laufbahne ſo fort und er wird allezeit größere Aufmerkſamkeit erhalten.

(Die Fortſetzung folgt.)

Chronic von Berlin,

oder

Berlinsche Merkwürdigkeiten.

Volksblatt.

Neun und funfzigstes und sechzigstes Stück.

Berlin, den 1. August. 1789.

Ihro Königl. Hoheit der Durchlauchtigsten Fürstin und Erbstatthalterin, geborne Prinzessinn von Preussen, zum frölichen Empfange unterthänigst überreicht von der sämmtlichen Bürgerschaft Berlins. Am 2ten July 1789.

Heil Dir Hochwillkommne Schwester — —
Unsers Königlichen Herrn!
Dich empfing der besten Fürsten Bester,
Friedrich Wilhelm schon von fern.

Rnn

Und wir seine Bürger eilen
Dir entgegen: Du wirst Glück
Für die Herzen unter uns vertheilen
Durch den besten Gnaden Blick.

Huldreich bist Du wie Dein hoher
Bruder, Vielgeliebt genannt
Von dem Vaterlande, welches froher
Sich in Seinem Schutz befand.

O den Namen Vielgeliebte
Fürstin, den verdienst auch Du,
Als Dich die Treulosigkeit betrübte
Rief ihn Dir die Ehrfurcht zu —

Laß Ihn Dir von uns auch geben
Diesen Namen süß und schön,
Laß uns unsre Stimme laut erheben,
Unsre Ehrfurcht laut gestehen.

Laß uns Deine Huld gewinnen,
Eh Du Deine Wonne theilst
Zärtlich, mit den beiden Königinnen,
Denen Du am Busen eilst.

Ehe Dich die Kinder küssen,
Die Du Bruderkinder nennst,
Laß uns durch Dein Seelenlächeln wissen
  Daß Du unsre Pflicht erkennst.

Diese Pflicht hat uns befohlen
Dich, Durchlauchte Enkelin
Großer Brennus, Helden einzuholen
  Groß durch Königlichen Sinn —

Freilich ist dieses Gedicht auch noch nicht so, wie es seyn könnte und sollte: indessen übertrift es doch das von der Kaufmannschafft.

Tagebuch
des
Königl. National-Theaters in Berlin.
(Dreißigste Fortsetzung.)
März. 1789.

Den 24ten. Der Jurist und der Bauer. Der Liebhaber als Automat. Daß das erste Stück durch die Rolle der Rosine, von Madame Unzel, mann vorgestellt, viel gewonnen hat, stimmen wir der T. Z. No. 14. S. 106 bei. Wir wünschten aber, daß Madame Unzelmann auch auf die Aussprache etwas mehr Rücksicht nähme. So sagt sie z. B. Vatter, für Vater. Grösser, für größer. Freind, für Freund. Macht, für Magd. u. f. w. Es sind dieses sogenannte Provinzialismen, welche bloß durch sanfte Zurechtweisung und Erinnerung kenntnißvoller Freunde nach und nach können abgewöhnt werden.

Die Th. Z. S. 105. streicht Frankenberg als Ambrosio heraus. Frankenberg äußerte über solches Lob gelegenheitlich: daß es ihm zu keiner Ehre gereiche, in einer Schrift gelobt zu werden, wo alles gelobt würde. Der Mann hat recht und wir schätzen ihn deswegen desto höher. — Weiter schreibt die Th. Z. S. 105. Die Musik zum Automat gehört zu den Andreschen Compositionen, die noch immer Effect auf dem Theater machen u. f. w. Große Wirkung machte das Automat eben nicht; denn die Vorstellung bliebe heute größtentheils unbesucht.

Den 25ten. Der Deserteur. O. Die Th. Z. meldet unter andern, daß sich Lippert durch die

Rolle des Deserteurs, in welcher er doch zuerst aufgetreten war, sogleich mit Recht in den Ruf eines geübten Schauspielers und empfindungsvollen Sängers gesetzt hätte. Froh war freilich das Publicum, ein Mitglied wieder zu sehen, welches den ersten Singrollen besser als Benda gewachsen ist. Das hat seine Richtigkeit. Wenn wir aber dasjenige, was die Th. Z. niederschrieb, ebenfalls behaupten wollten; so müßten wir bei dem Apoll nicht in dem geringsten wissen, was Dramaturgie, was Sing- und Schauspielkunst sind. Ein Schauspieler kann sich sehr üben und doch die größten Fehler begehen. Ist das ein geübter Schauspieler, wenn er als Deserteur in einer Arie seine Louise gleichsam singend trösten soll und er singt sie mehr gegen das Parterre? — So kann man mit Empfindung singen und doch keinen empfindungsvollen Vortrag haben. Wir haben Lippert noch niemahls die musicalischen Talente abgesprochen, aber bis jetzt müssen wir als Männer der Wahrheit gestehen, daß er uns mit seinen Adagios, Larghettos u. s. w. noch nie gerührt hat. Gewöhnt er sich auch seine musicalische Schnörkel und Triolen nicht ab, so wird er es auch nie dahin bringen. Er spielt, schreibt die Th. Z. S. 106., diese Rolle wirklich mit ungemein vielem Feuer und großer Wahrheit: vielleicht hie und da ein wenig zu französisch, welches aber in einer französischen Oper im Grunde mehr Vortheil als Schaden stiftet. So bald Affectirung und gespannte Täuschung erscheinen; so fällt die große Wahrheit ganz weg. Selbst die Wahrscheinlichkeit verliert. — Freilich entsteht mehr Vortheil als Schaden, wenn die Rolle etwas französisch genommen wird. So bald sie aber ein Schauspieler nicht so, wie ehedessen ein Huck, vorstellen kann; so lange wird der Schauspieler immer den Kürzern ziehen.

Schon das Aeußerliche, meldet die Th. Z. S. 106., der Madame Baranius ist für eine Rolle wie die Luise, äußerst vortheilhaft: man kann sich also denken, wie sehr dieser Umstand, verbunden mit dem richtigen, ausdrucksvollen Spiel derselben und dem Interesse, welches diese Rolle schon an und für sich hat, den Zuschauer rühren muß. Das Aeußerliche, ja, da treten wir der Th. Z. bei, das Aeußerliche hat Madame Baranius zu dieser Rolle. Aber wo bleibt das Innerliche? Wenn sie dem Herrn Professor Engel folgte, wen sie sich Mühe gäbe, richtig sprechen zu lernen und dasjenige ganz zu fühlen, was sie spräche und sänge, dann würde sie alle Zuschauer rühren. So bald aber das Wort muß in das Spiel kömmt, so sieht es mit dem Rühren traurig aus. Von einer Langinn aber kann man behaupten, daß sie als Louise mit ihrem Gesange ein ganzes Publicum zu rühren in dem Stande ist. — Frankenberg extemporirte meistentheils den Vater. Da wir sonst dieses von ihm nicht gewohnt sind und uns darnach erkundigten; so versicherte man uns, daß Frankenberg die Rolle über Nacht übernommen hätte. Wie kömmt es aber, daß Herr Professor Engel nicht den Himmelsturm Frankenberg gab? Kaselitz nahm den Character von einer falschen Seite, trug ihn mit zu wenig Delicatesse vor. — Sonst machten die andern Damen und Herren Statisten. Mslle Döbbelin aber vermißten wir. Heute ging das Schauspiel erst um halb sechs an.

Den 26ten. Die Räuber. Die Th. Z. sagt S. 106. daß dieses Stück seine Epoche schon überlebt hätte. Schon wollten wir eben nicht sagen,

In der That hat sich es lange noch genug auf unserer Bühne erhalten. Da Labes unpäßlich ist, so machte Frankenberg für ihn den Pater.

Den 27ten. Erziehung macht den Menschen. Die Th. Z. berührt S. 106.: Das naive Spiel der Madame Unzelmann in der Rolle der als Bäuerinn erzogene Leonore hält noch immer dieses Stück. Wenn Madam Unzelmann dieses Stück allein halten soll; so muß sie aus dem Geschlechte des Simsons herrühren. Warum übergeht denn der Herausgeber Czechtinsky als Graf Geckenheim? Er spielt den Character sehr brav, bringt sehr richtige Nüancen an und hält das Stück so gut als Madame Unzelmann. Da hat also die Th. Z. wieder Unrecht.

Den 28ten. Jack Splien. Die offene Fehde. Recht hat die Th. Z. S. 106. daß die offene Fehde durch die Rolle des Lieschen, welche jetzt Madame Unzelmann für die abgegangene Demoiselle Koch spielt, sehr gewonnen hat.

Den 29ten. Die glückliche Jagd. L. in A. von Heigl und der Liebhaber als Automat sollten seyn. Die Th. Z. schreibt S. 106. daß da vor Anfang Herr Fleck krank wurde, so mußten an dessen Stelle die beiden Billette und der Stammbaum aufgeführt werden. Vorher ging das Automat. Die wahre Ursache aber, warum die glückliche Jagd nicht gegeben werden konnte, bestand darin. Herr Fleck ritt spatzieren, stürzte mit dem Pferde und hätte wirklich sein braves Leben einbüßen können. Da er in der Jagd den reduzirten Dragoner Corporal Trimm zu spielen hatte; so mußte natürlich für das Stück ein anderes gegeben. Der Zuspruch war heute gegen die letzten vorhergehenden Tage sehr zahlreich. Flecks Unglück gab allem eine andere Wendung. Ein anderes Stück sollte seyn, allein das und jenes Mitglied fehlte, mithin konnte nichts besetzt werden. Das Publicum murrte, wurde immer sehr unruhiger. Die Direction war in großer Verlegenheit: Glücklicher weise traf man noch Madame Baranius. So kamen doch noch die beiden Billette und der Stammbaum zu Stande. Unzelmann trat vorher heraus und bat das Publicum unterthänigst um Verzeihung. Mancher war indessen nicht zufrieden und begab sich fort. So großen Antheil wir an Flecks Schicksal nehmen; so müssen wir ihm aber doch offenherzig gestehen, daß er einen

Fehler beging. So bald ein Schauspieler eine Rolle des Abends vorzutragen hat; so gehört sich, daß er sich aller andern Lustbarkeiten enthält und sein Amt abwartet — Einer sagt im Parterre: das glücklich bekömmt bei uns den entgegengesetzten Sinn. Wir können es bequem unglücklich nennen. Jüngst begegnet ja bei den Glücksrittern auch so ein Vorfall, wo der arme Raselitz ganz unschuldig dafür büßen mußte.

Den 30ten. Maß für Maß sollte seyn, wegen Fleck's Unglückes aber kam es an den Revers. Die Vorstellung blieb leer. Madame Herdt verdient heute vorzüglich, weil sie gar nicht wohl war, die größte Entschuldigung.

Den 31ten. Zum erstenmahle: Alexis und Justine. O: in 2 A. a. d. F. von Neefe, die Music von Desalde. Ueber das Schicksal dieses Singspiels könnte man einige Bogen schreiben. Etwas indessen müssen wir schlechterdings doch berühren. Schon lange sollte dieses Singspiel gegeben werden. Bald kam dieses, bald jenes dazwischen. Wir wissen es zwar, wollen es aber der Weitläuftigkeit wegen mit Stillschweigen übergehen. So viel bleibt gewiß, daß wenn ein Gegenstand in das

Stecken geräth, so hat es immer ein Weilchen Zeit bis er wieder vorgenommen wird. Und kömmt er endlich zur Ausführung, so hat der eine und der andere ein Aber zu erinnern. Ebendasselbe Schicksal begegnete diesem Singspiele. Man suchte dem Publico vorher schon beizubringen, daß weder an dem Stücke noch an der Music etwas wäre. Nun war es also dawider eingenommen und kam mit diesem Vorurtheile in das Schauspielhaus. Es ist ein elendes Stück, rief einer, der andere: Die Music ist nicht zum Aushalten. Greibe hatte die Ehre als von Seefeld ausgehustet zu werden. Ganz laut sagten einige: Er ist weder kalt noch warm! Andere applaudirten; je mehr dieses geschah, desto mehr husteten wieder andere: als Frankenberg das Singspiel auf morgen abdankte, so applaudirte ein Theil, ein anderer scharrte und hustete, ein dritter pfiff, einige riefen gar: Nein, nein! Es ist elendes Zeug! Fort damit! So befolgen verschiedene die Königl. Befehle! Weil sie ihren halben Thaler bezahlen, so glauben sie ein Recht zu haben, zu thun und zu lassen, was sie wollen. Sehr unsittlich bleibt dieses Betragen. Der Königlichen Langmuth heisset dieses Trotz gebeten und sie allein sind schuld, wenn künftig eine stärkere Ahnbung erfolgt.

Nachtrag.

Vergangene Woche hätten wir die Ehre einen Brief mit A. E. J. O. und U. unterschrieben, zu erhalten: der oder die Verfasser machen uns über das Tagebuch Complimente und versichern, daß es nicht nur Ihnen sondern auch jedem unpartheiischen Kenner vieles Vergnügen veursache. Doch hofften sie eben wegen unserer Unpartheilichkeit, entschuldigt zu seyn, wenn sie uns erinnerten, doch hie und da noch mehrere Hauptfehler anzuzeigen. Im ganzen nütze es freilich nichts, aber sonst hätte es doch allezeit einigen Nutzen. — Wir antworten den unbekannten Herren A. E. J. O. und U. daß wir Ihnen für ihre Complimente ganz freundschafftlich danken und überhaupt einigemahl anzeigten, daß der Raum unserer Blätter durchaus keine so große Weitläuftigkeit gestattet; dessen ungeachtet sind wir bisweilen doch weitläuftiger geworden, wie es diesesmahl wieder der Fall gewesen war. Um aber unsern lieben Unbekannten zu beweisen, wie gern wir nach unsern Kräften jeden zu befriedigen wünschen, so wollen wir auch noch einige Hauptfehler nachholen.

Den 13ten Januar war die große Toilette. Das Stück ging, wie wir Seite 789 anzeigten, ziemlich rasch. Daher mag es auch gekommen seyn: daß Mſlle Döbbelin als Frau v. Hohenhaupt sich um ihren Kopfputz nicht weiter bekümmerte. Denn sie hatte ihn wirklich im zweiten Aufzuge vergessen.

Das Singspiel: Betrug durch Aberglauben wurde bekanntlich den 17ten Januar zum erstenmahl gegeben, wie dieses unser Tage-Buch S. 790 ausweiset. Die Schornsteinfeger sollen, müſſen bekanntlich etwas zu trinken bekommen, statt einige volle Bouteillen, setzte man ihnen desto mehr leere hin. Für diese gute Oeconomie muß Groß-Papa Döbbelin dem Theater-Inspector Lanz einen großen, großen mächtigen Dank sagen.

Eben so ging den 30ten Januar bei dem Logen-Schließer ein unverzeihlicher Fehler vor. Die Loge Ihrer Majestät der regierenden Königinn war um halb 6 noch verschlossen. Die Königl. Prinzen kamen und mußten warten, bis endlich ein Logen-Schließer sich einstellte.

So sollte den 3. Februar in den Abentheuern einer Nacht der kleine Lanz aus dem Kerker führen, war aber nicht da. Dem Kleinen ist dieses nicht übel zu nehmen, aber dem Theater-Inspector desto mehr. Doch in der Familie nimmt man es nicht so genau.

Als den 18ten Februar die Mündel gegeben wurden und Madame Baranius in dem dritten Aufzuge eine Stickerei haben sollte, so mußten sich die Zuschauer dieselbe in Gedanken dazu denken. Denn es war keine Stickerei zu sehen. Bei der Vorstellung des Baumes der Diana (den 24ten Februar) verlor der Amor einen Flügel. Wir konnten nichts anders denken, als daß der liebevolle Junge in einer Damen Bataille sehr mußte verwundet worden seyn. Des Tages darauf (den 25ten Februar) wurde der Baum der Diana wiederholt. Chrst. Benda, welcher den Jäger Silvio spielt, war in Gefahr seine Beinkleider zu verlieren, trat aber in den Flügel und befestigte sie. Daß viele lächelten, war begreiflich. Uns aber fiel es nicht auf: denn wir wissen aus der Erfahrung, daß, wenn man sich auf der Jagd stark erhitzt, so leiden durch die vielen Strapatzen die Beinkleider am meisten. — Um fünf soll das Schauspiel angehen, und als den 6ten März die Abentheuer einer Nacht gegeben wurden, so war um halb sechs noch nicht angefangen.

Den 12ten war Otto: das Stück ging nicht nur schlecht, sondern man sah auch weder Wache noch Brautzug. Vermuthlich hat man sich das Ceremoniel verbeten. — Bei der Aufführung des Caspars des Thorringers (den 23ten März) hat doch Christian Benda im 4ten Aufzuge dem Könige eine Botschafft zu bringen, allein sie blieb aus. Wahrscheinlich mußte ihm damahls auf dem Wege ein Unglück zugestoßen seyn. Ist nicht der Mensch allem unterworfen?

Da haben die Herren A. E. J. O. und U. noch einen kleinen Nachtrag. Zum Beweise, daß wir immerzu noch etwas Vorrath in unserm Magazin haben. Ist es aber wahre Vernunft, wenn man das Magazin ganz ausleert?

(Die Fortsetzung folgt.)

Tlantlaquatlapatli's Zeitung.

Feierlichkeiten bei dem Aufenthalte Ihrer Königl. Hoheit der Frau Erbstatthalterinn, Prinzessinn von Oranien.

(Dritte Fortsetzung.)

Sonntags, den 5ten Julius. Vormittags geruheten Se. Majestät der König nebst der Frau Prinzessinn von Oranien K. H. und den Durchl. Kindern dem Gottesdienste in der hiesigen Dohmkirche beizuwohnen und die Predigt des Herrn Hofpredigers Conrad anzuhören.

Mittags große Tafel bei Sr. Majestät dem Könige, zu welcher die Frau Erbstatthalterinn Königl. Hoheit und das ganze Königl. Haus eingeladen waren.

Abends große Cour, dann großes Souper bei Ihrer Majestät der regierenden Königinn, wo Se. Majestät der König, die Frau Prinzessinn von Oranien K. H. die Prinzen und Prinzessinnen des Königl. Hauses, nebst andern hohen Herrschaften zugegen waren.

Montags, den 6ten. Morgens stattete Ihre Königl. Hoheit die Frau Erbstatthalterinn

bei

bei der verwittweten Königinn Majestät in Schönhausen einen Besuch ab.

Die Durchlauchtigsten Prinzen von Oranien besahen die Wachtparade der hiesigen Garnison. Se. Excellenz der General-der Infanterie, Gouverneur der Residenz, Ritter des schwarzen Adlerordens ꝛc. Herr von Möllendorff ließ dieselbe vor dem Königs-Thore manövriren.

Mittags war bei Ihrer Majestät der regierenden Königinn in Monbijou große Tafel.

Se. Majestät der König kamen um 4 Uhr von Charlottenburg zurück.

Abends wohnte das Königl. Haus und der ganze Hof einer zweiten Vorstellung der Oper Medea bei.

Nach geendigter Vorstellung große Tafel bei Sr. Majestät dem Könige.

Wenn einer und der andere nähere Nachrichten von der so prachtvollen Aufführung der Oper Medea lesen möchte; so bitten wir denselben das 9 und 10te Stück der Chronic von Berlin oder Berlinschen Merkwürdigkeiten. S. 129. nachzuschlagen.

Dienstags den 7ten. Mittags bei Ihrer Majestät der regierenden Königinn in Monbijou großes Diner: Se. Majestät der König, Ihre

Majeſtät die verwittwete Königinn, die Frau Prinzeſſinn von Oranien K. H. mit Ihren Durchl. beiden Prinzen und Prinzeſſinn Tochter, ſämmtliche Prinzen und Prinzeſſinnen des Königl. Hauſes; ingleichen die fremden Prinzen von Homburg, der Fürſt Sulkowsky nebſt Gemahlinn, die Prinzen von Hohenlohe und verſchiedene Generale und Miniſter waren zugegen.

Gegen fünf beehrten Ihre Majeſtät die regierende Königinn, J. K. H. die Frau Erbſtatthalterinn von Oranien mit Ihren Durchl. Kindern, nebſt verſchiedenen Prinzen des Königl. Hauſes, das National-Theater und wohnten dem Singſpiele: Betrug durch Aberglauben bei.

Abends wieder großes Souper bei der regierenden Königinn Majeſtät.

Mittewoche, den 8ten. Großes Dejeuner bei J. K. H. der Frau Erbſtatthalterinn, welchem die regierende und verwittweten Königinnen Majeſtäten, nebſt den ſämmtlichen hier anweſenden Prinzen und Prinzeſſinnen beiwohnten.

Mittags große Tafel bei Sr. Maj. dem Könige.

Abends ebenfalls bei Sr. Königl. Majeſtät großes Concert und nachher Souper für das ganze Königl. Haus.

Eben dieser Abend, an welchem das Königl. Concert gegeben wurde, war jedem, dessen Herz für die wahre Tonkunst geschaffen ist, ein festlicher Abend. Da die Witterung sehr angenehm war, so fanden sich in dem Thiergarten unzählige Menschen aus den meisten Ständen ein. Sie hörten dem Königl. Concerte zu. Für die so große Zahl der Menschen herrschte oft eine lange anhaltende Stille. Nach dem Concerte verloren sich nach und nach die Zuhörer und schieden vergnügt und dankbar auseinander.

Donnerstags, den 9ten. Morgens großes Dejeuner und nach demselben Ball in Monbijou bei Ihrer Majestät der regierenden Königinn. Se. Majestät der König, Ihre Majestät die verwittwete Königinn, J. K. H. die Frau Erbstatthalterinn von Oranien, sämmtliche Prinzen und Prinzessinnen des Königl. Hauses und die hiesige hohe Noblesse wohnten demselben bei.

Mittags speisten Ihre Majestäten der König und die Königinn nebst dem Königl. Hause bei der Frau Prinzessinn von Oranien, K. H.

Abends großes Souper bei Ihrer Majestät der regierenden Königinn in Monbijou.

Freitags, den 10ten. Mittags bei Sr. Majeſtät dem Könige große Tafel.

Gegen Abend wurde die Oper Proteſilao, in Gegenwart Sr. Königl. Majeſtät und des ganzen Königl. Hauſes aufgeführt.

Abends großes Souper bei Sr. Majeſtät dem Könige.

Sonnabends, den 11ten. Vormittags beehrten die Frau Prinzeſſinn von Oranien, K. H. nebſt Ihren Durchlauchtigſten Kindern die Porzellain Manufactur mit Ihrer Gegenwart.

Mittags bei Ihrer Majeſtät der regierenden Königinn in Monbijou große Tafel, woſelbſt Se. Majeſtät der König, die Frau Prinzeſſinn von Oranien K. H. und das ganze Königl. Haus zugegen waren.

Abends erhoben ſich ſämmtliche hohe Anweſende nach dem Palais des Heermeiſters Prinzen Ferdinand von Preuſſen, K. H. und wohnten daſelbſt nebſt einem anſehnlichen Theile des hohen Adels einem großen Souper und Balle bei.

Sonntags, den 12ten. Morgens beſuchten J. K. H. die Frau Erbſtatthalterinn von Oranien mit Ihren Durchlauchtigſten Kindern die hieſige Dohmkirche und hörten die Predigt des

Herrn Hofpredigers Sack an. Mittags bei Sr. Majestät dem Könige große Tafel, wo auch Ihre Majestät die regierende Königinn speiste.

Abends bei Ihrer Majestät der regierenden Königinn in Monbijou, große Cour, Souper und Ball.

(Die Fortsetzung folgt.)

Ueber jüdische Aufklärung.

Erstes Fragment.

(Beschluß.)

Auf einer andern aber eben so vortrefflichen Seite betrug sich der Ober-Land-Rabbiner in Prag. Dienstags den 12ten Mai 1789 wurden in dieser Hauptstadt 25 Juden zum Militair-Fuhr-wesen aufgehoben.

Der Ober-Land-Rabbiner, ein ansehnlicher Greis, fuhr zu diesen Leuten in die Caserne hin, wo sie bis zum baldigen Abmarsche versammelt waren. Er hielt an sie folgende Rede, welche alle Anwesende, bis vielleicht auf einige weniger fühlbare Grenadiere, Thränen entlockten.

„Meine Brüder, die ihr immer meine Brüder waret, noch jetzt es seyd und immer seyn werdet, so lange ihr fromm und rechtschaffen handelt. Gott und unser allergnädigster Kaiser wollen, daß ihr zum Militair-Dienste genommen werden sollt; schickt euch daher in euer Schicksal, folget ohne Murren, gehorchet euern Vorgesetzten, seyd treu aus Pflicht und geduldig aus Gehorsam. Vergeßt aber nicht eure Religion, schämt euch nicht Juden unter so vielen Christen zu seyn. Betet Gott täglich gleich bei euerm Aufstehen an; denn Gottesdienst geht vor allen. Der Kaiser selbst ist schuldig, Gott anzubeten und alle seine Diener, die gegenwärtigen (hier machte der würdige Greis gegen die anwesenden Officiere eine höfliche Verbeugung) beten täglich ihren Schöpfer an!"

Hierauf gab er jedem ein Bändchen 1) Schaupfaden, 2) ein paar Tephillin und ein Gebetbuch und fuhr in der Rede fort.

1) Im jüdischen heisset es eigentlich Zizis, so viel als 10 Gebote. 2) Ein schmal ledernes Band, an dessen Ende ein Knopf angebracht ist, in dem die 10 Gebote geschrieben sind. Des Morgens in der Schule windet man sich es an den Arm fest. Desgleichen heftet man es auch an den Kopf.

„Schämet euch dieser Zeichen der jüdischen Religion nicht. Wenn ihr Zeit haben werdet, so betet alles das, was ein Jude, wie ihr bereits wisset, täglich beten muß, habt ihr aber nicht so viel Zeit, so leset wenigstens das Schma (Höre Israel u. s. w.) Sabbath könnt ihr auch halten, weil ihr meistentheils, wie ich höre, an diesem Tage rasten werdet. Die Wagen schmieret immer Freitags Abends und überhaupt alles, was ihr den Tag zuvor thun könnet, das thut. Lebt in Eintracht mit euern christlichen Cammeraden, sehet, daß ihr sie euch zu Freunden macht; denn werden sie für euch am Sabbath den Dienst verrichten; ihr aber werdet den Sonntag für sie arbeiten, da auch sie als fromme Männer und Christen den Sonntag nach Möglichkeit zu feiern schuldig sind. — Von allen unerlaubten Speisen enthaltet euch, so lange ihr könnt. Der Kaiser war so gnädig zu sagen, daß ihr nie gezwungen werden sollt, Fleisch zu essen. Folglich könnt ihr von Eyern, Butter, Käse und andern erlaubten Speisen immer so lange leben, bis ihr zu Juden kommt, wohin zu gehen euch dann eure menschenfreundliche Mitsoldaten und Vorgesetzten erlauben werden. Sollte aber einer von Euch krank werden; so kann er sich, so lange als möglich ist, von Thee erhalten, bis es die Noth erfordert, daß ihr Fleischbrühe zu euch nehmen müsset. Im übrigen seyd immer Gott getreu im Herzen, weicht in keinem Falle von dem Glauben eurer Väter und dient unserm allergnädigsten Landesfürsten mit gutem Willen und rastloser Thätigkeit. Erwerbt euch und unserer ganzen Nation Dank und Ehre, damit man sehe, daß auch unsere bisher unterdrückte Nation ihren Landesfürsten und ihr Leben im Fall der Noth aufzuopfern bereit ist. Ich hoffe, daß wir durch euch, wenn ihr euch ehrlich und treu, wie es jedem Unterthanen zustehet, aufführt, auch noch jener Halbfesseln werden entledigt werden, die uns zum Theile noch drücken; und welchen Ruhm und welche Liebe werdet ihr nicht davon tragen, bei allen rechtschaffenen Menschen so gut, wie bei allen euern Mitbrüdern! Und hiermit will ich euch jene im 91 Psalm vorkommende Weise anwenden, da sie auf eure jetzige Umstände passen: Euch wird kein Unfall nahen ꝛc. denn er befiehlt seinen Engeln ꝛc. die werden euch auf Händen tragen ꝛc. Ihr werdet auf

Löwen und Ottern treten ꝛc. — Der Herr segne dich und behüte dich!".

Darauf gab er jedem von ihnen 4 Kaisergulden, auch jedem von ihren militairischen Begleitern einen Gulden. Diese versprachen ihm alle mögliche Sorgfalt auf sie zu wenden, und ihnen den wahrlich schweren Dienst eines Stück Knechtes nach Möglichkeit zu erleichtern. Sie selbst dankten mit Thränen, ohne ein Wort vorbringen zu können ihrem Rabbi und Wohlthäter, der selbst in Thränen schwamm, auf das innigste. Es herrschte eine feierliche Stille; alles war gerührt. Endlich fielen sie dem Rabbi zu Füßen, küßten seine Hände und umfaßten seine Knie. Man fürchtete für seine ohnehin schwächliche Gesundheit, riß den ehrwürdigen Greis los und führte ihn nach seinem Wagen zurück. Von den übrigen Anwesenden theilten noch viele diesen Leuten etwas mit und alle schieden äußerst gerührt und thränend von ihnen. —

Wirft man einen unpartheiischen Blick auf die vergangenen Zeiten zurück, so ergibt sich, daß unser jetzt verklärte Mendelssohn der Hauptquell von diesen so aufgeklärten jüdischen Zeitläuften war. Joseph der Zweite schätzte seine Schriften, vorzüglich seinen Phaeton. Allerhöchstderselbe äußerte selbst bei Gelegenheit: daß er über diese Gegenstände niemahls etwas durchdringenders gelesen hätte und daß Mendelssohn für die Welt zu früh gestorben wäre.

Desto auffallender muß es jedem vernünftigen Manne seyn, wenn er in den österreichischen Staaten solche patriotische Thaten von so wackern Rabbinern ausgeübt und doch jetzt von einem Hamburger Rabbiner solche Gerichte, welche den verdaulichsten Magen auf das unverdaulichste machen müssen, aufschüsseln sieht. Merkt man nun warum diese Aufsätze abgedruckt wurden? — Noch nicht ganz? Gut! Tlantlaquatlapatli wird sich künftige Woche zu einem Streite rüsten, und dazu alle die hiesigen Ober-Aeltesten und alle Gelehrten der jüdischen Nation einladen. Und wer einen Funken von wahrer Religion, von Menschlichkeit, von wahrer Aufklärung in seinem Herzen fühlt, wird gewiß Tlantlaquatlapatli folgen und mit ihm eine That, welche die Menschheit so entmenscht, wieder zu veredeln suchen.

Majorennes, hartes und stinkendes Rindfleisch.

Wenn es allen Leuten, sagte mein Schnipselchen, so wie mir geht, so ist es freilich kein Wunder, wenn so viele über manche Schlächtermeister brummen. — Wieder etwas neues? — Vor einigen Tagen, fuhr Schnipselchen fort, brachte ich dir doch einige Pfündchen Rindfleisch nach Hause und bezahlte für jedes Pfund, nach der löblichen Gewohnheit, 2 Gr. Ich stellte es früh zu dem Feuer, verbrannte ein Stück Holz nach dem andern, ließ es kochen und kochen, und es bliebe nach vier Stunden zäh und hart. Weist du es noch? — Wohl weiß ich es noch. Damahls ärgertest du dich und ich behauptete, weil du das Rindfleisch gar nicht zu Rechte bringen konntest, daß es unfehlbar schon sehr majorenn müßte seyn. Damahls, erwiederte Schnipselchen, blieb das Rindfleisch nur hart, jetzt aber kann man es gar nicht genießen. Stelle dir nur vor. Diesen Morgen holte ich wieder zwei Pfund Rindfleisch. Es sah so schön und roth mit Fette unterwachsen aus, daß man glaubte, es wäre so eben ausgeschlachtet worden.

Ich freute mich recht sehr und legte es zu Hause in frisches Wasser. Kaum war es ein halb viertel Stündchen darin, so sah ich darnach und fand das Wasser ganz roth. Ich goß es ab und that wieder frisches dazu. Mit diesem ging es ebenfalls so. Da die Glocke schon 9 war; so wollte ich nicht mehr länger zögern, aus Furcht, es möchte auch wieder majorenn seyn. Ich wusch es daher sauber ab und setzte es zum Feuer. Weich wurde es bald, aber, aber — Mein Schnipselchen zuckte die Achseln und sagte nur, da hast du die Bescherung? — Ich nahm also das Fleisch und schnitt es von einander. Kaum steckte ich den ersten Bissen in den Mund; so merkte ich, wo mein Schnipselchen hinaus wollte. Meinen Kindern hatte ich auch etwas vorgelegt. Vater, rief mein Wilhelm, Vater, das Fleisch stinkt! Schnipselchen lächelte. Kinder und Narren sagen die Wahrheit, antwortete ich. Gewiß, Vater, fuhr mein Junge fort, das Fleisch stinkt! — So laß es stehen, bitt' die Mutter, daß sie dir Brot mit Butter gibt. — Bei wem hast Du denn das Fleisch geholt? — Wie der Mann heisset, weiß ich nicht. Da ich gleich bezahle, so geh ich bald da, bald dorthin. —

Wahr ist es, daß bei der jetzigen so warmen Witterung manches Pfund Fleisch verdirbt, aber auch wahr ist es, daß es sehr ungezogen von demjenigen bleibt, welcher auf solche Art die Käufer hintergeht. Das nennt man Prellerei! Wenn man nun schlechtes Geld für das Fleisch gäbe, was würde wohl dazu gesagt werden? Der Teufel würde los und derjenige, welcher dir das stinkende Fleisch für gesundes verkaufte, der erste seyn, der dich für eine Betrügerinn ausschreien würde. Lasse es diesesmahl gut seyn! Wir haben noch Brot, Käse und Salz. In das künftige nimm dich in acht. Bemerke, von wem du das Fleisch kaufest. Tritt abermahl ein solcher Fall ein, so sag mir es und denn soll besser Rath werden.

Vertheidigung des Buchhändler Brönners.

Ein jeder hat ein heiliges Recht über dasjenige, welches ihm zukömmt und auf eine unerlaubte Art entrissen werden soll, ein Wort zu sprechen. Da nun die Brönnersche Buchhandlung zu Frankfurt am Main das Schreiben eines Preussischen Patrioten, welches doch der so würdige Verfasser der Petit und Schöneschen Buchhandlung allein anvertraut hatte, nachdrucken ließe; so konnte sie allerdings nicht ganz diesen Vorfall mit Stillschweigen übergehen. Die Buchhandlung trug daher dem Herausgeber auf, wegen des Nachdruckens ein Wörtchen zu seiner Zeit zu sprechen. Tlantlaquatlapatli übernahm alles mit Vergnügen, weil er der abgesagte Feind aller Ungerechtigkeiten und der eifrigste Vertheidiger jeder gerechten Sache ist. Zu dem Ende zeigte er alles im Nahmen der Buchhandlung (Seite 747) an. Einige Wochen darauf schrieb der Buchhändler Brönner an die Buchhandlung, gestand zwar den Nachdruck ein, versicherte aber, daß nur der Buchhändler Schneider die einzige und wahre Veranlassung dazu war.

„Deswegen erklärt und zwar freiwillig die Petit u. Schönesche Buchhandlung: daß die Brönnersche Buchhandlung zu dem Nachdrucke aus Irrthume veranlaßt wurde: indem das Schreiben eines Preussischen Patrioten wenigstes 4 Wochen früher, als die Brönnerschen Exemplare nach Frankfurt am Main gekommen war, auch von dem Buchhändler Schneider in Leipzig unbegehrt mit der reitenden Post und dem Bedeuten zugesandt wurde: eine Auflage für die dortigen Gegenden zu machen, wenn man es für gut fände. Da nun die Brönnersche Buchhandlung nicht anders glauben konnte, als daß der Buchhändler Schneider der rechtmäßige Verleger dieses Schreibens war, mithin das einzige Recht daran hatte, so nahm sie auch keinen Anstand, diesen Vorschlag auszuführen. Die Verantwortung läge daher ganz dem Buchhändler Schneider ob. — Bis jetzt hätte auch die Brönnersche Buchhandlung gar nicht gewußt, daß die Petit und Schönesche Buchhandlung der rechtmäßige Verleger dieses Preußischen Patrioten wäre, und hätte es um so weniger wissen können, weil auf dem an die Brönnersche Buchhandlung zugeschickten Exemplare kein Druckort wäre benannt, noch auch Anlagen dabei gewesen."

Zufolge dieser Erklärung des Buchhändlers Brönners tragen wir kein Bedenken, die, wegen des Nachdruckes geäußerten Beschuldigungen, hiermit zurück zu nehmen und zu beweisen, daß wir mit Vorsatze nie jemand eine Ehrenkränkung zufügen werden.

Berlin,   Petit und Schöne.
den 28. Julius 1789.

Da die Petit und Schönesche Buchhandlung hier eine freiwillige Probe ihrer Ehrlichkeit gibt, so mag es damit sein Bewenden haben. Indessen kann sich jeder aus diesem Vorfalle die Lehre ziehen: daß der beste Schein betrügt und man sich eines andern Gutes nicht eher ganz bedienen kann, als bis bewiesen ist, daß der erste Besitzer feierlich Verzicht darauf gethan hat.

Tlantlaquatlapatli.

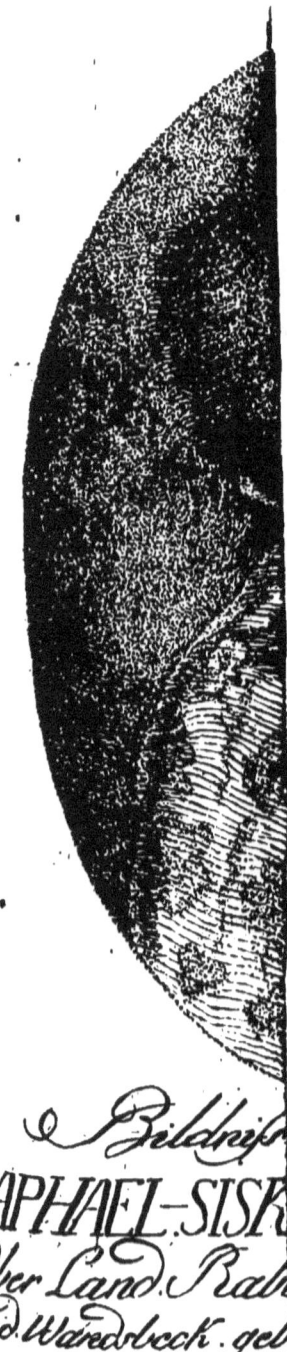

Chronic von Berlin,

oder

Berlinsche Merkwürdigkeiten.
Volksblatt.

Ein und zwei und sechzigstes Stück.

Berlin, den 8. August. 1789.

Tagebuch

des

Königl. National-Theaters in Berlin.

(Ein und dreißigste Fortsetzung.)

Aprill. 1789.

Bei dem 31. März wurde anzuzeigen vergessen, daß nach der Vorstellung des Alexis und Justine noch der schwarze Mann gegeben wurde. Unzelmann spielte für Fleck den Flickwort, verfehlte aber auch Gotters Absicht. Er nahm ihn nicht trocken genug.

Ppp

Den 1ſten Alexis und Juſtine wiederholt. Der taube Liebhaber. Ob gleich von Seiten der Polizei mehrere da waren, ſo ging es doch heute wieder nicht ganz ohne Unruhe ab. Greibe wurde abermahls ausgehuſtet. Einer ſagte im Parterre: Es iſt abſcheuliches Zeug! Wie es die Leute nur aushalten können! Wir hätten ihn fragen mögen: warum er denn gekommen und es doch aushalten konnte? Kaſelitz brachte als Amtmann ein artiges Wortſpiel an. Er ſagte zu Thomas: Heute bin ich ſehr in April geſchickt worden. Dem Publico gefiel es und applaudirte. Madame Böhm iſt als Genoveve zu gut angezogen. Chriſtian Benda als Alexis ſpielte dieſesmahl mit mehrerem Feuer und characteriſirte wieder unſer Vermuthen noch nie ſo als heute. Da kann er ſehen, daß wir gewiß jedem Gerechtigkeit widerfahren laſſen, ſo bald ſich nur die Gelegenheit ereignet. Wie kömmt es aber, daß er in dem erſten Aufzuge als Bauer in Atlaß und im zweiten nur mit weiſſer Weſte und Beinkleidern und ſo einfachem Kleide erſcheint. Auf alle Fälle muß er doch gepußter als in dem erſten Aufzuge ſeyn. Hätte er dieſen Fehler im Anzuge nicht gemacht, so wäre Alexis seine allerbeste Rolle.

Im ganzen genommen behagte das Singspiel heute besser. Indessen fiel es doch einem ein, als Frankenberg abdankte, zu rufen: das Stück nicht mehr!

Den 2ten. Gaßner der Zweite. Die beiden Hüthe. Alte Stücke, schlechtes regnerisches Wetter, folglich leer. Diese Vorstellung vergaß die Th. Z. anzuzeigen.

Den 3ten. Der Jurist und der Bauer, Röschen und Colas. Madame Baranius erscheint als Röschen so aufgeputzt, daß wir auf die Gedanken geriethen, ihr Vater hätte das Gut verkauft und wollte seine Tochter in eine Stadt-Demoiselle verwandeln. Frankenberg spielte noch für den alten Labes den Knebel. Sonst war die Vorstellung eben nicht voll.

Den 4ten. Das Räuschchen. Ein Landedelmann, welcher sonst keine Schauspiele, als wenn er nach Berlin kömmt, sieht, sagte: Wahrhaftig, wenn ich so eine brave Wirthschafterinn, als die Bernard ist, erhalten könnte, so wollte ich ein reicher Mann werden. —

Dieses Urtheil muß der Madame Bötticher mehr werth seyn, als der stärkste Applau. Sehr leer.

Den 5ten. Alexis und Justine. Die Heirath durch ein Wochenblatt. So wenig Wiesdemann in seinen ersten Rollen hier gefiel; so sehr erwarb er sich jetzt durch seinen Pachter Thomas den größten Beifall. Seine Arie wurde da Capo gerufen. Es scheint überhaupt, als wenn er allein für diesen Character geschaffen wäre. In der Heirath durch ein Wochenblatt mußte er ebenfalls als Capellmeister seine Arie da Capo singen. Daher mochte es auch gekommen seyn, daß er im Eifer einen Hemd-Aermel verlor. Bei dem da Capo rufen spatzierte ein Hund auf dem Theater und stimmte auch in das da Capo ein, wenigstens bellte er es. Freund Unzelmann spielte den Soldat Knochen und den Schauspieler Wilibald in einer Person. Wenn das bei einer kleinen Truppe geschähe, so würde das Spötteln kein Ende seyn, aber hier? Fehlt es denn an Mitgliedern? Es sind ja nur 40—50 Personen bei dem National-Theater. Die Th. Z. zeigt zwar 114 an, daß Unzelmann den Wilibald gespielt hätte, weiter aber meldete sie nichts. Warum übergeht sie solche grobe Fehler? Leer.

Den 6ten. Die Eifersüchtigen oder: keiner hat Recht. L. in 4 A. a. d. e. von Schröder. Die beiden Billette. Seine Manier ist schon bekannt. Sobald man nur hört, daß Schröder ein Stück übersetzt hat; so ist schon die Vermuthung da, daß eine Rolle gewiß gut ist. Diese spielt er denn selbst. Die Th. Z. schreibt No. 16. S. 121. „Man nahm das Stück und Vorstellung mit Beifall auf, obgleich eine Ereigniß beinahe zu Ende des Stückes denselben leicht hätte schmälern können." — Was war denn dieses für ein Ereigniß? Die Th. Z. schreibt fort: „Ein Beweis, wie sehr die Aufmerksamkeit der Schauspieler hauptsächlich bei der ersten Vorstellung eines neuen Products erfordert werde und wie oft durch Nachläßigkeit derselben das Schicksal manches guten Stückes zum Schaden der Schauspiel-Directionen sehr ungünstig ausfallen könne." — Bei uns ist es Sitte, von einem Fehler nicht bloß zu sprechen, sondern ihn auch anzugeben. Denn sonst ist alles unnöthig. Da es dem Herausgeber nicht beliebte die Nachläßigkeit anzuzeigen, so wollen wir es thun. Herdt als Kaufmann Bernau und Madame Baranius als Charlotte Bernau blieben in dem letzten Aufzuge sehr lange über die Zeit aus. Im Parkette hörte man ihre Nahmen rufen. Auch pochten einige so lange, bis sie erschienen. Im ganzen genommen ging das Stück schlecht.

Den 7ten. Die Eifersüchtigen wiederholt. Der Stammbaum.

Langerhanns, welcher aus Hamburg auf einen Besuch hieher kam, sollte diesen Abend, obschon das Parterre ziemlich leer war, zum Spielen herausgerufen werden. — Vor einigen Tagen murmelte man nicht nur schon davon, sondern man sagte sich auch dieses auf verschiedenen Caffee-Häusern. Indessen unterblieb es doch für diesesmahl.

(Die Fortsetzung folgt.)

Tlantlaquatlapatli's Zeitung.

Feierlichkeiten bei dem Aufenthalte Ihrer Königl. Hoheit der Frau Erbstatthalterinn, Prinzessinn von Oranien.

(Vierte Fortsetzung.)

Montags, den 13ten Jullus. Morgens besahen Ihre Königl. Hoheiten der Cronprinz, der

Prinz Louis, die Prinzen Ferdinand und die Prinzen von Oranien die Wachtparaden der Regimenter Prinz Friedrich, von Pfuhl, von Lichnowsky und von Braun vor dem alten Landsberger-Thore.

Mittags bei Sr. Majestät dem Könige große Tafel, zu welcher Ihre Majestät die regierende Königinn, Ihre Königl. Hoheit die Frau Prinzeßinn von Oranien, Prinzen und Prinzeßinnen eingeladen waren.

Gegen Abend wurde die Oper Protesilaus in Gegenwart Sr. Majestät des Königes, des ganzen Königl. Hauses und vieler hohen Herrschafften zum zweitenmahle aufgeführt. Nach geendigter Vorstellung war bei Allerhöchstdemselben abermahl großes Souper. —

Da schon in dem 11 und 12ten, 13 und 14ten, 15 und 16ten, 17 und 18ten, 19 und 20ten, 21 und 22ten Stücke, folglich in dem ersten Bändchen der Chronic von Berlin ausführlich, theils über die Oper Protesilaus, theils über die ganze Einrichtung geschrieben wurde; so verweiset man ebenfalls diejenigen, welche diese Stücke nicht sollten gelesen haben, sie aber vielleicht gern lesen möchten, dahin. Etwas muß man aber doch nachholen.

Die Sängerinnen und Sänger waren ebendieselbe, wie in dem vergangenen Winter, bis auf Graffy. Diese Stelle ersetzte diesesmahl ein gewisser Herr Hurka, welcher bei dem Hochseligen Marggrafen zu Brandenburg Schwedt Cammersänger gewesen war und die ersten Tenor Rollen übernommen hatte. Schauspieler ist er nicht, desto mehr aber Sänger. Schade bleibt es indessen, daß seine sonst angenehme Stimme für ein so grosses Theater zu schwach ist.

Unser brave Lauchery erhielte wieder mit seinen Tanz-Compositionen verdienten Beifall, indem er mit neuen sehr schweren Touren abwechselte.

Die Ordnung in Ansehung der Plätze und Billette war besser wie in dem vergangenen Winter und mit Rechte verdient der Directeur des Spectacles Se. Excellenz der Freiherr und Baron von der Reck, vielen Dank. Und weil ebengedachter Herr Baron die Ordnung liebt und vorzüglich auf eine sehr anständige Behandlung sieht, so zeigt man demselben noch zur Nachricht an: daß er bei verschiedenen, welche die Billette an den Noblessen-

Logen abnehmen, eine anständigere Begegnung empfehlen möchte. Denn Grobheiten ziehen niemahls gute Folgen nach sich.

Dienstags, den 14ten. Morgens früh geruheten J. K. H. die Frau Prinzeßinn von Oranien den Königl. Marstall in hohen Augenschein zu nehmen. Höchstdieselbe besah bei der Ankunft zuerst die Pferde im großen Marstalle, vor welchem Ihre Königl. Hoheit auch ausgestiegen war, ging darauf nach der Ritter-Academie, gab über alles das gnädigste Wohlgefallen zu erkennen, ritt selbst zwei Pferde und sah einen Bereiter den Springer springen. Darauf erhob sich Ihre Königl. Hoheit zu Pferde in Begleitung der Frau Gräfinn von Dohna, des Herrn Ober-Stallmeisters Grafen von Lindenau und des Holländischen Gesandten, Herrn Baron von Rheeden nach dem Thiergarten. Der Stallmeister Plom und zwei Bereiter genossen die Gnade, in dem Gefolge auch zu seyn. Bei der Zurückkunft trat die Durchlauchtigste Prinzeßinn vor der Wendeltreppe auf dem Schlosse ab.

Mittags bei der verwittweten Königinn Majestät in Ihren Apartements auf dem Königl.

Schloſſe große Tafel. Se. Majeſtät der König, Ihre Majeſtät die regierenden Königinn, I. K. H. die Frau Erbſtatthalterinn von Oranien mit Ihren Durchlauchtigſten Kindern, ſämmtliche Prinzen und Prinzeſſinnen des Königl. Hauſes, nebſt viele der Herren Generale und Miniſter wohnten derſelben bei.

Um halb ſechs Uhr beſuchten die hohen Fremden und der größte Theil des Königl. Hauſes das National-Theater, woſelbſt das Singſpiel: der Barbier von Sevilla mit Palſiello's Muſic aufgeführt wurde.

Abends bei Ihrer Majeſtät der regierenden Königinn in Monbijou große Tafel, wo nicht nur die Frau Prinzeſſinn von Oranien Königl. Hoheit mit Ihren Durchlauchtigſten Kindern, die Prinzen und Prinzeſſinnen des Königl. Hauſes, ſondern auch Se. Durchl. der Herzog von Mecklenburg Strelitz und der kurz vorher eingetroffene Königl. Däniſche Feldmarſchall Prinz Carl von Heſſen-Caſſel und verſchiedene andere hohe Fremde eingeladen waren und an 2 Tafeln ſpeiſten.

Mittwoche, den 15ten. Mittags große Tafel bei Sr. Maj. dem Könige.

Abends bei Ihrer Majestät der regierenden Königinn großes Souper. Beidemahl waren auch J. K. H. die Frau Erbstatthalterinn von Oranien nebst Ihren Durchlauchtigsten Kindern und Se. Hochfürstl. Durchl. der Prinz von Hessen-Cassel zugegen.

Donnerstags, den 16ten. Mittags bei Ihrer Majestät der regierenden Königinn große Tafel in Monbijou, zu welcher die Prinzen und Prinzessinnen des Königl. Hauses; ingleichen S. H. Durchl. der Prinz Carl von Hessen-Cassel eingeladen waren.

Die Frau Prinzeßinn von Oranien K. H. aber mit den Durchlauchtigsten Kindern speiste selbigen Mittag in Ihren Cammern.

Nachmittags nach 4 Uhr hielt die Königl. Academie der Wissenschaften zu Ehren der Frau Erbstatthalterinn von Oranien-Nassau K. H. eine öffentliche Versammlung. Ebengedachte Frau Erbstatthalterinn K. H., die Prinzessinn Wilhelmine von Preussen, die Erbprinzessinn von Oranien, Se. K. H. der Cronprinz, der Prinz Louis, die Herren Söhne Sr. Königl. Hoheit des Prinzen Ferdinand, Se. Hochfürstl. Durchl.

der Prinz Carl von Hessen, der Herzog Friedrich von Braunschweig Durchl. und der Erbprinz von Oranien nebst dessen Herren Bruder beehrten dieselbe mit ihrer hohen Gegenwart.

Des Königl. wirkl. Geheimen Etats- und Cabinettsministers auch Curatoris der Königl. Academie der Wissenschaften, Herr Graf von Hertzberg Excellenz, eröffnete die so glänzende Versammlung mit einer kurzen und sehr vortrefflichen Rede: Ueber den Endzweck und Nutzen der öffentlichen Versammlungen der Academien und machte der hohen Versammlung die Aufnahme des Prinzen Louis Gonzaga de Castiglione zum auswärtigen Mitgliede der Academie bekannt und überreichte demselben das Diploma.

Der beständige Secretair der Academie der Wissenschaften, Herr Geheime-Rath Formey hielt eine kurze Rede an die Frau Erbstatthalterinn K. H.

Der Prinz von Gonzaga dankte in einer mit vieler Beredsamkeit und Wärme abgefaßten Rede, worin er in einer allgemeinen Uebersicht der Litteratur ihren großen Nutzen für die Staaten festsetzte, für seine Aufnahme zum Mitgliede der Academie. Der Herr Geheime-Rath Formey beantwortete diese Rede.

Darauf las der Herr Geheime-Rath Formey ein Danksagungs-Schreiben des Herren Admirals von Kinsbergen über dessen Aufnahme zum auswärtigen Mitgliede der Academie ab, und legte der hohen Versammlung die vortrefflichen Schriften und Carten des Herrn Admirals, welche derselbe der Königl. Academie der Wissenschaften zum Geschenke übersandt hatte, vor.

Nach diesem las der Königl. wirkliche Geheime Etats- und Justiz-Minister, Herr von Wöllner Excellenz, eine Abhandlung vor: Wie seit dem Churfürsten Friedrich Wilhelm die Regenten des Brandenburgschen Hauses, die Residenz-Städte Berlin und Potsdam durch vortreffliche Gebäude verschönert, wie sie dadurch den Kunstfleis erweckt und der untern Volks-Classe eine Quelle der Nahrung verschaft: Zugleich zeigte Se. Excellenz das schön gearbeitete Modell des jetzt erbaut werdenden Brandenburger-Thors und des Marien-Thurms vor.

Herr Ober-Consistorial-Rath Ermann las eine Abhandlung von dem Einflusse der Verbindungen zwischen Brandenburg und Holland auf das Wohl beider Völker vor.

Herr Director Achard beschloß diese Versammlung durch Vorlesung einer Abhandlung: über die Verwandlung der phlogistisirten und verdorbenen Luft in dephlogistisirte, vermittelst des von Luft erschöpften Braunsteines und über die Wirkung der entzündbaren Luft auf die Kalke der Metalle. Er zeigte die zu diesen Versuchen neu erfundene Instrumente, erklärte ihren Gebrauch, und machte einige Versuche mit Luft, welche durch das Athemholen eines Thieres ganz verdorben und nach seiner Methode, vermittelst des Braunsteins in dephlogistisirte Luft verwandelt war. Diese Verwandlung wurde durch das Brennen einiger Cörper und durch das schnelle Schmelzen und Brennen des Eisens in dieser Luft bewiesen. Auch wurde durch den lebhaften Glanz des in dieser verbesserten Luft brennenden Phosphors folgende auf einem großen gläsernen Recipienten verborgen angebrachte Inschrift, mit einem blendenden Glanze unvermuthet dargestellt:

L'eclat le plus vif
Cède à celui, dont brille
L'auguste WILHELMINE.

Prinzeſſinn Wilhelmine nur
Muß ſtets der allerſtärkſte Glanz,
Erzeugt durch Kunſt und die Natur,
Auf jeden Fall nachſtehen ganz!

Der Königl. See-Ingenieur und Ober-Schiffs-baumeiſter, Herr Quantin aus Stettin zeigte hierauf die von ihm erfundene Maſchine zur Erprobung der Stärke der Baumaterialien vor. Vor acht Tagen wurde ſie durch die mathematiſche Claſſe der Königl. Academie der Wiſſenſchaften, durch das Königl. Ober-Hof-Bauamt und durch das Königl. Ober-Bau-Departement unterſucht und durch die gemachten Verſuche gut befunden. Durch eben dieſelbe Maſchine wurde in Gegenwart Ihrer Königl. Hoheiten ein Stück Eichenholz von 8 Fuß Länge und 4½ Zoll Dicke in Zeit von drei Minuten, durch eine Schwerkraft von 5475 Pfund zerbrochen. Hierauf führten des Herrn Grafen von Herzberg Excellenz ſämmtliche hohe Herrſchaften nach der Academie der Künſte und mechaniſchen Wiſſenſchaften. Daſelbſt empfing Hochdieſelbe mit einer kurzen Anrede der Herr Professor Moritz. Ihre K. Hoheit besah darauf verschiedene Kunstsachen und Arbeiten der Academischen Mitglieder, besuchte die Zeichenschule für die Handwerker und äußerten über die guten Fortschritte dieser Academie die gnädigste Zufriedenheit.

Abends. Concert, dann großes Souper bei Sr. Majestät dem Könige. Jedesmahl waren die anwesenden hohen Fremden und das ganze Königl. Haus zugegen.

(Die Fortsetzung folgt.)

Aufforderung an die Ober-Aeltesten und alle würdige Gelehrte der jüdischen Colonie in Berlin. Den verbannten Owadioh betreffend.

Tlantlaquatlapatli hofft mit den Aufsätzen, welche den Hamburgischen Rabbiner Raphael Süßkind Cohen Jockusiel betrafen, bewiesen zu haben, daß ihm Menschen-Wohl, ohne Ansehung der Religion, sehr am Herzen lag. Mit Vergnügen rückte er daher alles das ein, was man ihm über diese schändliche That zuschickte. In der Stille gab er auf die Bewegungen der jüdischen Colonie Achtung. Der aufgeklärte Theil freute sich, dankte dafür Tlantlaquatlapatli und wünschte ihn genauer kennen zu lernen: während dessen die orthodoxen Juden, besonders Polacken, die Aufsätze zwar lasen, aber auch zugleich wetteiferten, gegen Tlantlaquatlapatli alle Flüch aus der Bibel auszustoßen und nur sehnsuchtsvoll den Wunsch äußerten, daß Mannes hohes Gras vor seiner Thüre wachsen möchte. So viel bleibt indessen gewiß, daß die Aufsätze Aufmerksamkeit erregten. Da sie aber noch nicht diejenige Wirkung thaten, welche sie doch thun sollten; so ergreift Tlantlaquatlapatli aus freien Stücken und wahrer Menschen-Liebe die Feder und will nun ein Wort im Ernste reden und Vorschläge thun, ob nicht diesem schändlichen Rabbiner-Unfuge Schranken können gesetzt werden.

Unnöthig wäre es, eine Geschichts-Erzählung vorauszuschicken, denn sie ist bekannt. Sollte ja einer sie nicht zusammenhängend wissen; so verweiset man ihn auf die vorhergehenden Stücke. In diesen wird er alles ganz deutlich abgehandelt finden und gewiß Licht in der Sache bekommen. Genug, Raphaels Jockuſtels That bleibt unerhört, abſcheulich! Wirft man einen Blick in die vergangenen Jahrhunderte zurück, wo der fanatiſche Eifer viele tauſende ſtilltödtend mordete, wo der Würg-Engel der Orthodoxie Leichname auf Leichname häufte, die Flüſſe und Meere gleichſam von Menſchen-Blute färbte, wo man Tag und Nacht auf die ſchrecklichſten Marter dachte, ſo überfällt einen der größte Schauer. Bei kälterem Blute aber denkt man: Es konnte nicht leicht anders gehen. Religions-Haß, Aberglauben und Götzen-Dienſte ſpielten damahls den Herrn. Der war ſchon ein gelehrter Mann, welcher leſen, wie weit mehr derjenige, welcher gar ſchreiben konnte! Aufklärung war noch gänzlich unbekannt. Und kam auch bei einen ein Strählchen, ſo ſchnappten es die andern heißhungrig auf und hüllten es in eine hagelnde Wolke ein. Das Blut komm über uns und unſere Kinder, war die Stimme des Volks! Die Vorſehung hielt Wort. Millionen rannten in ihr eignes Schwert. Millionen wurden das traurigſte Opfer des Fanatismus. Blindlings folgten ſie dem Triebe der Natur; hemmten dadurch den wahren Lauf, tödteten Nachkommenschaften, entvölkerten die Welt und entmenschten die Menſheit!

Jahrhunderte vergingen, andere kamen wieder. Königreiche nahmen ein Ende, andere kamen empor. Geſchlechte ſtarben aus, neue entſtanden. Mit ihrer neuen Entſtehung verſchwanden nach und nach der allergrößte Fanatismus, Aberglauben und Halsſtarrigkeit. Die Dämmerung der Aufklärung näherte ſich. Freilich langſamer als eine Schnecke, aber ſie näherte ſich doch. Moſes Mendels-Sohn ward. Kaum lebte er ein halbes Jahrhundert; ſo nahm ihn der Gott ſeiner Väter wieder zu ſich; denn die Welt war ihn nicht länger mehr wehrt. Deſſen ungeachtet wird er hienieden leben, ſo lange dieſe Welt, Welt iſt! Wer war es, welcher dem Thiere die Macht benahm, ganze Länder unter ſein Joch zu ſpannen? Wer war es, welcher die Larve der Orthodoxie herunter riß, aus der Finſterniß Tag machte, die gefährlichſten Wolken zerſtreute und ſeiner Nation die allerſchönſten, erquickendſten Frühlingstage bereitete? — Moſes Mendels-Sohn war es! Schlummere ſanft, würdigſter der Männer! Während deſſen, daß wir noch hienieden aus deinen

Schriften Weisheit sammeln, schwebt deine Seele mit unnennbarer Wonne in den seligsten Gefilden und bringt in Gesellschaft der Engel und Seraphe die frohlockendsten Hallelujahs!

Du säetest. Manchmahl ging deine Saat nicht auf, weil sie die Würmer der Orthodoxie zerfraßen. Du säetest wieder. Der Zahn der Orthodoxie nagte wieder, aber diesmahl glückte es ihm nicht ganz. Er keimte, blühte lieblich und trug dafür tausendfältige Früchte. Die Königliche Residenz-Stadt Berlin war diese gesegnete Stadt! Mendels-Sohns Schule lieferte die gelehrtesten, hell-denkendsten Köpfe. Was er nicht vollenden konnte, das führten seine Nachfolger glücklich aus. Nicht mit Worten sondern mit Handlungen zeigten sie sich als — Patrioten. Und so aufgeklärt die jüdische Colonie in Berlin ist, so sehr sie mit allem Rechte den ersten Rang in Teutschland, ja in Europa behauptet; so gab sich doch vergangenen Monat März der Süßkind Raphael Cohen Jockusiel Ober-Land-Rabbiner in Hamburg, Wandsbeck und Altona alle nur mögliche Mühe die hiesige Judenschaft, gleichsam zu brandmarken! Man wird mich verstehen, wo ich hinaus will. — Den braven Owadioh meini ich! Der Mann, welcher aus Liebe zur Aufklärung für sein Volk die Feder ansetzte, dieser Mann soll ein Opfer des Fanatismus werden? Soll ein Märtirer seiner Nation werden? Soll, ärger als ein Missethäter, behandelt werden? Denn diesem nimmt man nur das Leben, Owadioh will man aber gleichsam die irrdische Seligkeit stehlen und den Weg zu Gott mit Scorpionen pflästern! Schrecklich! Unmenschlich! So handelt der Teufel, wenn er nach einer Seele, welche seinen Klauen zu entgehen sucht, erangeln will!

Verzeiht, würdige Männer! wenn die Empfindungen des Herzens sich zu sehr entfalten. Bedenkt, es betrift die Glückseligkeit euers Bruders! Die gereinigte Vernunft gibt Tlantlaquatlapatli ein Recht, sich der unterdrückten Menschheit anzunehmen, ihre Fesseln zu zerreissen, ihren Kerker zu sprengen und einen Mann der Welt zu erhalten, welcher noch so großen Nutzen stiften könnte!

Obwohl die braven Hamburger mit dem Verfahren ihres rachsüchtigen Rabbiners zufrieden waren? So viele Orthodoxen und nochmehr dort als hier in Berlin leben, so fanden sich doch sehr viele, welche das Betragen gegen Owadioh abscheulich nannten. Sie kennen ganz des Rabbiners Spitzfündigkeiten, ganz seinen Eigennutz und gränzenlose Rachsucht. Viele Hamburger hatten selbst schon öfters Klagen wider ihn erhoben, *) allein alles gerieth in Stecken und man wußte allezeit der Sache ein Mäntelchen umzuhängen. Allerdings ist dieses ein Beweis, daß Raphaels orthodoxischer Arm ziemlich weit reichte. **)

Ueberhaupt ist diesem Polacken das Wort Obrigkeit sehr gleichgültig. Auch bekümmert er sich nicht um das geringste, wenn ihm gleich der einsichtsvollste Mann um seine begangene Fehler zu Rede stellt. ***)

*) Mehrere Hamburger Juden schrien laut um Gerechtigkeit: Ihre oft so gerechte Klagen aber wurden immer verworfen und sie als Zänker erklärt.

**) Tlantlaquatlapatli könnte bestimmter darüber sprechen, auch die Protection eines dortigen Rechtsgelehrten auf das genaueste schildern. Allein diese Frucht ist noch nicht reif. Und eine unreife schmeckt nicht.

***) Der Rabbi wurde wegen eines Machtspruches von dem Dänischen Minister, Herrn von Schimmelmann zu Rede gestellt. Er behauptete aber:

(961)

Ganz verläßt sich der Polackische Knabe auf seinen Wandsbecker Licentiaten, weil er das Ansehen eines Pohlnischen Rabbiners in einigen Stücken zu behaupten suchte und — doch davon eine ausführlichere Abhandlung zu einer andern Zeit. Weltkündig ist es leider, daß bei Raphael das Verbannen etwas ganz gewöhnliches ist. Tlantlaquatlapatli könnte von einer Verbannung reden, welche einen ansehnlichen Hamburgschen Bauquier betraf, allein es würde ihn für jetzt zu weit von der Haupt-Sache entfernen, auch ist sie bei den Juden gleichfalls sehr bekannt.

Daß Raphael Jockusiel sich solche Freiheiten herausnimmt, wodurch er seine rachsüchtige Macht erweitert und fortpflanzet, bleibt jederzeit für sämmtliche Berliner die größte Beleidigung, welche nicht so hinschleichen soll. Und gesetzt sie schliche so hin, so würde offenbahr die Ehre der Berlinschen jüdischen Colonie den größten Stoß bekommen. Denn Einfälle in fremde Gebiete verdienen die schärfste Züchtigung. Nähme der Ham-

er wäre eben so gut, als dieser Herr von Sr. Dänischen Majestät conformirt. So dummstolz dieser Ausdruck war, so blieb es doch dabei.

Qqq 5

burgſche Magiſtrat keine Protection von einem Wandsbekſchen Licentiaten an, zwänge ſie den Rabbi zur perſönlichen Verantwortung, möchte ſie die verworfene Suppliken der braven Hamburger Juden durchſehen; ſo würde ſie leicht finden, wie weit ſich der Wucher 4) dieſes eigennützigen Rabbis erſtreckt.

Freilich müßte denn der Hamburger Magiſtrat nicht auf die Zeugniſſe der Altonaer, Wandsbecker und einiger Hamburger Ober-Aelteſten Rückſicht nehmen. Denn ein Herz Donback, Elias Halle, Leibel Friderizche, Iſaac Michel aus Warsdorf, obendrein ein Neuling (bekanntlich Ober-Aelteſten bei der Hamburgſchen Judenſchaft) würden wahrſcheinlich den Wagen mehr in Schlamm bringen als herausziehen.

Und heraus muß er doch, wenn ja noch die unterdrückte Menſchheit ihre Rechte behaupten ſoll. Da nun auf dieſe Art das Uebel nicht aus dem Grunde gehoben werden dürfte, weil die orthodo-

*) Man wird ſich noch des Banqueroutts, welcher den Juden Jacob Simon Neuſtädel in Hamburg über 40000 Mark Banco koſtete, erinnern. Davon gelegenheitlich auch ein mehreres.

rischen Arzeneien zu schnell heilen würden, so steht vor der Hand nur ein aber desto sicherer Weg offen, auf welchen man der so nichtswürdigen Verbannung Gränzen setzen kann. Dieser Weg führt gerade nach dem Throne.

Zu dem Ende äußert Tlantlaquatlapatli einen Wunsch, welchen nur wahrer Patriotismus entlockt. Dieser Wunsch besteht in einer Aufforderung, theils an die Berlinschen Ober-Aeltesten, die Herren Itzig, Isaac Benjamin Wulf, Jacob Moses, theils aber auch an die andern würdigen und gelehrten Männer, die Herren Friedländer, Marcus Herz, Ober-Land-Rabbiner Häschel, Saul Häschel, Isaac Itzig, Hartwig Wessely u. s. w.

Euch, Ihr Ober-Aeltesten und Vorsteher der jüdischen Colonie liegt ob, die Ehre eurer braven Mitbrüder zu bewachen, und die allergeringste Kränkung zu ahnden!

Eure Pflicht aber, würdige Gelehrte, befiehlt euch, der gerechten Sache jedes Mitbruders anzunehmen und dem Fasse, welches gänzlich mit Orthodoxie angefüllt ist, den Boden einzuschlagen! Bedenkt die That des Raphael Jockustels! Die so schwarze That, welche ganz des Satans würdig ist! Bedenkt den verbannten Owadioh! Euern Mitbruder! Auch Tlantlaquatlapatli's Mit-

menſch! Seit dem Monathe März iſt der abſcheu-
lichſte Bann über ihn geſprochen. Schon fünf
Monathe! Menſchheit, Menſchheit, wo bleiben
deine Rechte? Sind dies die Folgen der wahren
Aufklärung, der gereinigten Vernunft? Sind
dieſes die Früchte der Saat, welche einſt Mendels-Sohn ſäete?

Gott ſey gedanket, noch leben, vorzüglich in
Berlin, die würdigſten Männer bei der jüdiſchen
Colonie! Männer, welche als Schüler Mendels-
Sohns ſeine Pfade betraten und da fortzufahren
ſuchten, wo der ſo große Philoſoph ſtehen bliebe.
Tlantlaquatlapatli kennt euch alle, ihr Beför-
derer des Guten und Nützlichen! Gar wohl weiß
er, daß mehrere unter euch ſich ſchon durch patriotiſchen Handlungen verewigten. Entſchieden iſt es,
daß ein Friedländer, ein Iſaac Itzig u. ſ. w. die
Zierde ihrer Nation ſind! Daß der Ober-Land-
Rabbiner Häſchel nicht nur ein ſehr gelehrter,
ſondern auch ein ſehr ſanfter, toleranter Mann iſt.

Man glaube nicht, daß Tlantlaquatlapatli
Eigennutzes halber Weihrauch ſtreue! Noch hat
er keinen dieſer braven Männer geſprochen. Deſto-
mehr aber kennt er ſie aus ihren Handlungen.
Mit Entzücken denkt er daran, wie dieſe würdige
Männer nicht nur ihrer ſondern auch ſeiner Nation ſo viele Wohlthaten bewieſen! Aufklärung

von der liebenswürdigen Toleranz begleitet, zeugt die geschmackvollsten Früchte. Früchte, welche Menschen-Elend vermindern und Menschen-Wohl befördern.

Destomehr kann Tlantlaquatlapatli hoffen, daß Owadioh's Verbannung gerächt werden wird. Ihr würdigen Ober-Aeltesten der hiesigen Gemeinde könnet zur Aufhebung des Bannes sehr viel beitragen. Ihr andern würdigen Gelehrten desgleichen! Auf also, Freunde! Rüstet euch zum Streite! Schmelzet die Sturm-Glocke der Orthodoxie und zieht dafür die Glocke der Aufklärung! Ahndet die Schmach euers Bruders! Wisset, daß durch diese Verbannung eure Ehre angegriffen ist, daß, wenn man den glimmenden Funken nicht erstickt, das schrecklichste Feuer entstehen kann, ja entstehen muß. Noch leidet der brave Owadioh! Noch drücken ihn die Ketten der Orthodoxie! Noch glauben mehrere die Verbannung wäre gerecht. Selbst den Rabbiner in Lissa, welcher doch schon durch den Kriegs-Rath Cranz gezüchtigt wurde, riß auch der fanatische Eifer so hin und verbrannte Owadioh's vortreffliche Schrift bei dem Sauerteige! Solche Schande gegen das Ende des achtzehnten Jahrhunderts zu erleben!

Nein, nicht mehr länger! Schreibt Ihr würdigen Ober-Aeltesten an den Hamburger Magistrat, damit die Sache auf das Schärfste untersucht wird, oder besser, treft die Verfügung, daß Raphaels Jockusiels That und zwar der jüdischen Normal-Schule zu Prag zur Entscheidung vorgelegt wird. Von dort aus läßt sich strengste Unpartheilichkeit erwarten.

Was für ein Unterschied zwischen dem Betragen der Rabbi in Triest und Prag und der nichtswürdigen Handlung des Rabbiners Raphaels Jockusiels in Hamburg! Darum rückte man in den vorhergehenden Stücke die Aufsätze der Triester Judenschaft und des Pragers Rabbi ein. Neu waren sie nicht. Aber sie setzen den Hamburger Rabbiner in das größte Licht. Man verabscheut diesen und segnet jene!

Zum Erstaunen ist es, daß man einem Raphael Jockusiel so mächtige Waffen in den Händen läßt. Bekanntlich hat er nicht nur eine eigene Betschule, sondern so gar Vollmacht, auf den ersten Befehl die Leute mir nichts dir nichts einsperren zu lassen. Es wäre dann, daß man ihm zuvorkommen und sich bei der Hamburger Obrigkeit für 6 Mark (2 Thal.) einen Schutz lösen kann. Natürlich steht man denn unter obrigkeitlichen Schutz und ist vor dem Rabbiner gesichert. Freilich nur in Hamburg. In Altona und Wandsbeck aber gilt dieser Schutz nichts. Nährt Raphael Jockusiel nur die geringste Rache; so kann er sogleich jeden nach Belieben durch seinen Schul-Klepper aufgreiffen und ohne Verhör einsetzen lassen. *) Streitet dieses nicht wider alle Rechte

*) Da nun die Leser den Rabbiner von der innerlichen Seite kennen und ihn wahrscheinlich auch von der äußerlichen Seite kennen lernen möchten; (es versteht sich, daß von denen die Rede ist, welchen seine Figur unbekant bliebe) so sorgte man für eine treue Abbildung. Denn solche Charactere verdienen ebenfalls der Nachwelt zur Schau aufgestellt zu werden.

der Menschheit? Möchten ihm diese Thränen und Seufzer nicht auf seiner Seele brennen, welchen er wahrscheinlich so manchen Unschuldigen schon entlockte! — Tlantlaquatlapatli erinnert sich, daß, als man den Raphael einmahl zu Rede stellte, er darauf antwortete: Mein Christelchen (Se. Majestät Christian der VII. König von Dännemark.) Mein Christelchen hat auch Geld, er wird mir nichts thun!

Also baut er auf seinen Monarchen? Glaubt, daß er seine Ungerechtigkeiten und Nichtswürdigkeiten schützen werde? Das kann nicht seyn! Ist ganz unmöglich! Zum Beweise, daß es gewiß nicht an dem seyn wird, schlägt Tlantlaquatlapatli folgendes Mittel vor. Die hiesigen Ober-Aeltesten und andere brave Gelehrte schrieben unmittelbar selbst nach Dännemark, oder ich Tlantlaquatlapatli erhalte den Auftrag. Ohne Verzug werde ich Sr. des Herrn Grafen und Staats-Minister von Bernstorf Excellenz, im Nahmen der hiesigen Colonie alles vortragen: der würdige Minister würde Gerechtigkeit handhaben, der Raphael Jockusiel seine wohlverdiente Strafe, Owadioh aber die gehörige Genugthuung wieder erhalten.

Dies ist mein Vorschlag. Ich schreibe ihn nieder. Gibt man mir einen Wink; so werde ich ihn erfüllen. Ist Owadioh schon nicht von meiner Nation, so ist er mein Mitmensch! Sein Gott der Väter, ist auch mein Gott!

Auf also! Ihr Ober-Aeltesten! Vorsteher! Lehrer! Gelehrten! Beschützer der Unterdrückten! Auf! Entschleiert die heimtückische Maske! Bübische Bosheit muß in Kerker! Rettet die Ehre eurer Nation! Befreiet Owadioh! Wisset, daß, wenn ihr keine ernsthaften Anstalten treffet, diese unedle That eure Nation brandmarkt. Ob ich gleich gar wohl weiß, daß es unter den hiesigen Ober-Aeltesten würdige Männer gibt, so ist mir doch auch bekannt, daß noch einige in ihrem Kämmerlein sitzen, scheel darüber sehen und vielleicht nicht an einen Strang ziehen wollen. Nennen will ich euch noch nicht, weil ich hoffe, daß ihr euch eines beßern besinnen werdet. Ich ruf euch daher zu: Thut eure Pflicht! Zeigt euch als tolerante Männer! Wollt ihr aber in eurer Halsstarrigkeit ebenfalls beharren; so versichere ich euch bei dem Gott eurer und meiner Väter, ich ziehe euch vor dem großen Richterstuhle der Welt und entmaske euch ganz. Ihr wisset die Maßregeln. Richtet euch darnach! Euch andern aber, die ihr wisset, was wahre Religion, Toleranz, Menschenliebe sind, euch bitte ich: Unterstützet mein Vorhaben! Ich biete euch dann mit dem wärmsten Herzen meine Hände. Vereinigt wollen wir mit einander arbeiten; vereinigt uns mit größtem Eifer bemühen, der Welt einen Mann wieder zu schenken, welchen niederträchtiger Eigennutz und gefühllose Dumheit stehlen wollten.

Höret, Edle Männer, höret meine Stimme und folget!

Vorläufige Anzeige.

Da mehrere den Wunsch äußerten, auch etwas von der großen Redoute zu lesen; so versichert man denjenigen, daß sie künftige Woche eine Beschreibung der vortrefflichen Quadrillen, überhaupt aller bemerkenswerthe Masken-Anzüge in der Chronic von Berlin finden sollen.   Tlantlaquatlapatli.

Diejenigen, welche die Chronic von Berlin sammeln, sagen ihrem Buchbinder, daß des Rabbiners Abbildung zu der Seite 966. gebunden wird.

Verbesserung.

Seite 925. Zeile 5 von oben muß Lustgarten statt Thiergarten gelesen werden.

Chronic von Berlin,
oder
Berlinsche Merkwürdigkeiten.
Volksblatt.

Drei, vier und fünf und sechzigstes Stück.

Berlin, den 15. August. 1789.

Vivat lange lebe Friederike, Sophie, Wilhelmine!

Gesang der Freude bei der erwünschten hohen Anwesenheit Ihrer Königl. Hoheit, der Frau Erbstatthalterinn und Prinzessinn von Oranien zu Berlin. Im Monath Julius 1789.

Freu dich, Berlin! daß man in deinen Thoren
Die Schwester deines großen Königs sieht,
Sie, die zum Glück', zur Lust der Welt ge-
bohren,
Durch Edelmuth die Herzen an sich zieht.

Auf, eile! Ihr die Ehrfurcht zu beweisen,
Die Jedermann der Fürstinn schuldig ist:
Die mit Entzücken Nationen preisen,
Die Niederland' als seine Mutter küßt.

Ein Jeder rufe froh mit Herz und Munde
Ein Vivat hoch Oranien aus!
Es segne stets das Glück mit jeder Stunde
Borussiens und Nassau's Haus.

Nie kann die Welt genug die Fürstinn schätzen,
Die Menschenhuld, Verstand und Hoheit ziert:
Die Sich nur sucht im Wohlthun zu ergetzen,
Die jetzt der Himmel wieder zu uns führt.

Sie kehrt zurück zur vaterländ'schen Erde,
Doch leider nur auf eine kurze Zeit!
Frohlockt Ihr zu: dem Zweige Preussens werde
Das schönste Glück der Welt bereit.

Und übst Du dort am ungestümen Meere,
Prinzessinn, wieder Deine Gnade aus:
So bauen wir im Herzen Dir Altäre,
Und rufen: Vivat Nassaus Haus!

Ob gleich dieses Gedicht in einem Band-Formate von Mädchen und Jungen für 6 Pfennige öffentlich herumgetragen und verkauft wurde; folglich schon das Vorurtheil wider sich hat, daß es äußerst schlecht ausgefallen ist; so muß doch Tlantlaquatlapatli gestehen, daß es die Gedichte der Kaufmann- und Bürgerschaft weit übertrift.

Tlantlaquatlapatli's Zeitung.

Feierlichkeiten bei dem Aufenthalte Ihrer Königl. Hoheit der Frau Erbstatthalterinn Prinzessinn von Oranien.

(Fünfte Fortsetzung.)

Vom 12 bis zu dem 16ten Jullus hatte die Schützengilde in Potsdam mit Allergnädigster Königlicher Erlaubniß ihr alljähriges Scheibe- und Vogelschießen gehalten. Als vor das ganze Königl. Haus des Schießens wegen unter den Potsdammer Schützen geloset wurde; so ereignete sich, daß das Loos vor Sr. Hochfürstl. Durchl. den Erbprinzen von Oranien dem Bürger- und Schuhmacher-Meister, Herrn Haupt zufiel. Dieser hatte auch das Glück, den nächsten Schuß am Centro der Stech-Scheibe vor Se. Hochfürstl.

Durchl. dem Erbprinzen von Oranien zur allgemeinen Freude der hiesigen Schützengilde und Bürgerschaft zu thun.

Freitags, den 17ten. Morgens großes Dejeuner bei Ihrer Majestät der verwittweten Königinn auf dem Lustschlosse zu Schönhausen. In dieser Absicht erhob sich die Frau Erbstatthalterinn K. H. mit Ihren Durchl. beiden Prinzen von hiernus zu Pferde; und wurde von des Cronprinzen und des Prinzen Louis Königl. Hoheiten dahin begleitet. Ihre Majestät die regierende Königinn, J. K. H. die Prinzessinn Friederike und sämmtliche Prinzessinnen des Königl. Hauses folgten in Ihren Wagen. Auch der Herr Oberstallmeister Graf von Lindenau, die Frau Gräfinn von Dohna und mehrere der Königl. Herren Stallmeister begleiteten diesen hohen Zug sämmtlich zu Pferde.

Mittags große Tafel bei Sr. Majestät dem Könige. Die hohen Fremden und das ganze Königl. Haus wohnten derselben bei.

Abends bei Sr. Majestät dem Könige großes Concert und Souper.

Sr. Königl. Hoheit der Prinz Heinrich von Preussen ist heute bei erwünschtem Wohlseyn aus Rheinsberg hier eingetroffen und bezog die Wohnung auf dem Königl. Schlosse zu Charlottenburg.

Sonnabends, den 18ten. Morgens statteten Se. Königl. Hoheit der Prinz Heinrich von Preussen der Frau Erbstatthalterinn von Holland einen Besuch ab.

Mittags gegen ein Uhr erhob sich die Frau Erbstatthalterinn mit Ihren Durchl. Kindern und sämmtlichen Hofstaate nach Charlottenburg. Der Fabricant, Herr Isaac Benjamin Wulf, jüdischer Nation, hatte bei seiner Cattun-Fabrike, welche sich noch auf Berlinschen Grunde und Boden befindet, am Ende des Thiergartens, auf eigene Kosten eine zierliche vom grünen Tanger und mit Girlanten ausgeschmückte Ehren-Pforte errichten lassen. Bei dieser wurde der Frau Prinzessinn von Oranien K. H. während der Vorbeifahrt von Wulf's beiden Enkelinnen ein Körbchen auserlesener Früchte und Blumen nebst einem Gedichte überreicht. Ihre Königl. Hoheit nahm alles mit herablassender Gnade an, erkundigte sich nach dem Nahmen und den Aeltern beider Kinder und fuhr dann weiter nach der Charlottenburger Stadt Feldmark zu.

Das Gedicht, welches viele Simplicität und Naivität enthält, hatte folgenden Inhalt:

Ihrer Königl. Hoheit der Frau Prinzeſſinn von Oranien bei Höchſtdero Vorbeifahrt vor Iſaac Benjamin Wulf's Cattun ⹀ Fabrik unterthänigſt überreicht von deſſen beiden Enkelinnen. Berlin, den 18. Julius 1789.

Itzt, Fürſtinn, da Dein Vaterland
Sich Deiner frohen Rückkehr freut
Und Blumen auf den Weg Dir ſtreut,
Itzt, Fürſtinn, nimm von unſrer Hand
Dies Körbchen voller Früchte hier,
Die unſer Fleis, Erhab'ne, Dir,
Voll Hoffnung Dich zu ſehn, gewann,
Als Zeichen tiefer Ehrfurcht an.
Weit mehr als ſie, gebührt Dir zwar;
Auch brächten wir das gern Dir dar,
Was irgend unſer iſt; allein
In dem Olympus ſahe man
Noch nie das Opfer ſelber, nein,
Man ſah das Herz des Gebers an.

————

Nachdem die Einwohner in Charlottenburg die Allergnädigste Erlaubniß Sr. Majestät des Königes erhalten hatten, ihre Ehrfurcht durch einen feierlichen Empfang zu veranstalten; so wurde die Ankunft Ihrer K. H. der Frau Prinzessinn von Oranien an der Brücke über den Königlichen Thiergarten von der hiesigen Stadt-Feldmark abgesonderten Graben mit zwei verschiedenen Corps zu Pferde erwartet: nämlich:

1) Ein Corps junger Bürger und Bürger-Söhne in Bosniacken-Uniformen. Ein braver Mitbürger, welcher sich schon bei verschiedenen Gelegenheiten um Charlottenburg verdient gemacht hatte, war der Quell davon und ließ sie verfertigen.

Diese Uniform bestand in Orangefarbenen Dollmans und türkischen Beinkleidern gleicher Farbe, alles mit Silber, in hellgrünen Schärpen mit silbernen Frangen und in Bärenmützen mit grünen Colpacks und ebenfalls mit silbernen Schnüren besetzt. Ferner mit grünen Feldzeichen und einer Rose von Orangeseidenem Bande geziert. Das ganze Corps, welches in 56 Mann bestand, war mit Husarensäbeln und mit 12 Fuß langen grünbemahlten Lanzen bewaffnet. An jeder Lanze wehte ein

weisses mit einem Orangeseidenen Bande eingefaßtes Fähnchen. Auf der einen Seite des Fähn-
chens sah man den fliegenden preussischen Adler in
einem Lorbercranze, auf der andern Seite aber
den holländschen goldenen Löwen mit dem Schwerte
und sieben Pfeilen in einem Cranze von sieben
Palmzweigen gemahlt.

Der Anführer dieses Corps war der Hr. Stallmeister Enke. Seine Uniform zeichnete sich durch
die starke Besetzung von allen andern sehr aus.
Die Zischmen oder Halbstiefeln waren von gelben
Saffiane, die Schärpe Seide mit silbernen Chan-
tillen besetzt und das Lanzen-Fähnchen gestickt.
Die Music dieses Corps bestand aus einem Pauker und dreizehen Trompetern.

2) Die bürgerliche Stadt-Garde zu Pferde,
mit dem Schlächter-Gewerke vereinigt. Letzteres
machte den ersten Zug aus. Dieses Gewerk hatte
braune, die übrigen Bürger blaue Röcke mit goldenen Epauletten; das ganze Corps aber weisse
Westen, Hüthe mit goldenen Tressen besetzt und
mit Orangeseidenen Cocarden geziert. Alle hatten
Bandeliere von breitem Orangeseidenen Bande.
Ihre Degen waren mit Orangeseidenen Quasten

geschmückt. Ihre Schabracken weis mit Orangeseidenem Bande besetzt und das Pferde-Geschirr
mit Orangeseidenen Quasten geziert. Das Schlächter-Gewerk führte Husaren-Säbel, die übrigen
Bürger aber Degen. Die Aufführer dieses Corps
waren der Schlächter-Gewerkes Altmeister Ul-
rich und der Tischlermeister Hirthe. Der letzte
hatte ein Orangenfarbenes Kleid, mit einer hell-
blauen Weste mit Golde besetzt, sein Pferd aber
eine hellblaue Schabracke ebenfalls mit Golde.

Die beiden Adjutanten dieses Corps, die Mauer-
pollier Borchardt und Wartenberg trugen
Orangeseidene Schärpen und weisse Feldzeichen.
Die Music dieses Corps bestand aus einem Pauker
und sechs Trompetern.

Die Frau Prinzeßinn von Oranien K. H.
ertheilte dem Herrn Stallmeister Encke auf dessen
unterthänigste Bitte die gnädigste Erlaubniß, daß
die beiden Corps Höchstdieselbe von der erwähnten Brücke bis nach dem Schlosse begleiten durften.
Die bürgerliche Stadt-Garde zu Pferde eröffnete
darauf den Zug. Ihr folgte das Bosniacken-Corps.
Dieses umgab zugleich den Königl. Staats-Wagen,
in welchem Ihre K. H. mit den Durchlauchtigsten

Rrr 5

Kindern saß, auf beiden Seiten. In dieser Ordnung ging der Zug unter Trompeten- und Paukenschalle bis zu dem Ende vor der Berliner-Barriere errichteten Triumph-Bogen. Dieser war nach der Angabe des Königl. geheimen Ober-Bauraths, Hrn. Boumann, auf Kosten der Charlottenburgschen Bewohner errichtet. Die äußere Seite desselben war auf Leinewand von dem Mahler Sittinghof gemahlt. Auf jeder Seite des mittlern Bogens trugen zwei jonische Säulen kleine Frontispice. Rechter Hand sah man das Hochfürstl. Nassau-Oranische Wappen mit der Innschrift:

Glückliche Mutter, Heldinn, Friedensstifterinn, sey gegrüßt!

Ueber der Frontispice linker Hand fand man das Königl. Preuß. Wappen mit seinen Schildhaltern, den beiden wilden Männern und der Inschrift:

Glückliche Schwester, in deines großen Bruders Ruhesitze sey willkommen!

Oben war das Gebäude mit einem Gesimse gecrönt; über demselben eine Ballustrade angebracht, hinter selbiger aber eine Tribune befindlich, von welcher sich Pauken und Trompeten hören ließen.

(979)

Die nach der Stadt gerichtete Seite des Triumph-Bogens war mit Tanger bekleidet und dieser sowohl als der mittlere Bogen mit Blumen-gehängen geschmückt. Vor diesen Triumph-Bogen paradirte die übrige Charlottenburger Bürgerschaft mit Ober- und Unter-Gewehr unter dem Commando des Stadt-Capitains Rathmanns Weyher. Alle trugen Orangenseidene Huth-Cocarden, die Officiere Orangeseidene Schärpen und wie die Unter-Officiere Orangeseidene Degen-Quasten.

Daselbst wurde der Wagen Ihre K. H. von dreißig Jungfern, in weissen Kleidern mit Orangeseidenen Schärpen in bloßen Haaren mit Blumen-Cränzen aufgesetzt, mit einer langen Blumen-Kette umgeben. Darauf bewillkommten der Bürgermeister Krull im Nahmen des daselbst versammelten Magistrats der Bürgerschaft und sämmtlicher Einwohner, wie auch der würdige Prediger Dressel mit einer kurzen Anrede an die Frau Prinzessinn von Oranien K. H. unterthänigst. Höchstdieselbe geruhte alles mit der herablassendsten Huld zu beantworten und gnädigst zu erlauben; daß des Bürgermeisters Krull älteste Tochter Ihrer K. H. auf einem weissen atlassenen mit goldenen Treſſen und Frangen beſetzten Kiſſen, ein auf weiſſem Atlaſſe gedrucktes von dem Prediger Dreſſel aufgeſetztes Bewillkömmungs-Gedicht im Nahmen der Töchter der Charlottenburgſchen Bewohner unterthänigſt zu überreichen die Gnade haben konnte.

Nun erſcholl der jauchzende Zuruf aller jungen Mädchen: Willkommen! Willkommen! Alle Anweſende riefen unter dem Pauken- und Trompeten-Schalle: Es lebe Ihre K. H. die Prinzeſſinn von Oranien! Während dieſes Jubel-Geſchrei's ging der Zug durch obenbeſchriebenen Triumph-Bogen in die Stadt. Die Magiſtrats-Perſonen, der Prediger und die erwähnten jungen Mädchen, welche aus ihren an orangenſeidenen Bändern hangenden Körbchen den Weg mit Blumen beſtreuten, begleiteten den Wagen Ihrer K. H. bis an das Königl. Schloß.

In der Mitte der Berliner-Straße fand man die zweite Ehren-Pforte von dem Königl. Hof-Gärtner Blanc errichtet. Dieſe war mit Tanger bekleidet. Vier Paar gekuppelte corinthiſche Säulen trugen ein Geſimſe, auf welchem ein Obeliſk (eine Spitze Säule) ſtand. An demſelben ſas man im blauen Felde den geschlungenen Nahmen J. K. H. mit dem Fürsten-Huthe gecrönt und mit Füllhörnern eingefaßt. Auf der rechten Seite sah man das Bild der Freundschaft mit der Unterschrift: Amitié sincere. (Aufrichtige Freundschaft) auf der linken Seite das Bild der Beständigkeit mit der Unterschrift: Constance parfaite. (Vollkommene Beständigkeit.) Der Bogen der Ehren-Pforte war mit Festons von Blumen behangen. Bei dieser Ehren-Pforte paradirte das Charlottenburger Zimmer-Gewerk unter der Anführung ihres Alt-Meisters, des Raths-Zimmer-Meisters Wolff's. Der Fähndrich desselben bewillkommte J. K. H. mit Fahnen-Schwenken, welches mit Music begleitet wurde.

Am Ende der Berliner Straße vor dem Schloß-Platze war die dritte Ehren-Pforte von dem Königl. Hof-Gärtner Fintelmann errichtet. Die vier Säulen derselben, deren verschiedene Theile durch Schilf und mancherlei Laubarten sehr gut nachgebildet und die mit Ketten von natürlichen Blumen umschlungen waren, trugen das Gesimse desselben. An diesem sah man in drei Feldern von blauen Blumen F. S. W. die Anfangs-Buchstaben des Nahmens Ihrer K. H. aus Blumen von anderer Farbe angebracht. Der Bogen war ebenfalls mit Blumen-Festons ausgeschmückt. Bei dieser Ehren-Pforte bewillkommte das Chor der Charlottenburger Schüler unter Anführung Ihrer Lehrer, die Frau Prinzessinn von Oranien K. H. unterthänigst mit Anstimmung nachstehenden von unserer berühmten Dichterinn Orphea-Karschinn verfertigten Gesange.

Willkommen hier in breiter Linden Schatten
Du Wonnebringerinn!
Wir eilen Dir ein Opfer abzustatten
Die Freude reißt uns hin.

Sie tönet laut aus unsers Herzens-Fülle
Hoch in die Luft empor:
Der Ehrfurcht Trieb und des Monarchen Wille
Beflammten unser Chor.

Dich rief sein Herz aus Deines Erblands-
     Gränzen
Durch tausend Wünsche schon.
Du bist entzückt, Du kamst und siehst ihn
     glänzen
Auf seiner Väter Thron.

Heil Dir und Ihm und Heil den Fürsten
Zweigen
Die Dir zur Seite blühn!
Oranien soll immer höher steigen
Bis alle Welten glühn!

Wenn tausendmahl der Sommer ist gekommen
Und tausendmahl dazu;
Dann sey noch hier Dein Enkel aufgenommen
So wonnevoll wie Du!

———

Auf dem Schloß-Platze paradirte das hiesige Charlottenburger Mauer-Gewerk unter Anführung des Alt- auch Schloß- und Mauer-Meisters Thiele mit Music und Fahnen-Schwenken. Am Eingange des Gartens vor dem neuen Flügel des Königl. Schlosses war die vierte grün bekleidete Ehrenpforte von dem Königl. Hof-Gärtner Eiserbeck errichtet. An dem Gesimse derselben las man mit natürlichen Blumen angeschmückt: Vive F. S. W. Auf der rechten Seite war auf einem Oval der Holländsche goldene Löwe mit dem Schwerte und sieben Pfeilen in einem Cranze von Palmzweigen; auf der linken Seite hingegen der fliegende preußische Adler in einem Lorber-Cranze gemahlt, der

Bogen aber ebenfalls mit Blumen-Girlanden ausgeziert. Auf beiden Seiten dieser Ehren-Pforte sah man einige Arcaden und am Ende derselben linker Hand einen halbrunden Tempel vom Bildhauer Schulze errichtet. In diesem befand sich ein Opfer-Altar. Ueber diesem bemerkte man das Bild des Holländischen Löwen, welchen der preußische Adler mit ausgebreiteten Flügeln bedeckte.

In dem Garten vor dem neuen Flügel marschirte das Bosniacken-Corps, die Stadt-Garde zu Pferde, beide vorgenannte Gewerke und die Bürgerschaft zu Fuße an beiden Seiten auf und es ertönte bei dem Aussteigen J. K. H. aus dem Wagen unter Pauken- und Trompeten-Schalle der frohlockendste Zuruf: Es lebe J. K. H. die Prinzessinn von Oranien! Bei dem Eintritte in das Königliche Schloß wurde J. K. H. von Ihren Majestäten dem Könige und die Königinn, welche mit dem ganzen Königlichen Hause vorher schon in Charlottenburg eingetroffen waren, auf das zärtlichste empfangen.

Die herablassende Gnade des Vielgeliebtesten Landes-Vaters und der Prinzessinn von Oranien K. H. flößten den obberührten jungen

Mäd-

Mädchen den Muth ein, daß Sie J. K. H. bei dem Aussteigen aus dem Wagen abermahls mit ihren Blumen-Ketten umringten, den Weg mit Blumen bestreuten und auf eine solche Art J. K. H. bis an die Zimmer des Königl. Schlosses begleiteten. Daselbst überreichte des Herrn Stallmeisters Encke fünfjährige Tochter, Wilhelmine, in Orangefarbenem Atlaß gekleidet auf einem weissen Atlassenen Kissen, wo der Nähme J. K. H. mit Golde gestickt war, eine Orangenfarbene seidene mit silbernen Cantillen besetzte und mit einem Kupferstiche gezierte Scherpe und Blumen mit folgender Anrede:

Das, was schon längst Dein eigen ist,
Weil Du der Blumen Göttinn bist,
Das nimm von meinen Händen hin:
Der Blumen Göttinn? nein! o nein!
Die Herzen sind ja alle Dein,
Und Du bist Ihre Königinn!

Eben dieser erwähnte Kupferstich stellte die Brustbildnisse Sr. Majestät des Königes und J. K. H. der Frau Prinzessinn von Oranien vor. Zur Linken derselben sah man die Minerva, welche einen Adler und einen Löwen zusammenband: zur rechten aber eine weibliche Figur, welche auf dem Altare der Freundschaft opferte.

Darauf beziehen sich die unten folgenden beiden Gedichte, welche auf der Scherpe neben den beschriebenen Figuren zu beiden Seiten abgedruckt waren.

Ihrer Königlichen Hoheit der Prinzessinn von Oranien bei Ihrer glücklichen Ankunft in Charlottenburg unterthänigst gewidmet, von Wilhelmine Enke. Charlottenburg d. 18. July 1789.

I.

Wer mag die schöne Göttinn seyn,
(So fragt' ich heute:) deren Hand
Den Adler an den Löwen band? —
„Sie ist es, hört' ich, die allein,
Was Sie nur immer will, auch kann,
Sich tausend Herzen schon gewann
Und selber, die voll Wildheit sind,
Durch Ihre Götterkraft gewinnt.
Allmächtig wirkt Sie in der Welt;
Und was nur lebt, gehorcht erfreut,

So bald ein Wink von Ihr gebeut.
Zwar trägt Sie Waffen wie der Held;
Allein mit Ihnen kämpft Sie nie:
Durch hohen Geist nur sieget Sie.
Blick auf! Ihr Auge strahlt Verstand:
Sie lehret weise seyn und thun.
Minerva ward Sie sonst genannt;
Fried'rike Wilhelmine nun."

II.

Die Göttinn oder Halbgöttinn —
Denn eins von beiden muß sie seyn —
Die Göttinn hier gießt Opfer-Wein
Auf den Altar der Freundschaft hin.
Ihn hat, Erhabne Fürstinn, Dir,
Der Stolz, die Freude Seiner Welt,
Dein großer Bruder aufgestellt.
Doch wisse, Königs-Tochter, hier
Erbauete vor Zeiten schon
Auch eine ganze Nation
Bewundrungsvoll Altäre Dir:
Sie grub Dein Bildniß darin ein
Und schrieb dazu: "Das Vaterland
Darf stolz auf Wilhelminen seyn,
Die ihm die Gottheit zugesandt."

Jtzt baut sie der Altäre mehr,
Und schreibt daran: „Der Wiederkehr
In ein beglücktes Vaterland!"

Nach dem so feierlichen Empfange war bei Sr. Majestät dem Könige zu Charlottenburg, woselbst während der Anwesenheit J. K. H. der Frau Erbstatthalterinn auch Ihre Majestät die regierende Königinn, deßgleichen die Prinzessinnen Friederike und Wilhelmine von Preussen K. H. die Zimmer auf dem Schlosse bezogen haben, große Tafel. Ihre Majestät die regierende Königinn, die Prinzen und Prinzessinnen des Königlichen Hauses, die hier anwesenden fremden Prinzen und Prinzessinnen Königliche Hoheiten und Hochfürstlichen Durchlauchten, deßgleichen Sr. Excellenz der General der Infanterie und Gouverneur hiesiger Residenzen Herr von Möllendorff waren sämmtlich dazu eingeladen.

Gegen Abend wurde in der Orangerie auf dem Königlichen Theater in Charlottenburg das italiänische Singspiel il Falegname (der Tischler) in Gegenwart des Königlichen Hofes und mehrerer Herrschaften aufgeführt.

Nach dem Singspiele großes Souper bei Sr. Majeſtät dem Könige.

———

Volks-Zulauf nach Charlottenburg. Nachtlager der Berliner. Wohlfeiles fettes Hammelfleiſch. Freude der Seifen-Sieder und Wäſcherinnen.

Sattſam hat es die Erfahrung beſtätiget, daß bei jeder Feierlichkeit der menſchliche Zulauf ungewöhnlich zahlreich iſt. Dieſer Fall traf hier ebenfalls ein. Der unangenehmen Witterung ungeachtet ſchien es als wenn ſehr viele Damen und Herren Queckſilber in den Füßen gehabt hätten. Viele mußten beſorgen, gar keinen Platz zu erhalten, deßwegen verfügten ſie ſich ſchon des Abends vorher nach Charlottenburg. Da die Wirthshäuſer durch den großen Zuſpruch zu voll wurden; ſo faßten ſich mehrere Berliner. Sie ſetzten ſich unter die Bäume, aßen, tranken, ſchlummerten, rauchten und philoſophirten auf dieſe Art die Nacht durch. Der kommende Morgen verkündigte einen regneriſchen Tag. Nichts deſto weniger ließen ſich ſehr

wenige abschrecken. Da die Sage ging, daß Ihre
K. H. die Frau Erbprinzeſſinn von Oranien
zwiſchen 9 und 10 nach Charlottenburg gehen
würde; ſo wimmelte die Heerſtraße voll Menſchen. Durch den Beſuch des Prinzen Heinrich
von Preußen K. H. aber verzog ſich die Abreiſe
bis gegen eins. Während dieſes Zwiſchen-Raums
trübte ſich der Himmel ganz und beſchenkte uns
mit einem ſtarken Donnerwetter. Vielen ſchönen
Berlinerinnen kam dieſes ſehr ungelegen. Sie
hatten ſich ſehr artig und geſchmackvoll geputzt,
damit die ſchelmiſchen Zephiretten deſto mehr in
den fliegenden Locken und in den Falten der Kleider ihre Zeitvertreibe anſtellen können. Durch den
Sturm aber und anhaltenden Regen empfahlen
ſich die lieben Zephiretten. Die ſchönen Kleiderchen der Damen wurden gleichſam eingenetzt.
Durch die naſſe Witterung entſtand Koth. Dieſer nahm ſich die Freiheit und beſetzte die weiſſen
Kleiderchen. Zugleich bewies er, daß er in den
Friſuren eben ſo erfinderiſch wie manche Putz-
händlerinn iſt. Ordentliche Blümchen und andere
Koth-Figuren bemerkte man an den Rondo's,
Leib-Kleiderchen u. ſ. w. Das Hammelfleiſch

ist sehr fett und wird recht wohlfeil werden, riefen mehrere aus! — Wie so? — Dürfen nur die Damen-Kleider ansehen! — Wieder etwas gelernt! — Das wußten Sie also nicht? — Nein. Woher rührt diese Redens-Art? — Von den Hämmeln! Sie werden sich doch erinnern, daß, wenn der Hammel in der Näſſe geht, so verliert er seinen Glanz, beschmiert sich, allerlei Koth-Bällchen hangen ihm an. Eigentlich ist dies ein sächsischer ironischer Ausdruck. Jetzt aber sucht er sich auch in dem Preussischen zu verbreiten.

Während dessen manches Frauenzimmer ihren schönen Putz bedauerte, freuten sich die Seifen-Sieder und Putz-Wäscherinnen destomehr. Schön, recht schön, daß es so regnete, sagten mehrere, jetzt können wir auch etwas dabei verdienen, sonst wär gar nichts an uns gekommen. Lasset sie nur schimpfen die Leute. Wir müſſen auch leben! O der liebe Himmel meint es mit uns recht gut! — Der Himmel schien diesesmahl die Wünsche aller Seifensieder und Putz- und anderer Wäscherinnen ganz zu erfüllen; denn nicht nur hatte es des Morgens sehr stark geregnet, sondern der Himmel blieb auch überzogen, war zwar so galant während des Empfanges in Charlottenburg nur bisweilen ein bischen zu tröpfeln, gegen fünf aber bequemte es sich gänzlich zum regnen. Die Witterung ließ sich dergestalt an, daß man glauben sollte, eine zweite Sündfluth wollte in der kommenden Nacht Berlin und Charlottenburg mitnehmen.

Durch den neuen Sturm und Regen erhielten Charlottenburgs Bewohner natürlich größern Nutzen, ihre Aernte wurde ergibiger und — doch in den folgenden Stücken mehr davon.

Ausgemacht bleibt es indessen ganz zuverläßig; daß das kleine Charlottenburg bei dem Empfange nach Verhältniß mehr that als am zweiten Julius das große Berlin. Eine Entschuldigung läßt sich zwar deßwegen annehmen. Wir waren nicht vorbereitet, erwiederten die Berliner, die Zeit war zu kurz, die Charlottenburger haben es eher gewußt! — Die Entschuldigung mag hingehen. Ganz aber reicht sie doch nicht zu.

Sonntags den 19ten Julius. Vormittags geruhte Ihre K. H. die Frau Prinzeßinn von Oranien nebst den Durchl. Kindern und dem

Königl. Ferdinandschen Hofe dem Gottesdienste in der Neustädtschen Französischen Kirche beizuwohnen und die Predigt des Herrn Prediger Molliere anzuhören.

Mittags große Tafel bei Sr. Majestät dem Könige. Außer dem ganzen Königl. Hause und den anwesenden hohen fremden Herrschaften, waren noch verschiedene Generale und Minister zugegen.

Abends große Cour, dann Souper.

Montags, den 20ten Julius. Große Mittagstafel bei Sr. Majestät dem Könige. Gegen Abend die italienische Oper: Der Tischler wiederholt. Darauf speiste wieder der ganze Hof bei Sr. Majestät dem Könige.

Dienstags, den 21ten. Mittags bei Sr. Königl. Majestät große Tafel.

Gegen Abend großes Concert, dann Souper.

Auf heute war zu Charlottenburg das große Feuerwerk bestimmt. Da es aber seit Sonnabend bis den Dienstag früh beinahe anhaltend regnete; so wurde es von Sr. Majestät dem Könige bis auf den 27ten festgesetzt.

Mittwoche, den 22ten. Mittags großes Diner bei Sr. Majestät dem Könige.

Abends. Emilie Galotti, von den Schauspielern des Königl. National-Theaters in Gegenwart des ganzen Hofes und vieler hoh'n Fremden vorgestellt. Hernach wieder große Tafel bei Sr. Königl. Majestät.

Donnerstags, den 23ten. Großes Dejeuner bei Sr. Majestät dem Könige.

Mittags bei Allerhöchstdemselben große Tafel. Nach derselben erhoben sich Se. Majestät der König, Ihre Majestät die regierende Königinn, die Frau Erbstatthalterinn von Oranien mit Ihren Durchl. Kindern, der Prinz Heinrich von Preußen K. H., sämmtliche Königl. Prinzen und Prinzessinnen, wie auch der Prinz Carl von Hessen-Cassel Hochfürstl. Durchl. von Charlottenburg nach der Fasanerie im Thiergarten. Daselbst wurden die Höchsten Herrschaften von der regierenden Königinn Majestät mit einer Collation bewirthet. Nach dieser begab man sich sämmtlich wieder nach Charlottenburg zum Souper.

Freitags, den 24ten. Großes Diner bei des Königs Majestät.

Nachmittags aber bei der verwittweten Königinn Majestät zu Schönhausen große Cour.

Abends ebendaselbst großes Souper. Bei diesem befanden sich Se. Majestät der König, Ihre Majestät die regierende Königinn, Ihre K. H. die Prinzessinn von Oranien nebst den Durchl. Kindern, Se. K. H. der Prinz Heinrich, sämmtliche Prinzen und Prinzessinnen des Königl. Hauses; auch die hier anwesenden Prinzen von Cassel und Anhalt-Schaumburg Hochfürstl. Durchl. nebst der ganzen Noblesse, sowohl Einheimischen als Fremden. Vor der Tafel war Ball; gegen Abend der ganze Garten mit vielen tausend Lampen auf das geschmackvollste erleuchtet. Dem Schlosse gegen über, zu Anfange der Buchholzschen Allee sah man einen prachtvollen Tempel der Freundschaft und Staatsklugheit gewidmet, nach corinthischer Ordnung errichtet. Sechs Pilastres trugen das Haupt-Gebälk. Zwischen diesen ging man durch drei große Portale, welche mit Festons von natürlichen Blumen behangen waren.

Ueber dem mittlern Portale war oberhalb der Atticka in einer Trophäe der ausgeschriebene Nahme Ihrer K. H. der Prinzeſſinn von Oranien, Friederike Wilhelmine, Sophie in transparentem Feuer zu leſen. Auf beiden Seiten über den kleinen Portalen brannten transparent das Preuſſiſche und Holländſche Wappen mit den Unterſchriften Vivat! Zwiſchen den mittlern Pilaſtern waren die Freundſchaft und Staatsklugheit transparent gemahlt in Niſchen aufgeſtellt. Ueber dem erſtern ſtellten ſich in einer Füllung die Worte: Du feſſelſt die Herzen durch mich! und über der zweiten: Durch mich regierſt Du ſo glücklich! transparent dar. Auch waren über den kleinen Portalen in einer Füllung zwei transparent gemahlte Basreliefs als Allegorien, der Freundſchaft und Staats-Klugheit angebracht. Durch das mittlere Portal ſah man bis zur Hälfte der Buchholzſchen Allee ein ſtark erleuchtetes Perſpectiv. Am Ende derſelben befand ſich ein transparenter Altar mit der Inſchrift: à l'amitié. Auf dieſem brannte ein Opfer-Feuer in verſchiedenen Farben ganz vortrefflich. Zu beiden Seiten dieſer Allee zeigten ſich in den Neben-Gängen erleuchtete Gruppen. Der ganze übrige Theil des Schloßgartens, wie auch die Allee von Pankow nach Schönhausen waren stark mit farbichen Lampen erleuchtet und die Fenster des Schlosses durchgehends mit vielen Wachs-Lichtern erhellt. Auf diese Art entstand ein solches vortreffliches Ganze, welches jedem Zuschauer das schönste Augenspiel gewährte. Die ganze Allee bis nach Schönholz, wo der Weg nach Charlottenburg führt, war ebenfalls mit illuminirten Bogen auf das stärkste erleuchtet: Ihr Ende schloß sich mit einem brennenden großen Sterne. In der Mitte dieser Allee standen zwei zierliche Triumphbogen. Ihre Seiten waren mit Tanger ausgeschmückt. Ueber dem erstern Bogen brannten viele transparent gemahlte Piramiden. Zwischen diesen zeigten sich der Nahmens-Zug Sr. Königl. Majestät und auf beiden Seiten die Nahmens-Züge Ihrer Majestät der regierenden Königinn und Ihrer K. H. der Prinzeßinn von Oranien in transparenten gemahlten Rosen. Die Portale waren mit Festons von natürlichen Blumen behangen. Bei diesem Triumph-Bogen ließen sich bei der Ankunft der höchsten Königl. Herrschafften Pauken und

Trompeten, so wie im Schloß-Garten Hautboisten, hören. Durch diese Triumph-Bogen nahmen Se. Majestät der König, die regierende Königinn Majestät, die Prinzessinn von Oranien K. H. mit Ihren Prinzen und Prinzessinn und des Prinzen Heinrich K. H. Ihren Rückweg nach Charlottenburg zurück.

Wegen der guten Ordnung unter den Zuschauern, welche heute bei der Illumination in Schönhausen geherrscht hatte, geruhte Ihre Majestät die verwittwete Königinn den wachthabenden Offizier, Lieutenant Braunschen Regiments, Herren von Gontard, welcher mit 2 Unter-Offizieren und 20 Gemeinen die Wache daselbst hatte, als ein Zeichen der allerhöchsten Zufriedenheit mit einer prächtigen goldenen Uhr nebst einer Kette zu beschenken.

―――――

Auch nach dieser so prächtigen und geschmackvollen Illumination wallfahrten viele Berliner gleichsam Scharenweise und suchten an allem wahren Antheil zu nehmen. Schade aber war es, das sich der Himmel sehr getrübt und zu regnen angefangen hatte. Viele wurden dadurch abgeschreckt, besorgten zu vieles Hammelfleisch zu bekommen und unter der Last gar zu erliegen. Daher packten sie bald wieder ein und gingen wieder da hin, wo sie hergekommen waren.

Sonnabends, den 25ten, Mittags bei Sr. Majestät dem Könige große Tafel.

Gegen Abend wurde auf dem Charlottenburger Theater der Doctor und Apotheker in Gegenwart des Hofes und mehrerer hohen Herrschaften aufgeführt. Der Herr von Dittersdorf, der Schöpfer dieses Singspieles, dirigirte sie selbst. Nach dem Singspiele wieder großes Souper bei Sr. Königl. Majestät.

Sonntags, den 26ten. Auf Allerhöchsten Befehl in der Königl. Schloß-Capelle zu Charlottenburg französischer Gottes-Dienst. Se. Majestät der König, Ihre Majestäten die regierende und verwittweten Königinn die Königl. Prinzen und Prinzessinnen, wie auch die Frau Erbstatthalterinn K. H. nebst den Durchlauchtigsten Kindern wohnten demselben bei. Der Prediger und Ober-Consistorial-Rath, Hr. Ermann, aber genoß die Gnade eine erbauliche Predigt zu halten.

Mittags große Tafel bei Sr. Königl. Majestät.

Abends große Cour und alsdann Souper.

Montags, den 27ten. Morgens gab Se. K. H. der Prinz Heinrich von Preußen auf seinem Palais in Berlin ein großes Dejeuner. Bei diesem befand sich Se. Majestät der König, die Frau Erbstatthalterinn K. H. und das ganze Königl. Haus.

Mittags bei des Königes Majestät große Tafel, dann Concert.

Abends großes Souper, Feuerwerk und Ball.

Einige Zeit vor dem Anfange des Feuerwerkes waren in dem Angelhause, welches an der Spree im Königl. Lustgarten neu erbaut wurde, Se. Majestät der König, Ihre Majestät die regierende Königinn, die Prinnzeßinn von Oranien K. H. welcher zu Ehren das Feuerwerk angestellt wurde, der ganze Königl. Hof, dann sowohl fremde als hiesige hohe Herrschaften versammelt: der übrige Adel hingegen, nebst einer großen Anzahl anderer Personen von Stande hatten auf den stufenförmigen erbauten Logen Platz genommen. Die Königl. Capelle führte die berühmte Waßer-Music oder Waßer-Fest auf, welches Händel im Jahre 1714

1714 bei einer ähnlichen Veranlassung componirte und sich dadurch die verscherzte Gnade Georg's von Hannover, welcher damahls König von Engelland geworden war, wieder erwerben wollte. Um die wahre Wirkung dieser im Freien aufgeführten Music gehörig zu verstärken, war das Königl. Orchester durch eine beträchtliche Anzahl geübter Tonkünstler sehr vermehrt und auf einer zu dem Ende gleich hinter dem Angelhause errichteten Tribune angebracht. Mit dem letzten Bogenstriche der Music ward von dem Angelhause, vermittelst eines brennenden Zünd-Lichtes ein Zeichen gegeben. Zwölf sechspfündige Canonen wurden mit Intervallen von fünf Secunden abgefeuert. Bei dem letzten Canonen-Schusse stieg eine Menge verschiedenen Lust-Feuerwerkes und Racketten in die Höhe. Während der Wirkung desselben fiel auf einmahl der Vorhang, welches bis jetzt die durchscheinend erleuchtete Haupt-Decoration des Feuer-Werkes verborgen gehalten hatte. Die Haupt-Figur des Land-Feuerwerkes stellte den auf freistehenden Säulen ruhenden Tempel der Freundschaft vor. Ueber dem Tempel schwebte mit ausgebreiteten Flügeln der Preußische Adler in einem sonnenhellen Glanze. Durch diesen war vermittelst einer im Gewölbe des Tempels befindlichen Oeffnung das Innere desselben von obenherab erleuchtet. In der Mitte des Tempels sah man zwei Genii, welche mit der einen Hand eine Opferschaale ausgegossen, mit der andern aber sich umfaßten. In den Zwischen-Räumen der Säulen las man auf einem Medaillon zur rechten die Inschrift: Liebe. Zur linken: Treue. Von dem Tempel aus ging sowohl zur rechten als zur linken in Form eines einwärts gekrümmten Halb-Zirkels, ein bedeckter Bogengang, oben mit Statuen und vorn an den Oeffnungen der Bogen mit Blumen-Gehängen gezieret. Dieser Bogengang endigte sich sowohl auf dem äußersten rechten, als auf dem äußersten linken Flügel in eine große Nische, auf welcher ein Obelisk (Pyramide) ruhte. Dessen Spitze war durch eine Königs-Tanne und durch herabhängende Festons ausgeschmückt. In der Nische auf dem rechten Flügel stand die Bild-Säule der Göttinn des Friedens (Irene). In der einen Hand hielte sie eine Fackel, womit sie eine Waffen-Rüstung verbrannte; in der andern Hand aber ein Horn voll Früchte und Aehren nebst einem großen Oel-Zweige mit der Unterschrift: So sind beide Staaten gesegnet! In der Nische auf dem linken Flügel stand die Göttinn der Beständigkeit. Sie stützte sich mit dem einem Arme auf eine durchschnittene Säule, indessen die andere auf zwei Schilden ruhte. Auf dem einen derselben war der Preußische Adler und auf dem andern der Löwe der vereinigten Niederlande, mit den sieben Pfeilen in den Klauen zu sehen, die Ueberschrift lautete: Ewig bleiben beide vereint. Zu beiden Seiten dieser Decoration brannten nicht nur viele tausend Lampen, wodurch die Haupt-Figur den allervortrefflichsten Glanz erhielte, sondern auch die so mannichfaltigen Abwechselungen des Kunst-Feuers, als große Räder, Sterne, Rosen, Pyramiden, Sonnen, Streit-Feuer, Globi. Während dieser tausendfältigen Veränderungen sah man noch mehrere Tourbillons, Girandeln, Bienen-Schwärme und andere Luft-Cörper wetteifern. Viele tausend Raketten füllten die höhern Luft-Lücken aus und die unbedeutendsten Feuer-Cörperchen verwandelten sich auf einmahl, sobald sie eine gewisse Höhe erreichten, in den allerglänzendsten Feuer-Regen.

Zwölf Canonen-Schüsse, den vorigen gleich, kündigten endlich das Ende des bisherigen und den Anfang des Wasser-Feuerwerkes an. Nach dem zwölften Canonen-Schusse sah man Blitzschnell Wasser-Kugeln, Wasser-Raketten, Irrwische, Sterne; dann eine Figur im blauen Feuer, welche die Göttinn Thetys (die Göttinn des Meeres) vorstellte. Sie war von Tritonen und Najaden (Unter-Meer-Göttern und Göttinnen) umgeben und fuhr von dem Ufer der Spree ab, bei dem Angel-Hause vorbei, nach dem Hafen zu, welcher durch einen in Licht-Feuer vorgestellten Leucht-Thurn angedeutet ward. Hierauf folgten Horizontal-Räder, Wasser-Kugeln, Wasser-Raketten, Capricen und eine Cascade. Ein Feuer-Wagen, welcher in Gestalt eines Wasser-Falls ausströmte. Zuletzt erschien auf dem Wasser der Nahmens-Zug Ihrer K. H. der Frau Erb-statthalterinn schwimmend in dem brillantesten Feuer; während dieses wechselten beständig Wasser-Kugeln, Wasser-Raketten, Irrlichter, Bomben-röhren, Fontainen, Bienen-Schwärme u. s. w. ab. Zwölf geschwinde Canonen-Schüsse beschlossen das so prächtige Feuer-Fest.

Der Königliche Schloß-Garten war mit vielen tausend Lampen erleuchtet. Auch verdient die nicht weit von dem Schloß-Garten gelegene Ofen-Fabrike angezeigt zu werden. Diese war an allen Fenstern gegen den Schloß-Platz mit transparenten Lichtern sehr geschmackvoll erleuchtet.

Vortreffliche Anstalten zur Erhaltung der Ordnung. Königliche Zufriedenheit.

Einige Tage vor Abbrennung des großen Feuerwerkes machte unser so würdige Herr Gouverneur von Möllendorf auf Sr. Königl. Majestät Allerhöchsten Befehl zu jedermanns Wissenschaft vorzüglich bekannt: daß zu dem auf den 27ten Julius, Abends zwischen 9 und 10 Uhr, zu Charlottenburg anberaumten großen Feuerwerke außer dem gedachten Tage am Hofe erscheinende Personen und sämmtliche Herren Offiziere niemand in den Königl. Schloß-Garten daselbst zugelassen werden könnte, als diejenigen, welche hierzu mit Billetten versehen worden oder von den wachthabenden Haupt-Leuten und Officieren Erlaubniß erhalten hätten. Da diese Erlaubniß aber wegen des eingeschränkten Raumes sich nicht auf alle Stände erstrecken könne; so würde jedermann gewarnet, sich des vergeblichen Zudringens zu enthalten. Der Eingang in den Königl. Lust-Garten würde gedachten Tages von 5 Uhr Nachmittags an, lediglich und allein an dem Thore neben der Spree-Brücke verstattet werden. Sämmtliche solchergestalt eingelassene Zuschauer würden ersucht, sich nicht an dem Eintritte, vorzüglich aber nicht um die Gerüste und das Angelhaus zu verweilen, noch den Zugang zu sperren, vielmehr sich in den zu diesem Behufe nur allein bestimmten Alleen längs dem Wasser zu verbreiten, indem das Feuerwerk von da aus überall frei übersehen werden könnte. Vorzüglich und besonders aber würde jedermann sehr ernstlich ermahnt und gewarnt, sich aller Vernichtung und Beschädigung der Bäume und Pflanzungen in dem Königl. Schloß-Garten zu enthalten, oder die zu des Publici eigener Sicherheit längs dem Wasser gezogenen Netze und sonstigen Jagd-Zeuge zu übersteigen oder zu vernichten, widrigenfalls aber sich die unausbleiblichen, gewiß unangenehmen Folgen davon selbst zuzuschreiben. Sämmtliche Wagen, welche zum Behufe derer

Perſonen dienen, welche auf vorbeſchriebene Art zum Schloß-Garten eingehen dürfen, würden hierdurch befehligt, in Charlottenburg die große Berliner-Straße hinauf, dem Wegelinſchen Hauſe gegen über, zum Ausſteigen vorzufahren und demnächſt auf dem großen Platze mit der Fronte nach dem Berliner Wege zum nachherigen Einſteigen ſo anzufahren, wie es Ihnen von den Wachen und beſtellten Aufſehern angedeutet werden würde. Doch müßte der Weg nach dem Schloß-Hofe für die zur Cour fahrenden Equipagen in einer großen Breite frei bleiben. Bei dieſer Gelegenheit und zur Vermeidung aller Unordnungen, wird jedermänniglich das alte Polizei-Geſetz zur genauen Befolgung in Erinnerung gebracht, welchem zufolge alle ſich begegnende Wagen ohne Ausnahme einander rechts ausweichen müßten. Da auch das Feuerwerk jenſeits der Spree, längs dem Falle hinter der Fabrike und dem Eis-Keller, ſehr gut überſehen werden kann; ſo würde den Zuſchauern zwar erlaubt, ſich dort zu verſammeln, jedoch jedermänniglich gewarnet, die Pflanzungen um den Eis-Keller nicht zu beſchädigen, ſich auch nicht über den Weg, der nach dem Moabiterlande führt, zu begeben, damit nicht irgend jemand durch Abbrennung des Feuerwerkes zu Schaden käme. Aus eben dem Grunde würde auch gedachten Tages der Weg vom Moabiterlande nach Spandow, an der Mittelwegs- und kleinen Brücke gesperrt bleiben; desgleichen von der Spandauer-Seite der Damm am Naſſenpfeffer-Bruche. Da aber gleichwohl der größte Theil des Feuerwerkes vom Moabiterlande und den an der Mittelwegs- und kleinen Brücke anstoßenden Land-Straßen sehr gut übersehen werden könnte; so wäre es den Zuschauern erlaubt, sich von Berlin aus dorthin zu begeben. Auch machte man dem Publico bekannt, daß am gedachten Tage kein Fuhrwerk die Spree-Brücke zu Charlottenburg paſſiren könnte und daß der Strom daselbst für alle Fahrzeuge dergestalt geschloſſen bliebe, daß alle von Berlin kommende Schiffe diſſeits der Brücke zu Charlottenburg, alle von Spandow kommende aber jenseits der von der Artillerie geschlagen werdenden Brücke liegen bleiben müßten; wobei den Schiffern der von Spandau kommenden Fahrzeuge ernſtlich angedeutet würde, bei Verhaftirung ihrer Perſonen und Gefäße nicht an dem Königl. Schloß-Garten noch den dazu gehörigen Inseln zu landen und Zuschauer auszusetzen, vielmehr auf dem Strome oder an dem entgegengesetzten Ufer liegen zu bleiben.

An dem Abend wo man das Königl. Feuerwerk wirklich abbrannte, hielt zur Verhütung alles Unglücks, welches bei den vielen an und auf der Spree erbauten Gerüsten für die Zuschauer möglich gewesen wäre, eine beträchtliche Anzahl Kähne an beiden Ufern: auch ward auf Sr. Königl. Majestät Befehl, an den Gerüsten von Zeit zu Zeit nach gesehen ob nicht irgendwo Gefahr zu befürchten sey. Eben so menschenfreundlich war dafür gesorgt, daß von den vielen tausenden in Charlottenburg anwesenden Personen aus Berlin, bei dem Zurückkehren niemand beschädiget werden möchte. Zu dem Ende waren die für Ihre K. H. die Frau Erbstatthalterinn von Oranien erbauten Ehren-Pforten, desgleichen der größte Theil des Weges von Charlottenburg nach Berlin, besonders aber die auf demselben befindlichen Brücken erleuchtet. An allen Brücken vorzüglich hielten Husaren von dem hier in Garnison liegenden Ebenschen Regimente, welche für die beste Ordnung sorgten. Wer überhaupt nur einige allgemeine Blicke auf das große Feuerwerks-Fest werfen kann, wird gestehen müssen, daß durch des Generals der Infanterie und Gouverneurs der hiesigen Residenzen, Herrn von Möllendorf Excellenz, welcher nicht nur diese Husaren, sondern auch eine Anzahl Infanteristen von verschiedenen Regimentern zur Beförderung der Ordnung nach Charlottenburg beordert hatte, solche Anstalten getroffen, daß ungeachtet der unzähligen Menge von Zuschauer doch kein sehr großer Schade vorgefallen ist.

Se. Majestät der König haben nicht nur über die gute Ausführung des Feuerwerks die Allergnädigste Zufriedenheit zu äußern, sondern auch zur Bezeigung des Allerhöchsten Wohlgefallens den Artillerie Capitainen, Herren Schramm und Schulze, welche die Direction des Feuerwerkes gehabt hatten, jedem eine mit Brillanten besetzte goldene Dose, den Feuerwerkern und Bombardierern aber, welche es verfertigten und abbranten, eine ansehnliche Summe auszahlen zu lassen geruht.

(Die Fortsetzung folgt.)

(1011)

Einige Character-Züge und schlechte Streiche des Raphael Jockusiels, Ober-Land-Rabbiners in Hamburg, Altona und Wandsbeck.

Meine Ausforderung wirkte, doch noch zu einseitig. Der aufgeklärte Theil der jüdischen Colonie trat mir ganz bei, die Orthodoxen aber und andere dummen Polacken beschenkten mich, Tlantlaquatlapatli, abermahl mit einer sehr großen glänzenden Tafel voll Flüche und Schimpf-Wörter und versicherten, daß dem Rabbiner zu viel geschehen sey.

So ein großer Freund ich der delicaten Leckerbissen bin; so sehr muß ich doch diejenigen verbitten, welche mir den Magen ganz unverdaulich machen könnten. Dafür aber will ich denjenigen, welche den Rabbiner Jockfel noch für ihren Abgott halten, einige andere Schüsseln auftischen. Nehmen sie von den Speisen, behagen sie Ihnen wohl, so bekomme den Kerlen der Appetit.

Die Leser werden sich in dem 62sten Stücke S. 962 noch an die Note erinnern, in welcher ich des Juden Jacob Simon Neustädels erwähnte.

Ich versprach gelegenheitlich davon ein mehreres. Da jetzt schon diese Gelegenheit da ist, so will ich sie auch nicht vorbei lassen. Die Geschichte verhält sich folgendergestalt.

Raphael Jockusiel hatte einen erwachsenen Sohn. Dieser zeigte weder zu einem Gelehrten, noch sonst zu einem nützlichen Mitgliede der Welt die geringste Anlage. Der Vater bestimmte daher seinen Liebling zur Handlung. Anfänglich schien es, als ob der Bursche einen wirklichen Trieb äußerte. Jockfel trat deswegen mit einem jüdischen Kaufmanne Jacob Simon Neustädel in Hamburg in Unterhandlungen, empfahl ihn bestens mit der kräftigsten Betheurung, daß er für seinen Sohn hafte. Neustädel dachte an das Sprichwort: Ein Wort, ein Mann! und vertraute Jockfels Sohn nach und nach so viele Waaren, welche sich in die tausende beliefen, an.

Als einige Zeit darauf Jockfels Sohn seinem Prinzipale sagte, daß er verschiedene und zwar sehr viele Waaren, welche laut des Verzeichnisses über 40000 Mark betrugen, zu seinem Behufe nöthig brauche; so fiel dieses doch Neustädel ein bischen auf. Der Sicherheit wegen verfügte er sich mit dem Sohne zu dem Vater, stellte die Sache vor und begehrte (welches denn ganz billig war) die gehörige Bürgschaft. Jockfel kam darüber in Harnisch, fand das mißtrauische Betragen sehr unrecht und schwur bei einem in der Stube befindlichen 10 Gebote: *) daß er für alles das, was sein Sohn schuldig wäre und würde, stünde. Der brave Neustädel trug jetzt nicht mehr das geringste Bedenken und gab dem jungen Jockfel die begehrten Waaren, welche sich zwischen 40 bis 50000 Mark beliefen, auf die mündliche Versicherung des alten Jockfels.

Einige Zeit nach diesem Handel wurde der junge Jockfel auf einmahl unsichtbar. Niemand wußte seinen Aufenthalt und niemand wollte ihn auch vielleicht wissen. Neustädel ging daher zum Rabbiner und forderte sein Geld. Mit größter Verwunderung fragte Jockfel: ob er von Sinnen gekommen wäre, oder einen Trunk über den Durst gethan hätte? Neustädel er-

---

*) Ein solches zehen Gebot findet man an der Thüre angenagelt. Dieses müssen die Juden, wo sie wohnen, haben.

ſtaunte, wollte antworten, der Rabbiner ließ ihn aber nicht zum Worte kommen, ſondern ſchimpfte, verfluchte ihn und drohete, er ſollte ſich augenblicklich entfernen oder er wollte ihn ebenfalls wie einen gewiſſen Sandel Poſen *) in den Bann legen.

Erſchrocken ging Neuſtädel fort, erkundigte ſich unter der Hand bei den Leuten, welche mit dem jungen Jockſel in Verbindung ſtanden und vernahm leider die gewiſſe Nachricht: der Burſche wäre — entwichen! Nach langer Erkundigung erhielte man endlich die Nachricht, daß der ſpitzbübiſche Bärenheiter in das Däniſche gegangen wäre. Neuſtädel ſuchte ihn auf und erwiſchte ihn wirklich in einer kleinen Däniſchen Stadt. (Segeburg im Hollſteiniſchen, gewöhnlich nennt man ſie Seeburg.) Sogleich ließ er ihn in Verhaft nehmen und ſchrieb dem Vater ſeine genommene Maßregeln. Auch meldete er ihm, daß ſein Sohn behaupte, er hätte an ſeinem unglücklichen

---

*) Bekanntlich kam dieſer deßwegen in den Bann, weil er den Bart kleiner machen und die oberſten ſogenannten Backen-Haare mit einem Scheermeſſer abnehmen ließe.

Schicksale sehr vielen Antheil. Ohne Verzug kam der Rabbiner in Begleitung seines Licentiaten selbst nach Segeburg und brachte es, wahrscheinlich durch Bestechungen, dahin: daß sein vielgeliebtes Söhnchen und zwar mit dem Vorwande loskam: Der Kläger müßte sich an die pohlnische Regierung wenden. Neustädel schrie laut um Gerechtigkeit. Allein es half alles nichts. Frei war einmahl der junge Jocksel wie der Vogel in dem Walde. Einige Monathe darauf bekam Neustädel von der pohlnischen Regierung den Bescheid, daß er den jüdischen Burschen in allen pohlnischen Oertern festsetzen lassen könnte. Allein es war zu spät. Bald nachher zog er Nachricht ein, daß sich der junge Jocksel in Pinsk (seine Vaterstadt liegt im Litthauschen) befände. Neustädel reisete ohne Verzug dahin, traf aber nicht einmahl einen Schatten, welcher dem jungen Jocksel ähnlich sah.

Leicht kann sich jeder vorstellen, daß der gute Neustädel durch diesen schändlichen Betrug in die unglücklichste Lage und in den allergrößten Schaden ganz ohne Verschulden gebracht wurde. Niemand war daran Schuld als der Rabbiner Jocksel. Er schnitzte die Pfeile. Sein liederlicher Bursche verschoß sie. Ist diese scheußliche That eines Ober-Land-Rabbiners würdig? und — doch das nächstemahl noch etwas.

Entschuldigung.

Gewisse Ursachen waren es, daß ich in dem vorigen letzten Stücke Seite 968 eine vorläufige Anzeige bekannt machte und eine Beschreibung der vortrefflichen Quadrillen zu liefern versprach. Da aber schon den Tag darauf, als die letzten Bogen ausgegeben wurden, diese Ursachen von selbst in ihr Nichts übergingen, so melde ich dem verehrungswürdigen Publico, daß alles nach chronologischer Ordnung folgen soll. Um daher die Feierlichkeiten nicht zu lange nachzuliefern, gab man statt der gewöhnlichen zwei diesesmahl drei Bogen. Dadurch ist man in den Stand gesetzt, die Beschreibung der großen Redoute künftige Woche zu liefern.

Tlantlaquatlapatli.

Chronic von Berlin,

oder

Berlinsche Merkwürdigkeiten.
Volksblatt.

Sechs, sieben und acht und sechzigstes Stück.

Berlin, den 22. August. 1789.

Vivat!

Das Opfer Vulcans oder das große Feuerwerk, welches bei der Anwesenheit Ihrer K. H. der Frau Erbstatthalterinn und Prinzessinn von Oranien bei Charlottenburg abgebrannt werden soll.

Frohlocket laut, Vulcan kömmt in der Nacht,
Oraniens Prinzessinn zu begrüßen,
Und sucht vor Ihr die Schätze seiner Macht,
Ihr zum Vergnügen aufzuschließen.

Uuu

Raketten-Feu'r entzieht der Sterne Heer
Das schöne Licht, womit sie glänzen,
Das Feuer strömt in tausen Farben her
Und scheint die Wolken zu umkränzen.

Den Blitzen gleich, durchkreutzt sich's voller
                    Pracht,
Wetteifert drum der Fürstinn zu gefallen,
Daß vom Getöse in der stillen Nacht,
Die Erde bebt, die Lüfte wiederhallen.

Das Wasser kocht von ungewohnter Gluth,
Die wild in seinen Wellen wühlet;
Es flieht erstaunt der Fische Heer der Wuth,
Mit der das Feu'r in ihrer Wohnung spielet.

Der Sonne gleich strahlt dort das Feuer her,
Das hier in Pyramiden steiget,
Indeß sich diamantner Sterne Heer
Aus hoher Luft herab zur Erde neiget.

Luft, Feuer, Erde, alles ist bemüht,
Die beste Fürstinn zu vergnügen.
Ein jegliches der Elemente flieht
In diesem Stücke obzuliegen.

Auch unsre Herzen jauchzen: Vivat hoch!
Oraniens Prinzeſſinn lebe!
Daß Sie viel künft'ge frohe Jahre noch
Das Glück, das Sie verdient, umſchwebe.

Dem Einzuge zu Charlottenburg geweihet.

Dieſes Gedicht wurde ebenfalls von Jungen, Mädchen und Weibern acht Tage vor Abbrennung des Feuerwerkes in einem Band-Formate von allerlei, beſonders Orange Farben, für 6 Pfennige verkauft. Die Mädchen riefen die Vorübergehenden an: Kaufen Sie doch das große prächtige Feuerwerk! — Auch dieſes Gedicht iſt nicht ganz ſchlecht und ſcheint aus ebenderſelben Feder, welche den Geſang der Freude (Siehe Seite 969) aufgeſetzt hatte, gefloſſen zu ſeyn.

Tlantlaquatlapatli's Zeitung.

Feierlichkeiten bei dem Aufenthalte Ihrer Königl. Hoheit der Frau Erbstatthalterinn, Prinzessinn von Oranien.

(Sechste Fortsetzung.)

Ordnung der Husaren. Feuerwerks-Jubel. Aernte der Charlottenburger. Freude der Bierschenker und Gast-Wirthe.

Ganz gewiß wird der 27te Julius, der Tag, an welchem das große Königliche Feuer abgebrannt wurde, den Charlottenburgern noch lange in dem Andenken bleiben. Obgleich von dem Augenblicke an, da man die Anstalten zu dem Empfange Ihrer K. H. der Frau Prinzessinn von Oranien traf, Charlottenburg von Menschen gleichsam wimmelte; so übertraf doch der 27te Julius alles. An einem solchen Tage pflegen gemeiniglich die Lebens-Mittel nicht nur sehr theuer, sondern oft auch sehr rar zu werden. Dem letzten Puncte kamen die guten Berliner ziemlich zuvor. Ihre Speculationen konnten deswegen nicht leicht fehlschlagen, weil der menschliche Zulauf ungewöhnlich groß war. Da her sorgten mehrere Berliner für Branntwein, vorzüglich Bier. Viele Tonnen ließen sie in den Thier-Garten an dem Wege nach Charlottenburg fahren, schlugen ihre Lager auf, verzapften und nahmen doch nicht mehr als für das Glas einen Groschen. Freilich war das Bier etwas dünn, doch zu trinken. Wegen der drückenden Hitze fühlte ohnehin jeder großen Durst; gern bezahlte man den Groschen, um sich nur wieder laben zu können.

Ein anderer Theil hatte sich bemüht, auch mehrere Gattungen Eßwaaren zur Schau aufzustellen um den Appetit rege zu machen. Zu dem Ende sah man nicht nur sehr viele Gattungen von Obste, sondern auch von Kuchen- und Backwerke, Fleische und Würsten.

Ein dritter Theil errichtete eine Art von Caffe-Hause und schenkte in dem Grünen die Tasse Caffe für 6 Pfennige, ans. u. s. w. Der so schwülen Witterung ungeachtet wagten es doch die meisten Berliner, dem Feuerwerke beizuwohnen. Der ganze Weg von Berlin bis nach Charlottenburg und an das Königl. Schloß gliche einer Wallfahrt. Viele Berliner Schönen wetteiferten in ihrem

Uuu 3

Putze. Die Orange Farbe war die herrschende. Selbst schon betagte Herren erschienen in Orangefarbenen Kleidern.

Man verkaufte Pfeiffen mit Orangen Deckel! Der Spreestrohm wimmelte mit Schiffen und Kähnen, auf welchen sich zum Theile Music hören ließ. Die Schiffer hatten Orangefarbene Flaggen aufgesteckt und ihre Hüthe mit gleicher Farbe besetzt.

Die sehr warme Witterung verkündigte ein Gewitter. Sie trübte sich und jeder vermuthete ein Gewitter. Endlich entstand ein kleiner Wind. Gegen sechs wurde er stärker. Da er wahrscheinlich bemerkt hatte, daß die Zuschauer über die Veränderung des Wetters sehr große Unruhe äußerten, so bewiese er so viele Lebensart, verscheuchte das mit Regen und Hagel schwangervolle Gewölke und stellte dadurch die allgemeine Ruhe wieder etwas her. Bisweilen fing es zu tröpfeln an, indessen dauerte es doch nicht fort. Das Feuerwerk begann und wurde etwas schnell abgebrannt. Darüber murrten mehrere. Allein sie dachten wohl daran nicht, daß Feuer und Wasser nicht mit einander hausen können, denn die Atmosphäre hatte sich abermahls getrübt, ein durchdringender Regen gedroht. Viele tausend Menschen waren als Zuschauer gegenwärtig; viele tausend Lampen brannten, alle Anstalten waren getroffen. Folglich blieb kein anderes Mittel als Schnelligkeit übrig. Während der Abbrennung des Feuerwerkes tröpfelte es zwar, doch hielt es nicht an. Der Himmel klärte sich nachher etwas auf. Dadurch wurde der Feuerwerks-Jubel größer. Das kleine Charlottenburg konnte natürlicherweise die vielen Menschen nicht fassen: der Platz war zu klein. Die Lebensmittel gingen sogar bei verschiedenen Wirthen aus. Die Bierschenker konnten kaum Bier genug auftreiben. Ob es schon nicht die gewöhnliche Güte hatte; so war doch jeder froh, daß er wenigstens etwas bekam. An guten Leckerbissen durfte man in den Wirthshäusern gar nicht mehr denken. Wer zuerst kam, mahlte zuerst. Doch ein kleines Anecdötchen. Einige hatten, weil sie früh gekommen waren, Essen bestellt. Während daß dieses zu Rechte gemacht wurde, sahen sie sich in Charlottenburg um. Andere Personen kamen, man richtete an. Diese ließen sich es schmecken. Kaum hatten diese abgetafelt; so erschienen diejenigen, welche das Essen bestellt hateil. Wie sehr wunderten sich diese, als sie das Essen sollten, was die andern übrig ließen.

Leicht läßt sich es erachten, daß bei solchen Fällen allerlei Anecdötchen vorfallen müssen. Was die Ordnung betrift, so konnte diese nicht vortrefflicher seyn. Im vorigen Stücke ist schon davon gemeldet worden. Die Husaren, vorzüglich an den Brücken, benahmen sich sehr gut. Sie ließen nicht zwei Kutschen zusammen oder einen Wagen hinter dem andern gleich fahren: Wollte auch der Kutscher vorwärts; so sagte er in dem bescheidensten Tone: *Sie haben die Güte und warten ein bischen.* Mehr konnte man doch von diesen Leuten nicht begehren. Wirft man überhaupt einen allgemeinen Blick auf die Menge der Menschen, welche sich an diesem Tage eingefunden hatte, bedenkt man, daß manche Gattung sich sehr zügellos betrug, Lärmen und Unfug vermehrte; so mußte man sich desto mehr wundern, daß wenig oder gar kein Unglück geschah. Denn daß ein Jude seine Perrücke verlor, ein anderer in das Wasser, eine Frau von dem Wagen fiel und ihr stillendes Kind erdrückte, bleibt allezeit ein Unglück für diejenigen, welche es traf, machte aber allgemein nichts aus.

(1025)

Seit langer Zeit wird Charlottenburg so viele Menschen nicht auf seinem Grunde und Boden gesehen, noch weniger so viel verdient haben. Mit Rechte kann man sagen: Sie machten eine sehr volle Aernte. Den Wirthen bliebe kein Zimmer leer; iu dem Gegentheile fehlte es ihnen am Raume. Lebensmittel waren auch nicht allezeit überflüssig vorhanden. Die Bäcker konnten nicht Kuchenwerk und Brot, die Bierschenker nicht Bier, die Branntweinbrenner nicht Branntwein genug auftreiben. Doch für Kuchen, Bier, Branntwein, u. d. g. sorgten die Berliner. Gehäufte Wagen und Schubkarren führten sie hinaus und leer brachten sie dieselben wieder herein.

Auch die Fuhrleute und Bauern machten ihre Speculationen. Leute von Potsdam und Spandau trafen an diesem Tage mit Wagen und Geschirr ein und holten sich auch in einer Geschwindigkeit noch einige Thälerchen. Nichts als Freude las man auf den Gesichtern in Charlottenburg. Die viele tausend Menschen, die viele tausend Lampen, das Leben und Weben wird für jeden ein herrliches Schauspiel bleiben. Bei dieser Gelegenheit versäumten die Messieurs, welche die Kunst der langen Finger erlernt hatten, auch nicht, ihre Theorie practisch geltend zu machen.

Weil es auch verlautete, daß mit denen, von dem Unterschriebenen mit Allerhöchster Erlaubniß zur Begünstigung des angesehenen Theils des Publici ausgetheilten Billetten zu dem Feuerwerke ein schändlicher, die Allerhöchst bezielte Absicht, so wie die gute Ordnung störender Wucher getrieben wird; gleichwohl nicht zu glauben, daß irgend jemand, der dergleichen Billette für seine Person erhalten, fähig sey, solche zu verkaufen, auch bei den getroffenen Maßregeln alle Entwendung derselben fast unmöglich ist; so machte der Directeur de Spectacle der Herr Freiherr und Baron von der Reck öffentlich bekannt: daß dem Erstern, der vermögend wäre, mit Gewißheit nachzuweisen, wo? und von wem? dergleichen Billette verkauft worden, eine Belohnung von 10 Thalern zugesichert werde. Sollte sich aber wider alle Erwartung jemand erdreistet haben, diese, mit dem Königl. Stempel versehene Billette nachzumachen; so wird demjenigen, der den allenfalsigen Thäter mit Gewißheit anzugeben weiß, mit Verschweigung seines Nahmens, eine Belohnung von 50 Rthlr. versprochen. Uebrigens diente hiermit zur Nachricht daß die Veranstaltungen getroffen, daß diejenigen Personen, welche sich sonst zum Eintritte in dem Königl. Schloßgarten nicht qualefizirten, abgewiesen würden, wenn sie auch gleich Billette erschlichen haben sollten. - Freihr. v. d. Reck. Direct. de Spect.

Ein gewöhnlicher Fall ist es, daß bei solchen Feierlichkeiten die Königliche Güte auf das schändlichste gemißbraucht wird; daß gewisse Leute, um nur einige Groschen zu erbeuten, Ehre und alles auf das Spiel setzen. Doch schon den Gedanken, Billette zu verfälschen, wird ganz gewiß jeder ehrliebende Mann verabscheuungswürdig finden. Zur Verminderung dieses Unfuges aber verdient der Hr. Baron von der Reck allen Dank. Denn bekannt ist es, daß der menschliche unerlaubte Eigennutz ohne Gränzen ist.

Die Lust-Mädchen nützten ebenfalls den Feuerwerks-Jubel und suchten mit einem Steine zwei, gar drei und vier Würfe zu thun.

Leer wurde diese Nacht der Thiergarten gar nicht. Um Mitternacht zwischen eins und zwei zogen die Leute Schaarenweise gleich einer Völkerwanderung und viele freuten sich nur, daß der Weg, besonders die Brücken so schön erleuchtet waren und — doch-Tlantlaquatkapatli muß abbrechen, ungeachtet er noch sehr vieles bemerken könnte, und den wahren Faden wieder anzuknüpfen suchen.

Dienstags, den 28ten Julius. Bei Sr. Majestät dem Könige in Charlottenburg Mittags große Tafel.

Gegen Abend die italienische comische Oper, der Talismann in Gegenwart des ganzen Königl. Hauses aufgeführt. Alsdann großes Souper.

Mittwoche, den 29ten. Bei Allerhöchstdemselben wieder große Tafel.

Nach derselben wurde Claudina von Villa Bella, Singspiel in 3 A. von Göthe, in Music gesetzt vom Capellmeister Reichardt vorgestellt. Darauf ebenfalls bei Sr. Königl. Majestät großes Souper.

Sr. K. H. der Prinz Heinrich ging nach Rheinsberg zurück.

Donnerstags, den 30ten. Großes Dejeuner und Ball bei Ihrer Majestät der regierenden Königinn in Charlottenburg.

Mittags bei Sr. Majestät dem Könige große Tafel. Abends Concert und darauf Souper.

Freitags, den 31ten. Großes Diner bei Sr. Königl. Majestät. Abends, Nina oder Wahnsinn aus Liebe und die offene Fehde von den Schauspielern des National-Theaters vorgestellt. Nach der Vorstellung abermahls großes Souper.

Sonnabends, den 1sten August. Die Academie der bildenden Künste hatte die Ehre, Ihrer K. H. der Frau Erbstatthalterinn als einer eben so theilnehmenden als geschmackvollen ausübenden Kennerinn der schönen Künste, durch eine eigene Deputation, bestehend aus dem Herrn Vicedirector Chodowiecki und dem Herrn Professor Moritz das Diplom eines Ehrenmitgliedes der Academie bei Höchst Ihrer Anwesenheit in Charlottenburg zu überreichen. Ihre K. H. geruhte mit sichtbarer Aeußerung gnädigster Zufriedenheit alles huldreichst anzunehmen.

Mittags bei Sr. Majestät dem Könige große Tafel.

Abends bei Sr. K. H. dem Prinzen Ferdinand von Preussen auf dem Lustschlosse Bellevüe großer Ball und Souper.

In Berlin verbreitete sich das Gerücht, daß diesen Abend auf der Belle-Vue eine große Illumination zu sehen wäre. Dadurch wurde die Neubegierde vieler Berliner wieder rege. Sie zogen haufenweise hinaus, allein sie fanden, daß sich das Gerücht nicht bestätigte. Dafür neigte es sich zum regnen. Man kehrte also wieder um und viele kamen beregnet und beschmuzt nach Hause.

Sontags, den 2ten. Vormittags auf Allerhöchsten Befehl, in Gegenwart des ganzen Königl. Hauses in der Schloß-Capelle zu Charlottenburg feierlicher Gottesdienst. Der Herr Ober-Consistorial-Rath und Hofprediger Sack hielte die Predigt.

Mittags bei Sr. Majestät dem Könige große Tafel. Abends Cour und Souper.

Montags, den 3ten. Als an dem erfreulichen Geburts-Feste Sr. K. H. des Cronprinzen von Preussen nahm Höchstderselbe Vormittags die Glükwünsche der Prinzen des Königl. Hauses und des hohen Adels an und erhob sich darauf nach Charlottenburg, woselbst zu Ehren dieses Tages von Sr. Königl. Majestät, dem ganzen Königl. Hause und einem Theile des hohen Adels ein großes Dîner und Abends ein glänzender Ball und großes Souper gegeben wurden.

Dienstags, den 4ten. Morgens ließ Se. Excellenz der General der Infanterie und Gouverneur hiesiger Residenzen, Hrn. von Möllendorf, das Lignowskysche Regiment und sämmtliche Wachtparaden bei dem Tempelhoffschen Berge ein Manouvre machen, welchem die Frau Prinzessinn von Oranien K. H. mit Ihren beiden Prinzen zu Pferde beizuwohnen geruhten.

Am ebendenselben Morgen gab Se. Majestät der König in Charlottenburg ein großes Dejeuner. Gegen Mittag erhob sich Allerhöchstderselbe in Begleitung Ihrer Majestät der regierenden Königinn, der Frau Prinzessinn von Oranien K. H. mit Ihren Durchl. Kindern, der Prinzessinn Friederike und Wilhelmine K. H. und mehreren hohen Personen von Charlottenburg wieder nach Berlin, traten sämmtlich in Monbijou ab und wurden von Ihrer Majestät der regierenden Königinn mit einem großen Dîner bewirthet.

Nach aufgehobener Tafel begaben sich sämmtliche hohe Herrschaften nach dem Schlosse in den sogenannten weissen Saale und hielten daselbst zur bevorstehenden großen Redoute einen Exercier-Ball.

Abends wieder großes Souper bei Ihrer Majestät der regierenden Königinn.

Mittewoche, den 5ten. Morgens traf Ihre Majestät die verwittwete Königinn nebst Ihrer K. H. der Prinzeßinn Heinrich von Schönhausen in Berlin ein.

Mittags bei Sr. Königl. Majestät auf dem Schlosse große Tafel. Beide Königinnen Majestäten, die Prinzeßinn von Oranien mit Ihren Durchl. Kindern, sämmtliche Prinzen und Prinzeßinnen des Königl. Hauses, wie auch viele der Herren Generale und Minister waren dazu eingeladen.

Nachmittags wurde im Königl. Opern-Hause des Herrn von Dittersdorf großes Oratorium Hiob, in Gegenwart Sr. Majestät des Königs und des ganzen Hofes aufgeführt.

Abends wieder große Tafel bei Ihrer Majestät der regierenden Königinn in Monbijou.

Auf Allerhöchsten Befehl Sr. Majestät des Königes war das Oratorium diesen Abend um 5 Uhr festgesetzt. Der Text des Hiobs, besteht

in

in zwei Abtheilungen, ist ursprünglich italienisch und rührt noch von dem verstorbenen Abt Landi, welcher ehedessen in Berlin bei der großen Oper die Stelle des Hofpoeten vertrat, her. Die teutsche Uebersetzung taugt zwar nicht sehr viel, hat aber doch den Werth, daß sie, wie sie dem Originale beigedruckt wurde, ebenfalls nach der Music aufgeführt werden kann. Die in diesem Sing-Stücke vorkommenden Haupt-Personen waren Hiob. Hr. Concialini. Sara, Hiobs Weib. Mslle Niclas. Eliphas und Baldad, Hiobs Freunde. Die Herren Zurca und Tombolini. Ismael, Opferpriester. Herr Franz. Durch das ganze Königl. Orchester, die beträchtliche Anzahl anderer braver Privat-Tonkünstler und durch die beste Auswahl aus allen hiesigen Schul- und Stadt-Chören wurde die musicalische Begleitung über 200 Personen stark. Der Schöpfer des Oratorii hatte das ganze Orchester selbst geordnet und dirigirt. Unser würdige Vachon führte das Orchester an und zeigte, daß er einem so großen musicalischen Werke ganz vorstehen konnte.

Concialini's Kunst und präcisionsvoller Gesang, die sanftschmelzenden Töne unserer liebenswürdigen Niclas, Tombolini's Wetteifer, Hurca's angenehmer Tenor, Franz's metallische Baß-Stimme: Die durchdringenden Chöre! Hiobs Leiden und Seelen-Größe, Sara's Liebe, Eliphas und Baldad's wärmste Theilnehmung. Der Lobgesang des Schöpfers — — wer, wer vermag alles dieses auszudrücken und zu beschreiben? O wie wohl wurde jedem, dessen Herz zu der feierlichen Music empfänglich ist, als er wieder so durchdringende Fugen hörte. Durch den Singsang der Operetten war das Berlinsche Gehör längst entwöhnt. Daher kam es, daß einige auch nicht den mindesten Geschmack daran hatten. Dafür aber dachten sich die Kenner der Tonkunst ganz in die Zeiten eines Hasses, Händels, eines Sebastian und Emanuel Bachs hinein. Sie bewunderten die Direction des Herrn von Dittersdorf, welche nicht vortrefflicher seyn konnte. Sie sahen, daß er auch die kleinsten Herzens-Falten seines so wohlgerathenen Kindes kannte. Bekanntlich kömmt auf die Direction alles an. Ganz hat sie der würdige Dittersdorf in seiner Gewalt. Ohne zu affectiren, zu grimassiren und zu gesticuliren herrschte bei seiner Aufführung die größte Präcision. Mit Vergnügen bemerkte dieses jeder Kenner.

Bedenkt man zugleich, daß derjenige, welcher die Singspiele: den Doctor und Apotheker, Betrug durch Aberglauben, die Liebe im Narrenhause u. s. w. schon in Music gesetzt und damit größten Beifall eingeärntet hatte, ebenderselbe Tonkünstler ist; so wird das Erstaunen aller Kenner desto größer. Die vielen Schwierigkeiten bei den Operetten, dann bei den Kirchen-Musiken sind bekannt, ihre Wirkungen aber desto mehr verschieden. Man kann ein guter Kirchen- und ein schlechter Opern-Componist seyn und dessen ungeachtet sehr viele musicalische Kenntnisse besitzen. Da der verstorbene Bach in Hamburg mit so vielem Glücke die vortrefflichsten Oden und Oratorii in Music gesetzt hatte; so vermuthete man, daß er auch in Opern eben so glücklich seyn würde. Man ersuchte ihn einmahl, sich der Tonsetzung eines Singspiels zu unterziehen. Bach that es und lieferte einen Act. Man probirte denselben und er mißfiel gänzlich. Der Fehler lag nur darin, weil Bach die dramatischen Wirkungen nicht kannte.

Bei Dittersdorf ist dieses der Fall nicht. Er kennt durchgängig jede Wirkung und bewies vorzüglich durch seine Fugen, womit sich jede Abtheilung endigte, daß in der Kirchen-Music, jedes Tändelnde wegfallen muß.

Zu dieser so meisterhaften Aufführung trug ebenfalls das Aeußere sehr viel bei. Das Orchester war auf eine sehr vortheilhafte Art auf dem Theater als ein großer Saal sehr geschmackvoll geordnet und das ganze Haus auf das prächtigste erleuchtet. Durch diese brillante Erleuchtung war man erst ganz in den Stand gesetzt, die vortrefflichen Mahlereien und andere Schönheiten des neuverzierten Opern-Hauses zu bemerken. Alles verschafte den Zuschauern das entzückendste Augenspiel.

Die Preise der Plätze waren im ersten oder Königl. Range à Person 2 und in dem zweiten Range 1 Thaler; in dem dritten oder obersten Range aber, desgleichen in den Parterre Logen, wie auch im Parterre selbst 16 Gr. Gesellschaften, welche zusammen bleiben wollten, bekamen eine Loge in dem ersten Range, welche mehr als zwanzig Personen fassen konnte, für 32, im zweiten für 16 und in dem dritten Range für 10 Thaler, dafür erhielten sie 20 Billette.

Obgleich an dem Tage der Aufführung die Hitze außerordentlich stark war; so fehlte es dessen ungeachtet nicht an Zuhörern. Wer sich nicht schon um halb vier Uhr eingefunden hatte, bekam nachher im Parterre keinen Platz zum Sitzen mehr.

Ueber den großen Zulauf wird sich niemand zu verwundern brauchen. Der Nahme Dittersdorf war dem Publico längst durch den Doctor und Apotheker und durch Betrug aus Aberglauben zu seinem größten Vortheile bekannt. Natürlicherweise wollte es sich, da es sein Lieblings-Tonkünstler wurde, auch überzeugen, was für eine Stärke er in der Kirchen-Music besäße.

Die allgemeine Stimme war: Dittersdorfs Oratorium war vortrefflich. Seine Music wirkte auf das Herz. Nicht sowohl musicalische Täuschung, sondern wahre Harmonie behielt die Oberhand. Durch die so vollständige Besetzung, welche in sehr wenigen Städten Statt finden wird, zeigte sich der brave Dittersdorf auf einer Staffel, welche die wenigsten erreichen. Mit allem Rechte behauptet er jetzt einen der ersten Plätze in Teutschland. Wohl uns, daß unser teutsches Vaterland noch Männer zeuget, welche den Ausländern nicht nachstehen dürfen!

Außer den großen musicalischen Talenten bekleidet zugleich Dittersdorf den rechtschaffensten Character. Er besitzt nicht den unleidlichen Künstler-Stolz, welcher leider sonst zum Modetone wurde. In seinem Umgange herrscht destomehr wahre Offenherzigkeit. Prahlereien, einfältige Geschwätze sind ihm verhaßt. Er ist gegen den, welcher es redlich meint, ganz Freund. Aus sich macht er nichts, kömmt aber der Fall, so beweise er es mit Handlungen. Von andern Tonkünstlern spricht er sehr nachsichtsvoll und deckt die Fehler mit dem Mantel der Freundschaft zu. Er muntert angehende Tonkünstler auf und nimmt von jedem einen vernünftigen Rath an. Spricht er mit Dichtern und Gelehrten, welche für sein Fach zu arbeiten wünschen, so ist er in dem Stande sogleich ihnen den mannichfaltigsten Stof an die Hand zu geben. Seine musicalische Quelle läuft, ganz auszutrocknen, niemahls Gefahr. Solche Geisteskräfte, solche muntere Launen, solche durchdringende Kenntnisse des menschlichen Herzens, solcher gefällige Umgang müssen diesen würdigen Tonkünstler noch weit anziehender und liebenswürdiger machen. Keine Sylbe würde davon berührt worden seyn, wenn man nicht von der Gewißheit ganz überzeugt worden wäre.

Das geschmackvolle Publicum lohnte nicht nur den Herrn von Dittersdorf mit dem allergrößten Beifalle und lernte ihn von dieser musicalischen Seite so vortheilhaft kennen; sondern er genoß auch noch vorzüglich die Gnade, daß unser Friederich Wilhelm, welchen die Welt schon als einen kenntnißvollen, Künste belohnenden Monarchen kennt, ihn zum Zeichen der Allerhöchsten Zufriedenheit mit einer sehr prächtigen emaillirten ovalen goldenen Dose und 200 Stück Ducaten beschenkte.

Von hier aus ging er nach Breslau. Das dortige Publicum hörte von der Vortrefflichkeit der Music und ersuchte daher sehr dringend, ihm den Wunsch zu gewähren, das Oratorium bei ihm ebenfalls aufzuführen. Daß es freilich nicht so vollständig und meisterhaft als in Berlin gegeben werden kann, versteht sich ohnehin. Von Breslau reiset der Tonkünstler wieder nach Hause, setzt eine neue Operette und geht künftigen November oder

Xxx 4

December nach Neapel, wohin er vor einiger Zeit verschrieben wurde.

Man glaubt dem musicalischen Publico eben kein Mißfallen zu erwecken, wenn man ihm die Gewißheit meldet, daß Herr von Dittersdorf während seines Aufenthaltes in Berlin mit einem hiesigen Gelehrten in Verbindung trat. Vermöge dieser wird jener außer verschiedenen Operetten, wovon er die erste bei seiner Nachhausekunft unter die Feder nehmen wird, auch ein anderes Oratorium, dann ein großes vorzügliches vaterländisches Schauspiel mit Chören, in Music setzen. Der Nahme Dittersdorf bürgt für die Güte und wohl dem Dichter, wenn er in die Hände eines solchen verdienstvollen Mannes fällt.

Sollte man in der Folge nähere und noch gewissere Nachrichten erhalten, so wird man sie für das musicalische Publicum sogleich bekannt machen.

Ehe Tlantlaquatlapatli diese Materie schließt; so muß er doch einige Anecdötchen erzählen. Es waren, wie vorhin gemeldet, alle sitzende Plätze im Parterre um halb 4 Uhr schon besetzt. Etwa um vier kam ein Herr mit seiner Dame. Er suchte allenthalben noch ein Plätzchen, allein alles war umſonſt. Endlich bemerkte er einen Herren, welcher an der Ecke auf der Banke ſaß. Der Herr mit ſeiner Dame ging zu ihm und bat höflich: Hätten Sie nicht die Güte, meine Dame ſitzen zu laſſen? Der Sitzende kehrte ſich um, antwortete: Ich habe meinen Gulden bezahlt und ſetzte ſich in die übrige Lage.

Nach der erſten Abtheilung des Hiobs erfolgte doch bekanntlich eine kleine Pauſe. Einige ſchon etwas bejahrte Damen ſprachen mit einander über den Hiob. Hm! ſagte die eine, das kann nicht ſeyn! — Ja, ja, antwortete die andere, Sie werden es hören, fragen Sie nur. Die erſte Dame fragte auch wirklich den nächſtſtehenden Herrn: Um Vergebung, wer iſt denn eigentlich der geduldige Hiob? — Concialini: war die Antwort. Und ſeine Frau? — Mamſell Niclas. — Behüte, behüte, fuhr die Dame fort, ſo galant ſah doch Hiob in der Bibel nicht aus. Ich ging nur herein, um den Hiob in der Aſche ſitzen zu ſehen. — Das war damahls, erwiederte lächelnd der Herr. In unſern aufgeklärten Zeiten aber ſitzt man nicht mehr ſo in der Aſche. —

Donnerstags, den 6ten August. Erhob sich Se. Majestät der König von Charlottenburg nach Potsdam und traf Nachmittags wieder in Berlin ein.

Morgens bei Ihrer Majestät der regierenden Königinn, in Monbijou großes Dejeuner, Ball und Mittags großes Diner.

Abends ward auf Allerhöchsten Befehl, zum Benefize der Madame Unzelmann, auf dem Königl. National-Theater der Baum der Diana gegeben. Se. Majestät der König, Ihre Majestät die regierende Königinn, die Frau Prinzessinn von Oranien mit Ihren Durchl. Kindern und das ganze Königl. Haus wohnten der Vorstellung bei.

Nach dem Singspiele war großes Souper bei Sr. Majestät dem Könige.

Freitags, den 7ten. Als an dem hohen und erfreulichen Geburts-Feste Ihrer K. H. der Frau Erbstatthalterinn von Oranien erschollen zwischen 11 und 12 Uhr Trompeten und Pauken von Berlin's Thürmen, alsdann das Lied: Nun danket alle Gott 2c.

Mittags zur Feier dieses hohen Festes bei Sr. Majestät dem Könige auf dem hiesigen Schlosse in dem großen Ritterschafts-Saale von dem goldenen Service gespeiset. Beide Majestäten, die regierende und verwittwete Königinn, wie auch das ganze Königl. Haus waren zugegen.

Nachmittags um 5 Uhr nahm bei der großen Cour en robe die Frau Erbstatthalterinn K. H. die Glückwünsche des ganzen Hofes und des hohen Adels an.

Abends in dem Königl. Opern-Hause große Redoute. Da diese sich wegen der Königl. Pracht und der geschmackvollsten Quadrillen vorzüglich auszeichnete; so sollen die Leser jetzt eine umständlichere Beschreibung finden.

Versammlung der Götter oder Quadrillen, welche auf Befehl Sr. Majestät des Königes zur Feier des erfreulichen Geburts-Festes der Frau Prinzessinn von Oranien K. H. vorgestellt und ausgeführt wurden.

Gegen acht Uhr versammelten sich die Mitglieder der Quadrille in dem Opern-Saale. Um ebendieselbe Zeit hatte sich die ganze Königl. Familie auch dahin begeben. In dem Neben-Saale war eine Tafel aufgedeckt, welche als das prachtvollste

Souper angesehen werden konnte und wovon der Hof und andere hohe Standespersonen nach Belieben kosteten.

Während dessen man sich zu dem glänzenden Feste vorbereitete, wurde eine Anzahl Leute (etwa 60—70) zu der feierlichen Götter-Versammlung angeordnet. Sie waren alle römisch gekleidet, mit Kasketten, Waffen u. s. w. versehen und hatten ihren Anführer, welcher sich natürlich in dem Anzuge vor allen auszeichnete. Um 9 Uhr erfolgte der Anfang. Die römischen Soldaten schlossen eine Art von Craise, welcher aber ein länglichtes Quadrat vorstellte. Ein feierlicher Marsch begann. Unter diesem verfügte sich in einer gewissen Ordnung die Versammlung in den Redouten-Saal. Sie bestand aus folgenden Fürstlichen und andern hohen Standespersonen.

Saturn.   Hr. von Krusemark.
Sibille.   Die verwittw. Gräfinn von Zettritz.
Jupiter.   Prinz Heinrich, ältester Sohn des Prinzen Ferdinands v. Preussen.
Juno.   Prinzessinn Luise, Tochter des Prinzen Ferdinands von Preussen.

Endymion.	Prinz Louis, zweiter Sohn des Prinzen Ferdinands von Preussen.
Diana.	Prinzessinn Friederike von Preussen.
Mars.	Erbprinz von Oranien.
Minerva.	Prinzessinn Wilhelmine von Preussen. (Tochter des Königes.)
Adonis.	Prinz Heinrich von Preussen. (Sohn des Königs.)
Venus.	Die Gräfinn von Schlippenbach.
Neptun.	Prinz von Hessen-Homburg.
Amphitrite.	Frau von Massow, Hofdame bei der verwittweten Königinn Majestät.
Pluto.	Hr. Baron von Rheden, Gesandter der Generalstaaten.
Proserpina.	Frau von Sauermann.
Minos.	Hr. Graf von Colonna
Rhadamanth.	Hr. Graf und Cammerherr von Räder.
Aeacus.	Hr. Capitain von Ziethen.
Zephyr.	Prinz Louis von Preussen. (Sohn des Königes.)
Flora.	Prinzessinn Luise von Oranien.
Hebe.	Die jüngste Gräfinn von Wartensleben.

Bachus.	Hr. Cammerherr von Katt.
Tithon.	Hr. Graf von Medem.
Aurora.	Fräulein von Geuder. Hof-Dame bei der verwittw. Königinn Majestät.
Ariadne.	Gräfinn von Dönhoff, Hof-Dame bei der regier. Königinn Majestät.
Ceres.	Die älteste Gräfinn von Wartensleben, Hof-Dame bei der regierenden Königinn Majestät.
Janus.	Prinz von Haßfeld.
Mercur.	Hr. Graf von Wingersky.
Vulcan.	Hr. Graf Moritz von Brühl.
Hercules.	Cronprinz von Preussen.
Pan.	Hr. von Tauenzin.
Aeolus.	Hr. von Schack, Lieutenant bei dem Regimente Gens d'Armes.
Plutus.	Hr. Graf von Kalckreuth, Lieutenant bei dem Regim. Gens d'Armes.
Morpheus.	Hr. Graf von Rhode, Königl. Gesandter zu Lissabon.
Aesculap.	Hr. Cammerherr von Sack.
Cupido.	Prinz Wilhelm von Preussen. (Sohn des Königes.)
Hymen.	Prinz August, jüngster Sohn des Prinzen Ferdinands v. Preussen.

Psyche. Prinzessinn Auguste von Preussen.
(Tochter des Königes.)
Pomona. Fräulein von Dorville.
Vertumnus. Hr. von Alvensleben, Lieutenant des Regiments Gens d'Armes.
Momus. Hr. von Kalke.
Syrinx. Gräfinn von Bork, Hof-Dame bei der verwittweten Königinn Majestät.
Silen. Hr. Major von Massow.
Themis. Fräulein von Bilefeld, Gouvernante der Prinzessinn Auguste.
Apollo. Hr. Graf von Biland, Statt des Prinzen Friedrichs von Oranien.

Ihm folgten die Musen.

Clio, Muse der Geschichte. Die älteste Gräfinn von Dohna.
Euterpe, Muse der Music. Das jüngste Fräulein v. Münchhausen.
Thalia, Muse des Lustspiels. Das älteste Fräulein von Bischoffswerder, Dame d'atour bei der regier. Königinn Majestät.
Melpomene, Muse des Trauerspiels. Das älteste Fräulein v. Münchhausen.

Terpſichore, Muſe des	Die Gräfinn v. Hoym,
Tanzes.	Hof-Dame der regie-
	renden Königinn Maj.
Erato, Muſe der Dicht-	Das jüngſte Fräulein
kunſt der Liebe.	von Viereck.
Polyhymnia. Muſe der	Die Gräfinn von Blu-
Schauſpielkunſt.	menthal, Hof-Dame
	bei der Prinzeſſinn
	Heinrich.
Urania, Muſe der Stern-	Das älteſte Fräulein
kunde.	von Viereck, Hof-
	Dame bei der Prin-
	zeſſinn Friederike.
Calliope, Muſe des epi-	Die jüngſte Gräfinn
ſchen Gedichtes.	von Dohna.

Grazien.

Thalia.	Die Gräfinn Charl: von Brühl.
Euphroſine.	Fräulein von Quaſt.
Aglaja.	Fräulein von Götz, Hof-Dame
	bei der Prinzeſſinn Heinrich.

Parcen.

Clotho. — Fräulein v. Münchhausen, Gouvernante der Prinzessinn Wilhelmine.

Lachesis. — Fräulein von Perponcher, Gouvernante der Prinzessinn von Oranien.

Atropos. — Baronesse von Keller, Gouvernante der Prinzessinn Luise von Preussen.

Zephire.

Zwei Söhne des Herrn von Dorville, Hofmarschall der verwittweten Königinn Majestät. Zwei Töchter und einen Sohn des Herrn Doctor Braun.

Zweimahl ging die Versammlung in dem grosen von den römischen Soldaten eingeschlossenen Craise herum. Alsdann stellte sie sich in der schönsten Ordnung in die Quadrillen gegen die Königliche Loge über. In dieser befanden sich vorzüglich Se. Majestät der König, Ihre Majestät die regierende Königinn, Ihre K. H. die Frau Prinzeſſinn von Oranien, welcher zu Ehren dieſe Feterlichkeit angeſtellt wurde, als Zuſchauer. Kaum waren die Quadrillen geordnet; ſo veränderte ſich der feierliche Marſch in ein vortreffliches muſicalliſches Ballett. Nach deſſen Ende näherte ſich die Quadrille der Königlichen Loge. Jedes Mitglied bewies ſeine Ehrfurcht und bewillkommte zugleich die Frau Prinzeſſinn von Oranien K. H. mit demjenigen Tribute der Ehre, welcher ihr herablaſſender Character und ihr Eifer für jedes Gute und Schöne verdiente. Alsdann erſchienen die liebenswürdigen jüngſten Prinzen, nebſt den andern Kindern und brachten den von gemahlten Girlanden befeſtigten verzogenen Nahmen Ihrer K. H. als ein Opfer der unſchuldigſten Freude und reinſten Ehrfurcht dar. Nicht nur Ihre Majſtät die regierende Königinn, deßgleichen Ihre K. H. die Frau Prinzeſſinn von Oranien nahmen daran den lebhafteſten Antheil, ſondern applaudirten auch dieſe vortreffliche Gruppe. Ein kleines Ballett beſchloß dieſes Königliche Feſt. Darauf ging die Verſammlung in ebenderjenigen Ordnung, wie ſie gekommen war, bis auf die jüngsten Prinzen und andern Kindern, welche jetzt den Nahmens-Zug Ihrer K. H. an den Girlanten hielten, unter dem feierlichsten Marsche aus dem Redouten Saale nach der Königl. Loge.

Die Paree Atropos, welche bekanntlich die Baronesse von Keller vorgestellt hatte, übergab dem Könige, der regierenden Königinn, der Frau Prinzessinn von Oranien K. H., und der Prinzessinn Ferdinand von Preussen, nachstehende Gedichte auf seidenen Bändern, von verschiedenen Farben, gedruckt. Da sie in französischer Sprache abgefaßt waren und hie und da ein Leser seyn dürfte, welcher nicht das Original verstünde; so hofft der Herausgeber bei diesen willkommen zu seyn, daß er zugleich aber eine ungebundene Uebersetzung lieferte.

Atropos au Roi.

Filer vos jours, MONARQUE aimable,

C'est l'emploi glorieux & doux,

Qu'en leur faveur, le destin plus traitable,

Départit à mes Sœurs pour le bonheur de tous.

Je n'envie point leur sort.

On peut, sans nul effort,

Pour un bon Roi filer des jours heureux ;
Ils intéressent & les hommes, & les Dieux.
Mais étendre une vie chère à la terre,
D'un peuple entier propager le bonheur ;
  Tel est le droit flatteur
  Dont je suis la dépositaire,
   J'en uferai pour vous.
 Pour vous, grand ROI, dont la vertu,
L'aimable candeur, le cœur ingénu,
  Soumettent à vos genoux
Tous les heureux sujets de votre empire.
Ah ! vous captiveriez tout ce qui respire,
 Si comme moi l'univers connoissait
 Des Rois le modele le plus parfait,
 Du malheureux l'appui le plus Zèlé
 Des beaux arts le protecteur révéré
  L'ame la plus sensible
  A l'amitié paisible,
  Aux vertus de l'humanité,
  De la sociabilité......
Vos destinées sont trop utiles au monde ;
Elles doivent briller sur la terre & sur l'onde.

Je dépose pour vous mes ciseaux homicides;
Jamais contre vos jours les cruelles Euménides
N'armeront ma tremblante main;
Mais si l'implacable destin
Porte l'arrêt fatal,
L'amour, Mars & Minerve, dont vous êtes rival,
Consacreront du moins vos vertus, votre gloire
Au Temple de mémoire.

An den König.

Deine Tage, liebenswürdigster Monarch, zu verlängern, bleibt jederzeit die ruhmvollste und angenehmste Beschäfftigung, welche das günstige Schicksal durch meine Schwestern für das allgemeine Glück austheilen läßt. Deßwegen beneide ich sie nicht. Selbst ohne den geringsten Zwang kann man für einen guten König die allerglücklichsten Tage vermehren. Nicht nur der Gottheit, sondern auch der Menschheit liegt daran sehr viel. Allein ein langes von der Welt gehofftes Leben, das Glück eines ganzen Volkes zu gründen und zu erweitern, das bleibt die schmeichelhafte Bestimmung, welche unter meiner Verwahrung steht.

Für dich nur großer König werde ich dieses glückliche Loos aufbewahren. Für dich, welchem der wahre Helden Muth und die biedere Treue aller glückliche Unterthanen knieend darlegen. Beherrschest du nicht alles, was athmet, mit Liebe und Güte?

Wenn, wie ich die ganze Welt den besten König so kennte: den König, welcher so viele Thränen der Unglücklichen trocknet und ihnen zufriednere Lebens-Tage schafft, welcher alle bildende Künste und schöne Wissenschften so eifervoll beschützt: dessen Seele einzig für echte Freundschafft, edle patriotische Thaten und für Menschen-Liebe glüht. —

Deine Bestimmung sey auf dieser Welt millionenfältiger Nutzen. Zu Wasser und zu Lande verbreite er sich und glänze ewig.

Für dich habe ich keine blitzschnell verzehrende Schere! Für dich sollen die racheglühenden Eumeniden nie meine zitternde Hand stärken. Sollte aber das unerbittliche Schicksal einst den Vorhang deines großen Lebens fallen lassen; so werden dafür Amor, Mars und Minerva, welche hienieden als Nebenbuhler wetteiferten, deine Tugenden, deinen Glanz in dem Tempel der Unsterblichkeit verehren.

Atropos à la Reine.

A la Sœur d'un Epoux, bien cher à Votre cœur,
Dans ce jour folemnel, marquant votre tendreſſe,
Vous offrez à nos yeux le ſpectacle enchanteur
De la ſageſſe honorant la ſageſſe.
WILHELMINE eſt en tout la gloire de Son ſang :
Comme Vous, de ſon ſexe, elle a toutes les graces;
Cependant quand les cours s'empreſſent ſur ſes
traces,
On cède à Ses vertus, bien plus qu'à Son haut
rang.
Les Dieux veillent ſur elle, & ſur ſon noble
ouvrage :
Ses rapides ſuccès en font le ſûr préſage.
Que Votre cœur s'en repoſe ſur eux :
Dans tous le tems ils préviendront vos
vœux.
Illuſtrer la Vertu ; c'eſt là leur appanage.

Les jours de WILHELMINE, à mes Soeurs,
confiés,
Seront, par le bonheur, toujours sanctifiés:
Et le Batave heureux, de son antique gloire,
Ranimant les lauriers flétris par ses erreurs,
Placera WILHELMINE au Temple de Mémoire,
Entre GUILLAUME & tous ses Bienfaiteurs.

Atropos an die Königinn.

Daß du an der Schwester desjenigen, welchen dein Herz mit größter Wärme liebt, den lebhaftesten Antheil nimmst, bleibt für uns das vortrefflichste Schauspiel. Weisheit ehret auf eine solche Art Weisheit. Wilhelmine, wie du, besitzen das Liebenswürdigste ihres Geschlechtes. Sehnen sich die Herzen stärker nach Ihr; so geschieht dieses mehr Ihrer Tugend als Ihres hohen Ranges wegen. Ueber Sie und über Ihr so kostbares Werk wachen die Götter. Der schnelle erfolgt verursacht, daß sich Ihr Herz ganz auf Sie verlassen kann. Stets werden sie Ihren Wünschen zuvorkommen. In Verehrung der Tugend be-

steht ihr Reichthum. Wilhelmine's Tage, welche
meinen Schwestern anvertraut sind, werden jeder,
zeit die glücklichsten seyn. Und der von seinen
Irrthümern zurückgekommene Batav fühlt wie,
der ganz seinen alten Ruhm, wenn er Wilhelmine
in dem Tempel der Unsterblichkeit zwischen Wil,
helm und seinen Wohlthätern auffstellen kann.

Atropos a son Alteſſe Royale Madame la
    Princeſſe d'Orange.

Quand Vous ne ſeriez pas la Soeur de ce Roi
       ſage
Qui fait des Pruſſiens la gloire & le bonheur,
WILHELMINE, aux vertus qui forment votre
       coeur,
   Ce peuple offriroit ſon hommage.
Ne vous étonnez pas qu'en ce jour enchanteur,
Avec empreſſement il vole ſur vos traces;
Il aime à voir en Vous, ſous les attraits des graces
Des Héros Pruſſiens éclatter la grandeur.
Il ſe dit: „La voilà cette illuſtre Héroïne,
„Dont le grand coeur bravant mille périls divers,

„D'une augufte Maifon a paré la ruine,
„Et fauvé le Batave, en l'arrachant aux fers.
„De fon grand Trifaïeul, de Frederic-
   Guillaume,
„Elle a renouvellé l'exemple généreux:
„Un FREDERIC - GUILLAUME a fecondé fes
   voeux:
„C'eft fon Frère, & fa main a détruit le fantôme
   „Qui foulevait les Bataves entre eux.
„C'eft le droit de fon fang de faire des heureux."

De vos nobles travaux goûtez la récompenfe.
Le Batave & vos Fils vous doivent leur grandeur.
Aù milieu des tranfports de leur reconnoiffance,
Partagez - en longtems la gloire et le bonheur.
Tel eft l'arrêt des Dieux. De vos longues années
   Rien ne doit troubler l'heureux cours:
Ils ont à Vos vertis fixé des deftinées,
Qui fur vos Petits - Fils doivent régner toujours.

Atropos an die Frau Prinzeſſinn von Oranien Königl. Hoheit.

Wäreſt du ſchon nicht die Schweſter des weiſeſten Königes, welcher die Ehre und das Glück der Preuſſen iſt; ſo würde deſſen ungeachtet das Volk an der Tugend, welche in Wilhelmine's Herzen wohnt, den lebhafteſten Antheil nehmen.

Wundere dich daher nicht, daß an dieſem frohen Tage alles entgegen eilt. Mit Entzücken ſieht man in dir die grazienvolle Schönheit und die größte Pracht eines Preuſſiſchen Helden glänzen. Zu ſich ſelbſt ſpricht er:

„Das iſt die berühmte Heldinn! Ihr Herz
„trotzte ſo viel tauſend Gefahren! Sie verhü-
„tete den Fall der Republic und befreite ſie von
„den Ketten der Knechtſchaft! Von Friedrich
„Wilhelm, Ihrem Urgroß-Vater erneuerte ſie
„das rühmliche Beiſpiel. Friedrich Wilhelm
„befriedigte die Wünſche ihres Herzens. Er als
„Ihr Bruder zerſtob mit eigener Hand das
„ſchwärmeriſche Hirngeſpinnſt, welches Holland
„unter ſich entzweiet hatte. Die Bande des
„Blutes machten es zur Pflicht, Völker zu
„beglücken."

Empfange für deine edle Bemühung die wärmste Belohnung. Die Bataven mit ihren Söhnen verdanken dir die Größe ihres Vaterlandes. Noch lange müssest du unter Sie Ehre und Glück theilen!

Daß du noch viele glückliche Jahre zählest, diese durch drückende Leiden niemahls getrübt werden mögen, und daß sich das Schicksal, welches dir alle Tugend bestimmte, auf deine Enkel und Ur-Enkel fortpflanzen soll; dieses ist der Ausspruch der Götter!

Atropos a son Altesse Royale Madame la Princesse Ferdinand de Prusse.

Des jours utiles à l'amitié,
A l'infortune, aux arts, au gout:
Dont l'influence embrasse tout
Ce qui peut ajouter aux charmes de la vie,
PRINCESSE affable & bonne,
Ont trop de droits à nos égards,
Pour que le sort, dans Ses écarts
Ne suspende pas même, le pouvoir qu'il nous donne.

Lachésis ourdira vos jours;
Clotho les filera de soye & dor;
Moi, j'en prolongerai le cours
En dépit du destin, à mes dépens encor,
Je veillerai sur vous: ma lente obéissance
Vous assure, ô PRINCESSE! les jours les plus
nombreux.
Si je pouvois des Dieux réunir la puissance
Je vous rendrois sur terre, immortelle comme
eux.

Atropos an die Frau Prinzessinn Ferdinand von Preussen, K. H.

Die Tage zum Wohle der Freundschaft, zur Verminderung des menschlichen Elendes, zur Unterstützung der Künste und Wissenschaften und des guten Geschmackes, überhaupt zu allem, was nur das Leben angenehm machen kann, angewandt, haben liebenswürdige Prinzessinn auf uns den größten Einfluß. Möchte nur das Schicksal, selbst bei den ungewöhnlichsten Fällen, die Gewalt besitzen, den Lauf deines schönen Lebens niemahls zu hemmen.

Lachesis wird deine Tage netzend verstärken, Clotho sie mit größtem Glanze bespinnen, ich aber werde sie der Bestimmung zum Trotze verlängern.

Deine Lebenszeit zu bewachen ist mir größte Pflicht. Durch die Zögerung meines Gehorsames verspreche ich, Dir die längsten und glücklichsten Tage. Und könnte ich die Macht der Götter vereinigen; so würde ich Dich hienieden wie sie, in die Unsterblichkeit versetzen.

Wegen Mangel des Raumes folgt die Beschreibung der andern Character-Masken in dem nächsten Stücke.

Vorläufige Antwort an die Ober-Landes-Aeltesten und Vorsteher der Berlinschen Judenschaft.

Zu den Zeiten der Talmudisten kam ein Grieche zu einem damahligen jüdischen aber sehr vernünftigen Volkslehrer. Hilol war sein Nahme. Der Grieche sagte: da ich deinen Glauben annahm; so lehre mich jetzt, wie ich das ganze Gesetz auf einmahl begreifen kann. Hilol antwortete ihm: Ich will dir, mein Sohn, ohne mich vorher in eine große Weitläuftigkeit einzulassen, nur einen Grundsatz in das Gedächtniß prägen, er bleibe aber gleichsam der erste aller derer, welche schon waren und vielleicht noch kommen dürften. Dieser Grundsatz heisset: Liebe deinen Nächsten wie dich selbst!

Sollte der sanft modernde Hilol erst jetzt noch zum Lügner werden? Behüte! Behüte!

Tlantlaquatlapatli.

Nicht der Herausgeber, sondern die fretilichen Vorfälle sind schuld, daß noch einmahl drei Bogen ausgegeben werden müßten. Künftige Woche aber bleibt es wieder bei den gewöhnlichen zwei. Da sich die Feierlichkeiten dem Schlusse nähern; so ist man auch wieder in dem Stande, unterhaltendere Gegenstände für Berlins Bürger aufzutischen. Das nächstemahl davon einige Pröbchen.

Chronic von Berlin,

oder

Berlinsche Merkwürdigkeiten.

Volksblatt.

Neun und sechzigstes und siebzigstes Stück.

Berlin, den 29. August. 1789.

Tlantlaquatlapatli's Zeitung.

Feierlichkeiten bei dem Aufenthalte Ihrer Königl. Hoheit der Frau Erbstatthalterinn, Prinzessinn von Oranien.

(Siebente Fortsetzung.)

Große Königliche Redoute.

Ein Gegenstand, wenn er auch von der einen Seite noch so glänzend in das Werk gestellt wird, kann niemahls die gehörige Wirkung hervorbringen: Wird er aber durchaus nicht nur gut angefangen, sondern ebenfalls auch so ausgeführt; so muß allerdings das allervortrefflichste Meisterstück entstehen. Dieser Fall traf hier ein. Jeder Kenner der Tanzkunst wird eingestehen, daß die Idee der Quadrille geschmack- und prachtvoll war: daß sie die Fürstlichen und andere hohe Standes-Personen meisterhaft ausführten und daß sich der Erfinder, welches unser verdienstvolle Lauchery war, durch diese Quadrille oder den sogenannten Götter-Tanz abermahl die größte Ehre, den größten Beifall, die Gnade des Hofes, ja allgemeine Aufmerksamkeit erwarb.

Die Pracht des so richtigen Coustume's, der Wett-Eifer, welcher selbst unter den Mitgliedern herrschte, seinem Character getreu zu bleiben, die Pünctlichkeit, womit alles ausgeführt wurde, die warme Theilnehmung, welche die ganze Versammlung an dem Feste einer so liebenswürdigen Prinzessinn äußerte — wer ist wohl in dem Stande alles dieses mit Worten auszudrücken?

Einen solchen prachtvollen Gegenstand muß man selbst sehen. Und wer ihn sah wird mit Tlantlaquatlapatli ausrufen: Schön! Herrlich! Reizender, prachtvoller kann sich die Mutter Natur mit der Kunst nicht paaren! Eine drückte auf die andere gleichsam den Stempel der Originalität. Schwesterlich wetteiferten beide. Kunst war Natur und Natur Kunst. Ein solches glänzendes Schauspiel wird kein Hof feierlicher, kostbarer und geschmackvoller vorstellen können!

Da das Publicum acht Tage vorher schon wußte, daß von Seiten des Hofes ein so glänzendes Fest zu Ehren der Frau Prinzessinnn von Oranien K. H. gegeben werden sollte; so war gar wohl zu vermuthen, daß es an Masken nicht fehlen würde.

Abends um sieben Uhr waren schon die meisten Logen besetzt. Sehr viele wollten lieber die große Hitze aushalten, als zu spät kommen. Um acht Uhr wimmelte alles voll Menschen. Kaum konnte noch für die Quadrillen Platz gemacht werden. Die Art und Weise, womit die commandirenden Officiere Platz machen ließen, verdient deswegen angeführt zu werden, weil dabei größter Anstand und Höflichkeit herrschten. In dem dritten Range, welcher sonst bloß von Zuschauern besetzt ist, sah man ebenfalls ungewöhnlich viele Masken. Wegen Mangel des Raumes begaben sie sich natürlicherweise hinauf und wollten sich auch von allem näher überzeugen. Nach dem Ende des so feierlichen und glänzenden Festes fingen die Tänze der Masken an.

Obgleich die Zahl der Masken so beträchtlich war, als sie niemahls leicht beträchtlicher seyn dürfte; so konnte man dessen ungeachtet für die große Menge sehr wenig auszeichnende Charactere bemerken.

Folgender Anzug fiel vorzüglich auf. Er bestand in einem schönen grünen Domino. Die Arme derselben waren von silbernen Klopf-Flor. Der große Hals-Kragen, an welchem sich mehr als hundert Orange Büschelchen befanden, war von ebendemselben Zeuge. Auf dem Taft sah man eine mit Farben sauber gemahlte Allegorie. Sie stellte nämlich einen marmorirten Altar vor. Auf demselben brannten mehrere Herzen. Der aus den Wolken kommende Adler hielte mit seinen Klauen die Fackel der Freundschaft und einen Cranz (die Liebe vorstellend.) Alles gliche einem Ovale vierfach medusenmäßig geschlängelt. Der Deckel der Mütze bestand aus ausgerupften Orange Taft. Die hinterste Seite hatte vier Schleifen von Milch-Flor. Diese bedeckten den darunter befindlichen·

grauen Flachs Kopf. Die Nase der Maske war sehr groß. Es schien die Stamm-Mutter aller Nasen gewesen zu seyn. Sie deckte den halben am Gesichte befestigten grauen Bart zu. Einen mit wohlriechenden Blumen geschmückten Scepter hielte die Maske in der Hand.

Wegen der großen Nase mußte sie viele Fragen beantworten. Unter andern fragte sie eine Person (Es schien eine Prinzessinn gewesen zu seyn.) My dear Masye! is your Nose not the first of all Noses? (Ihre Nase, meine theure Maske, ist wohl die Erste aller Nasen? (Sogleich erwiederte die langnäsichte Maske: Jam of felf Opinnion! (Ich bin eben dieser Meinung.) Man bemerkte nachher, daß diese beide Masken mehr mit einander aber alles englisch sprachen.

Eine Maske ganz einfach bürgerlich aber etwas altmodisch gekleidet, theilte folgende Nachricht aus.

Da ich Endes-Unterschriebener oft die gegründeten Klagen der Künstler und Kunstliebhaber der Redouten-Freunde und ihrer Schneider wider die Unbestimmtheit der Götter-Lexicone hörte, so dachte ich schon längst darauf, ein vollständigeres zu liefern. Die Furcht aber, wie viele andere in Irrungen zu fallen, hielt mich davon ab.

Da aber heutigen Tages die Götter selbst unter uns Menschen gekommen, so ergreife ich die Gelegenheit, sie nach der Natur und pünctlich so wie sie seyn zu schildern.

Das Werk erscheint mit Kupfern den 29ten Februar. Man subscribirt bei dem Pastor Lorum.

Die Kupfer auf geglättetem Schweizerpapier sind von dem Collecteur selbst radirt.

Wer auf eins subscribirt, bekömmt 10 frei. Den 7ten August 89.

Pentegruel.

Inspector des Antiken-Cabinetts Sr. Kaiserl.
Majestät von Fez und Marocco.

Sie hatte ein weisses Papier Folio mäßig eingebunden, sammelte Subscribenten und trug sie ein. Bei der Königlichen Loge hielt sie sich mehrmahls auf, gab auf die Götter-Anzüge achtung und machte schriftlich ihre Bemerkungen. Der Gedanke war sehr gut und ungeachtet ihn nicht alle verstanden, so mußten doch die Kenner, wo die Sache hinauslaufen sollte.

Die Stadt Berlin am Geburtstage Ihrer Königl. Hoheit, der Frau Erbstatthalterinn Friederike Sophie Wilhelmine.

O sei in diesen Mauern mir gegrüßt,
Erhabne Fürstinn, nimm aus meinen Händen
Hier dieses Band, das Dir geheiligt ist;
Ich kann gerührt Dir dieses Band nur spenden,
Allein Dein edles Herz, verehrt
Von einer Welt mit staunendem Entzücken,
Wird nie nur auf der Gaben Werth,
Nein — auf das Herz des Gebers blicken,
Dann werden kleine Gaben groß. —
O sei beglückt, — sei's in der Ruhe Schoos —
Wird dieser Wunsch erfüllt, so wird Dein Leben,
Erhaben über jeden Erdenschmerz,
So reich an Wonne, wie Dein weiches Herz
An Tugend ist, Dir sanft vorüber schweben.
Ja, Deinem großen Bruder gleich,
Wirst Du Dein Volk mit Liebe dort beglücken,
Und dankbar wird mit wonnetrunknen Blicken
Der Enkel Dich, wenn spät die Zeit Dir bleich
Die Scheitel färbt, mit edlen Lorbern schmücken.

Eine weibliche Maske mehr römisch als teutsch gekleidet, theilte dieses Gedicht, welches wirklich recht artig ist, aus.

Der Gedanke derjenigen, welche einen Orangenbaum mit reifen Früchten brachten, war gut, aber die Ausführung schlecht. Eine Person hätte ihn können allein vorstellen. Der Hof pflückte von den Früchten, welche Devisen enthielten, ab. Was übrig bliebe, führten sich die übrigen Masken zu Gemüthe.

Ein Hanswurst machte auch seine Aufwartung, betrug sich aber gar nicht, wie es hätte geschehen sollen sollen. Diejenigen, welche solche Charactere an öffentlichen Plätzen nicht behaupten können, würden besser thun, wenn sie entweder gar wegblieben oder nur in ihrem Domino erschienen.

Eine Amme mit ihrem Kinde, welches von Wachse gemacht war, kam auch zum Vorscheine. Das Kind machte seinem Vater Ehre.

Hamlete, Ritter, Römer und Römerinnen, Dominicaner, andere Priester, auch einige Bosniacken, Blumen- und Gärtner-Mädchen, Feldjäger, Schäfer und Schäferinnen, eine Venus, Bauern und Bäuerinnen zeichneten sich vorzüglich aus. Die Anzüge der meisten aber waren zusammengesetzt, folglich nicht zu benennen. So gewiß es bleibt, daß manche Masken mit vielem Geschmacke angezogen waren; so gewiß bleibt es auch, daß manche sich sehr erbärmlich angezogen und auch nicht den allergeringsten guten Geschmack geäußert hatten. —

Allgemein genommen, dürfte, wie schon berühret wurde, keine Redoute glänzender als diese ausfallen.

Unser Friederich Wilhelm hatte einen schwarzen Domino und führte die Durchlauchtigste Schwester selbst in der Redoute herum. Allerhöchstderselbe äußerte über den warmen Antheil, welchen jedes an dem erfreulichen Geburts-Feste nahm, die lebhafteste Freude.

Die Prinzen und Prinzeſſinnen des Königl. Hauses, desgleichen die andern Fürstlichen und andere hohen Standesperſonen verloren ſich ebenfalls unter den andern Masken und bewiesen, daß sie nichts weniger als Stolz kennen.

Verschiedene Character-Masken übergaben auch den Prinzeſſinnen des Königl. Hauses sehr artige Gedichte. Folgendes an die Prinzeſſinn Luise von Preuſſen K. H., welche bekanntlich bei der Götter-Verſammlung als Juno erſchien, gerichtetes Gedicht iſt zum Einrücken eingeſandt worden.

A Juno.

Princeſſe, ſous vos traits on meconnoit Junon;
    Superbe & d'une humeur altiere,
        Cette divinité, dit-on;
    A l'Olimpe ne fut pas plaire.
Si comme vous, elle eut pris à Venus
    Ses roſes, ſa riche ceinture.
A l'amour ſon ſouris, aux graces leur parure,
    Jointe aux charmes de vos vertus;
        Alors la ſuperbe immortelle
Eut éprouvé, qu'il n'eſt pas de grandeur
Sans le droit précieux de regner ſur le cœur
    Et Jupiter lui fut reſté fidèle.

An die Juno.

Unter deinem Zuge, Prinzeſſinn, verkennt man die Göttinn Juno, welche, wie die Sage ging, wegen ihrer Pracht und stolzen Sinnes in dem Olymp nicht beliebt war.

Hätte sie, wie Du, von Venus die Rosen und reiche Schärpe, von Amor das Lächeln, von den Grazien ihren Putz und vorzüglich deine liebenswürdige Tugend genommen; so würde die stolze Unsterbliche empfunden haben, daß der höchste Stand und größte Glanz nichts bedeuten, wenn man nicht die Herzen zu beherrschen weiß. Jupiter aber wäre ihr getreu geblieben.

Von selbst versteht es sich, daß die Orange Farbe heute noch den größten Rang behauptete. Orange Dominos, weibliche und männliche Anzüge, Strümpfe und Schuhe, Blumen und Bänder, Fächer und Handschuh, kurz die meisten solcher Geschichten waren von Orange Farbe. Eine weibliche Maske sagte zu der andern: Wie gefällt ihnen mein Orangen-Habit? O allerliebst! — Das kömmt daher, weil ich mir alles selbst färben kann!

Noch verdient die Ordnung bemerkt zu werden. Für die große Menge Masken ging alles ziemlich exact.

An das Essen dachte man wegen der großen Hitze nicht sehr, desto mehr aber an das Trinken. Man sehnte sich nach einem Glase Punsch vorzüglich Limonade. Bei einigen waren die Getränke sehr gut. Einige aber nahmen sich die Freiheit solche Limonade vorzusetzen, dessen Wasser faul und die Citronen schimlicht waren. Es geht in einem hin, dachten einige. Wollt ihr nicht, so lasset es stehen. Richtig traf es öfters ein. Mancher war froh, etwas verfaultes und verschimmeltes für seine drei Groschen zu erhalten. — Man forderte nemlich ein Glas Limonade, bezahlte drei Groschen und erhielte dafür ein — Gläschen. Punctum.

Sehr viel getanzt wurde nicht, weil die Zahl der Masken zu beträchtlich war. Der Hof bliebe bis gegen 12. Die Redoute aber dauerte bis gegen drei. Bei dem Anfange der Redoute fing es an zu regnen. Dadurch gewannen die Lehn- und andere Kutscher manches Thälerchen. Freude und Entzücken las man auf ihren Gesichtern. Destomehr aber brummten sie, als die Redoute zu Ende ging. Denn die Witterung hatte sich aufgeklärt. Der Abend oder vielmehr der junge Morgen war ſehr angenehm ſternhell. Der abnehmende Mond leuchtete lieblich. Alles ſchien romantiſch. Mancher und manche benutzten dieſe ſchöne Gelegenheit, blätterten im theoretiſchen Buche der Liebe, machten eine Promenade nach den Linden und ſuchten alles practiſch anzuwenden.

Ein Lehn-Kutſcher, welcher auf ſeinem Bocke ſaß, verfügte ſich ſchnell von ſeinem Sitze, fragte mehrere Masken, ob ſie nicht nach Hauſe fahren wollten. Nein, war meiſtentheils die Antwort: die Witterung iſt zu ſchön! Ja, ja, rief der Kutſcher ernſthaft aus. So geht es mit uns! Bald zu viel, bald gar nichts! Hätte ich heute bei dem Aufſtehen meinen Morgen-Segen gebetet; ſo würde mich der liebe Gott erhöret haben! Komm Hans, wollen weiter!

Redoute bei der Madame Schubitz.

Sehr leicht war vorauszuſehen, daß dieſer feſtliche Tag von unſerer herzgeliebten Madame Schubitz auch mit Pompe und Glanze gefeiert werden dürfte. Zu dem Ende ließ ſie einen vortrefflichen Abend-Schmaus zu bereiten, erfriſchte dieſen mit den gehörigen Weinen und nahm für die Perſon nur zwei Thaler! Das heisset man ganz gewiß Billigkeit.

O ihr Pedanten, Orthodoxen, Geizhälse, die ihr so oft über Madame Schubitz brummt; ihr Kargheit, Sparsamkeit von der einen und Ausleerung des Beutels von der andern Seite vorgeworfen habt, was sagt ihr nun? Seht, so sammelte die Frau feurige Kohlen auf die Köpfe ihrer Feinde und anderer Nimmersatte! So zerstob sie auf einmahl alle falsche Gerüchte! So lähmte sie alle Läster=Zungen! So speißte sie die Heißhungrigen, feuchtete die Trocknen an und stillte den Schmachtenden ihre Wünsche durch die reizendste Augenweide!

Und wodurch? Durch ein so glänzendes Redoutchen für — zwei Thälerchen!

Großmuth, Großmuth du mahltest hier ein wahres Meisterstück! Und du, Stärke der Liebe, behauptetest so deine Rechte, wie einst Madame Delila als sie den Monsieur Simson einst enthaarte und sich seine Stärke durch Ihre Schere zu Gemüthe zog.

Nicht genug war es, daß Madame Schubitz für ein so geringes Sümmchen, ein so leckerhaftes

Souper auffchüsseln ließ, sie zeigte sich auch vorzüglich bei dieser Gelegenheit als die erste Königinn der Liebe! Ihre Lust-Göttinnen und Nymphchen, Grazien und Schäferinnen waren so trefflich und anziehend, so geschmack- und wonnevoll angekleidet, daß man vermuthete; sie wären so eben aus den Elisischen Gefilden geholt worden. Derjenige, welcher von der großen Friedrichsstraße in die liebevolle Wohnung hineintrat, glaubte nicht anders, als er käme auf einmahl aus der Unterwelt in das entzückendste Reich der Liebe. Wer nun zu keinen so liebenswürdigen Gegenständen vorbereitet war, wußte gar nicht wie ihm geschah. Tlantlaquatlapatli ging es so. Er trat in das Redouten-Sälchen und — ja und lieber Apoll! Das Herzchen, ungeachtet es schon lang ehemännisch schlug, klopfte doch diesesmahl weit, weit stärker! Gutes Schnipfelchen, wenn du wüßtest, wo dein Tlantchen wäre! Muth, nur Muth, Herz! so sprach Tlantlaquatlapatli mit sich selbst. Willst den blöden Schäfer machen, nur ein innocente amoroso spielen, dich dafür an den leckerhaften Gerichten laben und an den Honig-Blicken der weiblichen Gegenstände sättigen.

Wenn das Auge zu viele schöne Gegenstände auf einmahl zu sehen bekömmt, wenn Herz und Seele im Gefühle der Liebe gleichsam Sturm lauffen müssen, dann ist es freilich kein Wunder; daß ein so armes Erden-Würmchen der Macht der Liebe unterliegen muß. Ganz natürlich geht dieses zu. Bären und Wölfe, Ochsen und Esel, Kühe und Schaafe, Pfauen und Gänse bringen ihren Zoll: wie weit eher ein Würmchen wie Tlantlaquatlapatli, welches schon zufrieden ist, wenn es die äußerste Schale kosten kann! Was half es all! Die Redoute bei Madame Venus, Schubitz, wollte man sagen, war schön und glänzend. Unschuld und Freude, Wonne und Entzücken wetteiferten, begannen ihren Kampf, wurde er ernsthafter, so neigte Madame Schubitz ihr Scepterchen der Liebe und sprach: Friede! Sogleich leistete man Gehorsam.

Das Betragen der Domino und Masken-Gäste war ganz dem Gegenstande angemessen. Als Wirthinn des Hauses behauptete Madame Schubitz ihren Platz. Von einer pöbelhaften Unordnung wußte man nichts. Man aß und trank; man scherzte und küßte ehrerbietig die Hand: man

girrte

girrte unschuldsvoll und schnäbelte desto feuriger. Alles athmete Liebe! Die Damen glichen den düftendsten Rosen! War es ein Wunder, daß diesen lieblichen Geruch die Gold-Käfer ausspähten? Die Göttinn Luna winkte mit ihrem bleiernen Scepter. Tlantlaquatlapatli wollte sich empfehlen. Nicht doch, Freund! Erst noch einen Sturm der Liebe! Schon recht, antwortete ich: Gern wagte ich ihn, allein mein Weibchen Schnipselchen ist allein! — O fi! Wer wird in Berlin so denken? Vor 50 Jahren lebte man so, aber jetzt in unsern aufgeklärten Zeiten! — Es läuft aber doch wider Moral und wahre Sittlichkeit! — O über den sittlichen Herren! Unschuldige Vergnügen sind Ruhe-Stunden. Diese müssen wir haben! Wer für solche liebenswürdige Gegenstände nichts fühlt, gehöret in das Holz- und Steinreich. Was wollte ich machen? Die meisten Stimmen galten: ich kam in das Gedränge. Der Sturm begann! Ich lief mit und — armer Tlantlaquatlapatli! Der Vorhang fiel.

Xaaa

Hartherzigkeit und Mitgefühl.
Zwo Anthithesen aus P.

Der arme, aber ehrliche Schneidermeister G. zu K. klagte einem Manne, für den er zuweilen arbeitete und der ihm oft Wohlthaten erwiesen: daß er in Gefahr stehe, von seinem Wirthe mit Frau und Kindern auf die Straße geworfen zu werden, wenn er die seit einem halben Jahre schuldige Hausmiethe nicht bezahle. Er rechtfertigte sein Unvermögen so überzeugend, daß sein Kundmann ihm gern mit dem erforderlichen Zinsbetrage ausgeholfen hätte, wenn dessen eigene Vermögensumstände seinen guten Willen gleich gewesen wären. Da er selbst aber ihm nicht zu helfen vermochte, so entwarf er ihm ein Schreiben und rieth ihm, damit bei dem K. K. v. F. Hülfe zu suchen, der in dem allgemeinen Rufe stand, als einer der reichsten Partikuliers in Pr. der jährlich von seinen auf hunderttausend Thalern sich belauffenden Einkünften, mehr als zwanzigtausend Thaler an Arme und Hülfsbedürftige austheilte. Schneider G. ging damit hin und hatte nach vielen vergeblichen Bemühungen endlich Gelegenheit, den Geschäftsträger des K. R. v. F. nicht nur sein Anliegen zu schildern, sondern auch seinen Brief zur Einreichung abzugeben. Eine halbe Stunde mußte er auf Antwort warten und dankte schon im Stillen der Vorsehung für den Beistand, dem er entgegen sahe, als ihm ein Bedienter ein versiegeltes Billett herausbrachte. Er eilte damit zu seinem Kundmanne, ohne es zu öfnen, um ihn an der Freude den ersten Antheil zu geben und nun fand sich das Schreiben des Schneiders mit seiner eigenhändigen Beischrift des Millionärs wieder zurück. Folgendes ist der Inhalt von beiden:

Hochwohlgebohrner Herr,
Hochzuverehrender Herr K. R.
Gnädiger Herr,

Ew. Hochwohlgeb. haben, wie ich gehört, so vielmahls durch thätige Hülfe unglückliche Mitbürger Hochdero edele Denkungsart und Menschenliebe an den Tag gelegt, daß auch ich es wage, auf dieselbe in meinem jammervollen Zustande demüthigen Anspruch zu machen, der um so härter ist, je weniger ich solchen selbst verschuldet habe und je weniger ich ihn laut sage, weil mich das Gefühl der Ehrliebe noch nicht zur Klasse der schamlosen Bettler hat herabsinken lassen.

Ich bin seit mehreren Jahren allhier zünftiger Bürger und Schneidermeister; habe Frau und Kinder und habe seit Jahr und Tag keine Nahrung. Zins und kümmerlicher Unterhalt nebst Krankheiten haben alles hingenommen. Ich bin ohne Arbeit und wollte gern arbeiten und mein Brot verdienen. Ich stehe im Begriff, der rückständigen Hausmiethe wegen, von einem unbarmherzigen Wirthe auf die Straße geworfen zu werden. (Ich weiß keine Zuflucht, als zu Gott und Ew. Hochwohlgeb. den großmüthigen Unterstützer so mancher armen Familien, der helfen kann und helfen will,) dafür bürgt dessen edles Herz, das ich demüthig anflehe, mein Schicksal zu entscheiden, welches mir Elend und Verzweiffelung in der Nähe zeigt.

Wehmuthsvoll bete ich für Hochdero Wohlergehen und ersterbe

Ew. Hochwohlgeb.

K. in Pr.   unterthäniger Diener,
den 5. April 1788.   Der Schneidermstr. G. allhier.

Eigenhändige Antwort.

Nehmen Sie nur Ihre Zuflucht zu dem gefühlvollen Konzipienten Ihres Briefes.

J. F. W. v. F.

Die in dem Briefe mit Schwabacher gedruckten Worte, waren von dem Herrn v. F. ausgestrichen.

―――――――――

Der Doctor G. zu E. kam durch Feuerschaden und anderes Unglück so weit herunter, daß er um sich und die Seinigen vom Untergange zu retten, den Kaufmann E. um ein Anlehn von 100 Thalern bat. Er erhielt solches gegen einen Wechsel; die Summe binnen sechs Monat wieder zu bezahlen.

Nach Verlauf dieser Zeit aber, war er noch nicht im Stande, diese Schuld abzutragen; er ersuchte seinen Gläubiger um eine neue Frist, die ihm auch bewilligt wurde. Einige Zeit nachher wurde Doctor G. durch Unterstützung seiner Freunde als Kreis-Physicus nach M. befördert. Er meldete dieses seinem Gläubiger; versicherte nunmehr seine Schuld in den ersten sechs Monath zu tilgen und legte ihm zum Abschiede sein Stammbuch vor, mit Bitte, ihm ein Andenken als sein bisheriger Wohlthäter einzuschreiben. Kaufmann E. behielt das Stammbuch an sich und schickte es folgenden Morgen dem Doctor zurück. Wie groß war aber das Erstaunen des Letztern, als er bei der Eröfnung des Buches, selben, dem Herrn E. ausgestellten Wechsel über 100 Thaler, cassirt und mit der Unterschrift darin liegend fand: Zu meiner Erinnerung.   E...

> Dieser edelmüthige Kaufmann besitzt nicht den zwanzigsten Theil des Vermögens, über welches der K. R. v. S. vom Glücke zum Wächter gesetzt ist.

Fürchterliche Donnerwetter. Entzündung des Blitzes. Feuer-Tumult. Predigt des Herrn Ober-Consistorial-Rathes Silberschlages. Gewitter-Ableiter.

Ein Kenner der Natur und der Physic sagte diesen vergangenen Frühling: Behaupten will ich es eben nicht, aber doch mußte ich mich sehr in meiner Rechnung irren, wenn wir dieses Jahr nicht viele und doch viele Gewitter bekommen würden. Nicht viele, weil die meisten vorüberziehen werden. Viele: weil diejenigen, welche bei uns ausbrechen, desto gefährlicher werden. Die Prophezeihung dieses braven Mannes traf bis jetzt pünctlich ein. Die meisten Gewitter zogen vorbei, dafür aber drohten diejenigen, welche bei uns einkehrten, größten Schrecken und Vernichtung.

Die Tage von dem 1sten bis zu dem 21sten August waren ziemlich warme Tage. Der Sonnabend aber (22te August) schien die vorhergehenden alle zu übertreffen: Schon des Morgens in aller Früh fühlte man, daß dieser Tag seine Collegen an Hitze übertreffen würde. Von Stunde zu Stunde traf dieses Gefühl immer richtiger ein. Nachmittags trübte sich zwar unsere Atmosphäre etwas, aber die Hitze wurde drückender. Eine Windstille herrschte. Alles verkündigte und zwar mehrere Gewitter. Abends gegen 5 hatten sich dieselben wirklich eingestellt. Es blitzte, donnerte, regnete etwas. Der Wind aber erhob sich und zerstreute alles. Da die meisten Gewitter dieses Jahr über Berlin wegzogen, so vermuthete man mit Rechte, daß es diesmahl ebenfalls so geschehen würde. Der Himmel war etwa eine Stunde nachher etwas aufgeklärter, die Hitze aber behauptete noch immer ihren Rang. Abends um die siebente Stunde bemerkte man, daß sich ein starkes regenschwangervolles Gewölk unserer Residenz Stadt Berlin näherte. Ob nun gleich mehrere vermutheten, daß dieses abermahl vorüber ziehen würde, so wurde man bald von dem Gegentheile überzeugt. Da sich sonst erst nach acht Uhr der Tag neigte, so geschah dieses jetzt schon eine halbe Stunde früher. Der Wind verwandelte sich in den größten Sturm. Menschen=Gedankenschnell jagte er das Gewitter zu uns. Der Sturm schien auszuruhen. Fürchterlich schwebte alles über unsern Horizont und hüllte die noch letzten Reste des Tages in die stärkste Finsterniß ein. Das Gewitter brach gegen acht aus. Kaum zeigte sich dieses in seiner Stärke, so wurde es durch ein noch stärkeres verdrungen. Blitz auf Blitz. Donner auf Donner. Der Sturm heulte. Kiesel und Regen wetteiferten. Der ganze Horizont schien entzündet zu seyn. Einigemahl hatte der Blitz doch ohne Wirkung eingeschlagen. Auf einmahl aber wollte er seine Rechte ganz behaupten. Der Hagel gebahr doppelte stilltödtende schlängelnde Blitze, gleich einer Rakete schossen sie herab und schlugen in den Thurm unserer heiligen Dreifaltigs-Kirche. Sogleich entstand Feuer, welches wie ein Feuer-Rad Funkenweise heraus sprühte.

Nach Entzündung der Blitze erscholl augenblicklich Feuer-Lärmen. Die noch anhaltenden starken Blitze, die langrollenden Donner, der heftige Regen und Wind, das Feuer! Feuer! rufen, bliebe wahrlich ein fürchterliches Schauspiel. So gefährlich das Feuer hätte werden können, so kamen unsere vortreffliche Feuer-Anstalten allen glücklich und so zuvor, daß fast weiter nichts, als das, was durch die Entzündung des Blitzes geschah, beschädigt wurde. Der anhaltende starke Regen trug auch etwas dazu bei. Diesem so heftigen Gewitter folgten noch einige. Zum Glücke für uns standen sie dem vorhergehenden an Kraft nach. Indessen regnete es noch immer sehr stark. Dadurch entstand ein sehr großes Gewässer. Das Feuer war gelöscht und die Angst des Gewitters hatte sich jetzt in einen Feuer-Jubel verwandelt. Durch den Feuer-Lärmen und Trommel-Schlag war des großen Regens ungeachtet, eine große Anzahl Menchen zusammen gekommen. Das Wasser stand an mehrern Oertern knietief. Durch die zu schnelle Ueberschwemung war der Ablauf verstopft: Jetzt ertönte statt des Feuer-Lärmens nichts als Feuer-Jubel! Viele Menschen hatten in das Schauspielhaus ihre Zuflucht genommen. Nach dem Gewitter verfügten sie sich natürlich nach Hause: Allein das starke Wasser, die große Finsterniß, der Schein der Lichter aus den Häusern, welcher oft nur mehr blendete, vermehrte das Jubel-Geschrei. Ein Theil watete bis an die Knie, der andere fiel gar hinein, der dritte verlor seine Schuhe: der vierte wählte den Weg der Oeconomie, zog seine Strümpfe und Schuhe aus, steckte sie in die Tasche und setzte seinen Stab weiter fort. Bei dieser Gelegenheit begegnete Tlantlaquatlapatli auch ein nächtliches Abentheuerchen. Er war eben im Begriffe über einen angelaufenen Rennstein zu setzen, als er eine männliche Stimme hörte: Helfen Sie mich doch, lieber Herr! Erschrocken tappte ich zurück, weil ich vermuthete, daß jemand in den Rennstein wirklich gefallen wäre. Durch den Schimmer eines Lichtes aber

bemerkte ich einen etwas bejahrten Mann einfach aber reinlich gekleidet, mit weissen seidenen
Strümpfen und beschuhet. — Hätten Sie doch
die Güte, lieber Herr, mich hinüber zu
helfen? — Gern, guter Freund, so gut es
seyn kann. Jetzt machte ich mit dem alten Knaben einen Versuch. Allein es ging nicht. Es
geht so nicht, antwortete der Unbekannte:
Ich fülle mir die Schuhe und beschmutze
die Strümpfe. Warten sie doch: Ich will
mich erst die Schuhe und Strümpfe auszie-
hen. — Wozu, Freund? Sie könnten leicht
in Glas oder in einen Nagel treten. — Wenn
schon, allein es geht mit mich nicht. Meine
Frau lebt zu öconomisch. Komme ich mit
nassen Strümpfen nach Hause und sie wird
es gewahr, so wird der Lärmen ärger, als
bei dem Gewitter. Gott behüte, lieber Mann,
da muß ja Ihre Frau eine fürchterliche Posaune
in der Kehle haben! — Ja wohl! fang man
nur mit Weibern nichts an. Um alles in
der Welt heirathen sie nicht. — Während
dessen zog der Unbekannte die Schuhe und
Strümpfe aus und steckte sie bei sich. Da ich

eine kleine Anhöhe bemerkte, so sagte ich zu meinem unglücklichen Ehemanne: Haben Sie die Güte und steigen darauf. Der Mann that es. Nun hängen Sie sich auf meinen Rücken. Es geschah. Jetzt wanderte ich mit meiner Beute wie weiland Aeneas mit seinem Vater Anchises, kam glücklich über das Wasser, setzte sie aber wohl bedächtlich bald ab, denn mein Rücken war solcher Gegenstände gar nicht gewohnt. Wo jetzt hin, guter Freund? Er sagte mir es; ich nahm ihn an meinen Arm und führte ihn ohne Strümpfe und Schuhe bis an sein Haus. — Hier, sagte der gute Mann, hier ist der Wohnsitz meiner Leiden. Gott lohne Sie für Ihre Begleitung! Sie waren mein Schutz-Engel. Da haben Sie auch etwas für ihre Mühwaltung. Er drükte mir etwas in die Hand, während dessen ging seine Thüre auf. Eine noch kernhafte Frau mit einer nächtlichen Dormeuse und einem Lichte in der Hand erschien: Nu, kömmst Du einmahl, Schlingel? Eine saubere Aufführung! Bei einer solchen Donner-Geschichte seine Frau mit dem Dienst-Mädchen allein zu lassen. Komm nur herauf! Wart' — Tlantlaquatlapatli eilte von dannen, weil er befürchtete, daß gar an ihn die Reihe auch nach kommen dürfte. An einem Hause, wo der Schein des Lichtes eine kleine Hellung gemacht hatte, sah er sein Geschenk nach und zählte vier sechs Pfennig Stücke, folglich zwei Groschen. Dankenswerth! Kein Aemtchen ohne Schlämpchen.

Sonntags darauf, als den 23ten August, hielte unser Herr Ober-Consistorial-Rath Silberschlag eine erbauliche Predigt in der heiligen Dreifaltigkeits Kirche. Da jeder vermuthete, daß der Herr O. C. R. Silberschlag des gestrigen Vorfalles auch mit allem Rechte erwähnen würde; so wurde die Versammlung desto zahlreicher. Tlantlaquatlapatli fand sich auch ein und hörte mit der größten Aufmerksamkeit zu. Ueber die Predigt etwas zu sagen, gehöret hieher nicht. Dafür aber will man nur bei einem Satze, welchen der Herr O. C. R. Silberschlag berührte, einige Anmerkungen machen. Der Satz lautete ungefähr so: Wir haben zwar auch schwache Mittel — Man war zwar auch schon bei unserer Kirche darauf bedacht, allein unſere Gemeinde iſt zu ſchwach. Die Koſten ſind etwas ſtark.

Geſetzt, die Koſten wären wirklich ſo außer‐ ordentlich beträchtlich, daß ſie die Gemeinde nicht auftreiben könnte, ſo war es einſt dem Hrn. O. C. R. etwas leichtes eine Königliche Unterſtützung zu erhalten. Friedrich der Ein‐ zige ſchätzte Herrn Silberſchlag wegen ſeiner durchdringenden Kenntniſſe: denn er zeigte ſich von einer ſehr patriotiſchen Seite und ſtiftete dem Königreiche ſolchen Nutzen, wofür ihm die Nachwelt noch danken wird. Die kleinſte Bitt‐ ſchrift des Hrn. Silberſchlag's an den König, würde nie fruchtlos geweſen ſeyn. Friedrich der Einzige ſchlug nie eine gerechte Bitte ab. Bei unſerm Friedrich Wilhelm dem Vielge‐ liebten iſt es eben dieſer Fall. Tlantlaquatla‐ patli will ſogar annehmen, welches aber gar nicht wahrſcheinlich iſt, daß auf Königl. Unter‐ ſtützung niemahls zu rechnen wäre, ſo kann deſ‐ ſen ungeachtet der Hr. Silberſchlag vermuthen, daß die Koſten, wenn ſie ſich auf 4—500 Tha‐ ler belaufen ſollten, doch auf Subſcription zu‐ ſammen kommen würden. Denn wenn ein ſol‐

ches nützliches Werk zu Stande gebracht werden
sollte, welcher redlich denkende Bürger wird sich
wohl davon ausschließen? Gott sey gedankt,
daß wir in Berlin noch manche brave Männer
besitzen, welche mit Freuden zu der Errichtung
einer Blitz-Ableiter das Ihrige beitragen werden. Tlantlaquatlapatli ist nicht reich, aber
wenn ihm die Subscription vorgelegt würde; so
gäbe er mit größten Freuden nach seinem Verdienste ein Schärflein und sollte er sich es von
der andern Seite wieder absparen. Dieses Be-
kenntniß thut er öffentlich, nicht aus Prahlerei,
sondern aus Pflicht. Diese lehrten ihn die
Grundsätze der wahren Religion.

Dem Satze, daß die Mittel wider das Einschlagen der Blitze zu schwach wären, kann man
nur dann beitreten, wenn derjenige, unter dessen
Aufsicht die Blitz-Ableiter errichtet und geführt
wird, nichts versteht. Von einem solchen ein-
sichtsvollen Manne aber, wie der Hr. O. C. R.
Silberschlag ist, läßt sich dieses gar nicht denken, noch weniger erwarten. Wenn aber der
Blitz in eine Kirche mehrmahl einschlägt, wenn
man endlich übereinkömmt, eine Blitz-Ablei-

ter zu machen, diese bis auf die Hälfte ungefähr errichtet, sie alsdann, weil es an einer solchen Person fehlt, welche das Werk ganz ausführen soll, gar so halbstehen läßt, in der Hoffnung, das Gewitter wird wohl vorüberziehen: statt dessen einschlägt, die Kirche in Feuer gleichsam aufgeht. Wenn solche Vorfälle begegnen, dann ist es freilich traurig. Dieses Loos traf kürzlich Stettin.

So wenig sich Tlantlaquatlapatli für einen Physicum und Kenner der Electricität ausgibt; so behauptet er doch, daß, je mehr Gewitter-Ableiter in einer Stadt angebracht sind, desto weniger Gefahr ist sie unterworfen, folglich muß der Nutzen für das Ganze immer sehr ansehnlich bleiben.

Verbesserung.

Seite 1056. Z. 4 von unten muß statt: der schnelle erfolgt, der schnelle Erfolg gelesen werden.

Chronic von Berlin,
ober

Berlinsche Merkwürdigkeiten.
Volksblatt.

Ein und zwei und siebzigstes Stück.

Berlin, den 5. September. 1789.

* Tlantlaquatlapatli's Zeitung.
Klagen der Schuster und Schneider. Wohlfeile Stiefel.

So wäre nun diese Reboute auch vorbei, sagte ein braver Schneider-Meister in der Tabagie, ohne daß ich das Geringste dabei verdiente. Trösten Sie sich mit mir, erwiederte ein Schuhmacher-Meister. Mir ging es eben so. Ich habe, Gott sey Dank, eine gute Kundschaft, aber was glauben Sie wohl, wie viele Arbeit ich zu allen den Feierlichkeiten lieferte? — Wenigstens 12 Paar Schuhe! Ein Paar alte Schuhe ausgeflickt! — Sollte man glauben, daß es möglich wäre! — J freilich!
Bbbb

Viele Leute verjubeln von der einen und zwacken dafür auf der andern Seite wieder ab. Die Zeiten sind schlecht. Der Umlauf des Geldes schwach. Der Reiche scharrt zusammen. Der Arme muß leiden, der Mittelmann behilft sich so gut er kann, damit er sich mit Ehren durch die Welt schleppt; die Pfuscherei kömmt dazu. Entweder pfuschen die Gesellen aus dem Hause, werden sie Meister, so nehmen sie sogleich Kunden mit. Ja, ja schöne Geschichten! Für den guten Willen bekömmt man doch nichts als Undank. — Undank nicht allein, erwiederte der Schuhmacher-Meister, sondern auch Brot-Neid und Mißgunst kommen dazu. Das Leder ist seit einigen Jahren 20 Prozent höher gestiegen, dessen ungeachtet unterstehen sich Schuhmacher ein Paar neue Stiefel für einen und halben Thaler zu verkaufen. — — Ei was Sie sagen! — Hohl mich der Geier, wenn ich lüge. Aber was sind die Folgen? Die Leute tragen die Stiefel kaum drei Tage; so ziehen sie Wasser, führen sie daher an, bringen sich um Kundschaft und werden Bettler. — Bei uns geht es nicht viel besser, erwiederte der Schneidermeister. Jetzt sind bei uns die schlechtesten Zeiten! Zwei haben viel zu thun, die andern gar nichts. Was soll man machen, ein gläubiger Christ faßt sich!

Natürlich pohlnische Juden Character-Maske.

Zu der Beschreibung der Character-Masken, wovon man in dem letzten Stücke erzählte, gehöret noch folgende Anecdote, welche wegen Ihrer Wahrheit berührt zu werden verdient.

Ein pohlnischer Jude, welcher zwar sehr viel von einer Redoute erzählen hörte, aber noch niemahls eine gesehen hatte, fühlte die größte Sehnsucht einer selbst beizuwohnen. Bei der letzten Redoute suchte er seinen Wunsch zu befriedigen. Zu dem Ende suchte er sich noch einen guten pohlnischen Freund als Gesellschafter aus. Vor allen Dingen aßen sie sich bei ihrem Sonnabend Herren herzlich satt und gingen alsdann Hand in Hand nach dem Opern-Hause. Die Erleuchtung in der Ferne vermehrte die Neubegierde der Polacken noch weit mehr. Sie verdoppelten daher ihre Schritte und drangen durch die Leute. Der eine äußerte sehr viele Schüchternheit, der andere hingegen desto mehrere Dreistigkeit. Dieser drang sich bis zu dem Eingange. Nun schien ihm guter

Rath theuer zu seyn; denn er bemerkte, daß die Wache die Zuschauer alle abwies. Einige Augenblicke stand er still, hielt die Hand an seinen Bart und dachte wohl: Main! wie kummt man dorin? Indem er auf diese Art mit sich selbst philosophirte; so hörte er einen Officier befehlen; daß die Soldaten Platz machen sollten. Bei dieser Gelegenheit erhielte der Polacke von den andern Leuten noch mehrere Rippen-Stößchen und wurde dadurch so gedrängt, daß er der Wache ganz nahe kam. Diese glaubte, der Polacke sey eine wirkliche Character-Maske, stieß die Leute zurück und rief: Platz, Platz vor der Maske! Platz in zwanzig Teufels Nahmen! — Gehen Sie, sagte die Wache zum Polacken, gehen sie hinein, meine schöne Maske! — Der Polacke besann sich nicht lange und ging sogleich hinein. Vielen Zuschauern machte er noch Zeitvertreib, denn alle glaubten, es wäre eine verkleidete Character-Maske. Indem sich der Polacke hinein verfügte; so baten ihn zwei Stadt-Mädchen, er möchte sie doch mitnehmen. — Kum sie nor mit, sagte er und schleuderte mit ihnen fort. An dem zweiten Eingange widersetzte sich zwar ein Unter-Officier und rief: Nein, schöne Maske: schwieg aber doch nachher still. Als der Polacke mit den Mädchen auf die hellen Treppen kam, so erschraken letztere nicht wenig über ihren Führer. Komm Suse, sagte die eine. Ach nein, erwiederte die andere. Laß nur! der Herr Schulmeister wird uns schon zu rechte weisen. — Der Polacke, welcher von einer Redoute noch gar keinen Begrif hatte, erstaunte über alle die Masken. Da mehrere ihn ansprachen, so gerieth er in Angst und größte Verlegenheit. Er fragte die Mädchen, wo denn alles am sichersten und bequemsten anzusehen wäre? — Die Mädchen zeigten ihm eine noch wenig besetzte Loge. Er ging mit ihnen hinein, sah alles mit Bequemlichkeit an und begab sich alsdann wieder nach seiner Wohnung. Seinen Polackischen Freund fand er mit einem blutigen Kopfe, welchen er durch die Rippen-Stöße erhalten hatte. Er erzählte ihm alles, was er in der Redoute gesehen hatte. Ob gleich dem Verwundeten nicht wohl war; so lachte er doch herzlich über das Abentheuer seines polackischen Freundes und bedauerte, daß er nicht selbst ein Augenzeuge gewesen war.

Feierlichkeiten bei dem Aufenthalte Ihrer Königl. Hoheit der Frau Erbstatthalterinn, Prinzessinn von Oranien.

(Achte Fortsetzung.)

Sonnabends, den 8ten August, Mittags große Tafel bei Sr. Majestät dem Könige. Das ganze Königl. Haus, Generale und Minister waren dazu eingeladen.

Abends feierte Ihre Majestät die regierende Königinn das Geburts-Fest der Frau Prinzessinn von Oranien K. H. in Monbijou durch eine glänzende Cour, prächtiges Souper und Ball. Bei diesem erschienen die Prinzen und Prinzessinnen, nebst den andern hohen Personen, jungen Cavalieren und Damen des Hofes in eben den geschmackvollen Character-Masken, in welchen sie am vorhergehenden Abend in der Redoute die vorzüglichsten Götter und Göttinnen vorgestellt hatten.

Auf einem künstlichen Berge, welcher den Olymp vorstellte, bezeigte die Götter-Versammlung der Frau Prinzessinn von Oranien K. H. bei Ihrer Ankunft in Monbijou allgemeine Ehrfurcht. Die Haupt-Fasade des Lustschlosses ward nach der Architectur desselben geschmackvoll mit

Lampions erleuchtet, in der Gallerie großer Ball. Nach dessen Ende speiste man an drei prächtig servirten Tafeln. Bei der Königl. Tafel stellte der Dessert-Aufsatz einen Theil des Meeres vor. In der Mitte sah man eine Insel, auf welcher Fama den Nahmens-Zug der Frau Prinzeſſinn von Oranien K. H. emporhielt. Unterhalb bemerkte man die Genii von Preußen und Holland. Sie gaben ſich einander die Hände und hielten vor ſich einen Schild, auf welchen folgende Verſe zu leſen waren:

> Batâves glorieux de vivre ſous les loix
> d'une incomparable heroïne,
> & vous Peuples ſoumis au plus aimé des
> Rois,
> celebrez à l'envi GUILLAUME & WILHEL-
> MINE.
>
> Soyez toujours unis comme eux:
> que leur bonheur faſſe à jamais le votre;
> & dans vos Cœurs ayez pour tous les deux
> autant d'attachement qu'ils en ont l'un pour
> l'autre.

Stolz sind die Bataven unter dem Scepter einer liebenswürdigen Heldinn zu leben. Ihr Volk, welches ebenfalls dem Vielgeliebtesten Könige ganz ergeben ist, feiert wetteifernd den Nahmen Wilhelm und Wilhelmine. Seyd stets wie sie einig! Ihr Glück mache auf ewig das Eurige und heget in Euern Herzen für alle Beide eben solche Liebe, als sie dieselbe einander wechselseitig beweisen.

Vor diesem Schilde stand mit brennendem Opferfeuer ein Altar. Bei diesem opferten die vier Welttheile. Am Fußgestelle des Altars sah man den Preussischen Adler mit dem Holländischen Löwen vereint und zur Seite kam Neptun auf seinem von Seepferden gezogenen und von Meer-Göttern umgebenen Wagen.

Folgende beide Gedichte wurden an diesem feierlichen Feste durch die Baronesse von Keller als Atropos abermahls übergeben:

Atropos a la Reine.

Je ne suis pas toujours la mere des allarmes,
Les plaisirs aujourd'hui marchent autour de moi,
Pour la premiere fois j'en répandrai les charmes.
Organe du destin, j'en annonce la loi.

Vos jours, aimable REINE, filés d'or & de soie,
Dans leur cours fortuné ne changeront jamais.
Vos enfans en feront la douceur & la joie,
Et vous verrez en eux vos defirs fatisfaits.
De la vertu, dont votre coeur eft l'azile & le
Temple,
De la candeur, de la bonté,
De la douce affabilité,
Vous leur offrez l'heureux exemple.
Par vous ils apprendron un jour
Que l'hommage qu'on rend à la grandeur,
Ne vaut pas celui qu'un bon coeur
Arrache à notre amour,

An die Königinn.

Ich bin nicht immerzu des Schreckens Mutter. Um mich schweben heute die Lustbarkeiten her. Zum erstenmahle werde ich das Vergnügen davon ausbreiten und vermöge meiner Bestimmung das Gesetz verkündigen.

Deine Tage, geliebte Königinn, mit der reinsten Glückseligkeit begleitet, sollen sich in ihrem

Laufe niemahls ånd**e**rn. Deine Kinder werden dir das süßte Vergnügen gewähren. Durch Sie werden alle Wünsche in Erfüllung gehen.

Durch dein Herz, welches der Inbegrif aller Tugenden ist, durch deine Güte und deine liebenswürdige Herablaſſung biſt du Ihnen das rühmlichſte Beiſpiel. Auf dieſe Art werden ſie erfahren, daß ein gutes Herz dem glänzendſten höchſten Stande vorgeht.

Atropos a ſon alteſſe Royale Madame la Princeſſe Henri de Pruſſe.

Une Parque ne peut flatter:

C'eſt l'art des courtiſans,

De tous les lieux, de tous les temps.

Deſtinée à venger

La Vérité trahie,

Je me garderai bien d'employer d'Uranie

Le langage trompeur & menſonger

Pour peindre, PRINCESSE chérie,

Les qualités aimables,

Les talens agréables,

La générofité,

La tendre humanité

Qui vous caractérisent,
Et qui vous divinisent.
La vertu sur la terre
Rend l'homme égal aux Dieux.
Votre bon coeur en est le sanctuaire
J'ôse lui présenter mes vocux.
Vivez long-temps pour le bonheur du monde,
Et que dans une paix profonde,
Vous parveniez à l'immortalité
Que les Dieux vous ont réservé.

Atropos an die Frau Prinzeſſinn Heinrich von Preuſſen K. H.

Schmeicheln kann eine Parze nicht: dieſes iſt die Kunſt eines Höflings, welcher bei jeder Gelegenheit und zu jeder Zeit die hintergangene Wahrheit vertheidiget. Um dich, liebenswürdige Prinzeſſinn, ganz zu ſchildern, brauche ich nicht Urania's ſo verführeriſchen Tönen zu folgen. Deine reizende Eigenſchaften, deine Großmuth, deine Menſchenliebe machen dich hienieden ſchon den Göttern ähnlich. Irrdiſche Tugend macht den Menſchen den Göttern gleich. Dein vortrefliches

Herz, welchem ich meine Wünsche darlege, bleibt davon das Heiligthum.

Lebe noch lange zum Glücke der Menschheit und nimm alsdann den Sitz der Unsterblichkeit, welchen dir die Götter vorbehielten, ein.

(Die Fortsetzung folgt.)

Seltsame Antwort eines Franzosen und seltsame Bittschrift eines Teutschen.

Wirkliche Begebenheiten.

Ein Offizier eines Freiregiments in Frankreich wurde bei Reduzirung desselben nach dem letzten Kriege nebst andern seiner Dienste entlassen. Verschiedene seiner Kameraden erhielten durch Begünstigung des Kriegs-Ministers Civil-Bedienungen. Er allein trat demselben mehrmahlen vergeblich um Versorgung an, weil der Minister eine persönliche Abneigung gegen ihn hegte. Eines Tages stellte sich der Offizier dem Kriegs-Minister von neuem vor und wiederholte seine Bitte mit dem Beifügen: daß er ohne Hülfe jetzt auf dem Puncte stehe, Hunger zu sterben. Der Minister, dem der rothbäckichte runde Kopf des Offziers das Gegentheil zu behaupten schien, antwortete: „Mein Herr, Ihre Wangen müssen Sie Lügen strafen. Sehen Sie nur in Spiegel, wie fett und wohlgenährt Sie Sich befinden." — Euer Excellenz, meine Backen bin ich meinem Wirthe schuldig. — „So müssen Sie ihn durch eine Anweisung auf Ihre Verwandte in der Provinz bezahlen." — Ach! gnädiger Herr, was meine Verwandte betrift; so kömmt meine Anweisung gewiß mit Protest zurück. Eher würde man das Pferd Heinrichs des Vierten von Bronze zum f — bewegen, als diesen Geizhälsen einen Sous ablocken. — Der Kriegs-Minister fand den Offizier erträglicher, als er ihn gehalten hatte und gab ihm bald darauf die gewährte Versorgung.

Folgen von Aufopferungen, welche der junge H. aus kindlicher Liebe durch Bürgschaften und Hingabe seines eigenen Erwerbs für seinen Vater geleistet hatte, brachten ihn nach dem plötzlichen Tode des Letztern zu dem Entschlusse seine Vater-stadt zu verlassen. Eine bejahrte Mutter, eine unversorgte Schwester, eine junge unbegüterte Gattinn, welche er glücklich zu machen hoffte, auf der einen Seite; und auf der andern eine Schaar unbarmherziger Gläubiger, welche die von H. gebürgte väterliche Schulden unter den stärksten Bedrohungen einforderte; Furcht vor Beschimpfung und Hofnung, entweder von einem in der Provinz wohnenden reichen Onkel Unterstützung, oder durch seine eigene Talente Fortkommen und mit der Zeit Zahlungs-Fähigkeit zu erhalten, schienen den Entschluß des jungen unerfahrnen Mannes zu rechtfertigen.

Er nahm Mutter, Schwester und Frau und ging aus der Vaterstadt. Ein geiziger Onkel versagte dieser unglücklichen Familie den gehoften Beistand, welchen er in Rücksicht vorgenossener Wohlthaten, derselben selbst nach dem Wiedervergeltungsrechte zu leisten verbunden gewesen wäre. Der junge H. verließ seinen unerbittlichen Verwandten wehmüthig, um nunmehr die Alternative zu versuchen. In einer entlegenen Provinz, unbekannt, ohne Freunde, ohne Geld erfuhr er, während einer vom Grame und Kummer erzeugten eilfmonathlichen Krankheit, alle Leiden der Dürftigkeit. Sein Kopf und Herz machten ihm nach selner Genesung einige Freunde. Sein Fleiß und seine Arbeitsamkeit gewährten ihm den kümmerlichen Unterhalt, welchen er mit den Seinigen theilte. Einer seiner neuen Bekannten, ein edler Mann, ob er gleich selbst kein beträchtliches Vermögen besaß, heirathete in der Folge die Schwester des H. und nahm die Mutter desselben zu sich. H. wurde genöthigt, sich in mancherlei Stellungen zu schwingen. Er war zeitwierig Geschäftsträger, Lehrer, Schriftsteller. Da aber diese Bestimmungen ihm an den Ort seines jetzigen Aufenthalts nicht so viel erwerben ließen, daß er als ein ehrlicher Mann bestehen, geschweige seine auf sich habende Pflichten erfüllen konnte; so bewarb er sich in der Provinz um eine Bedienung. Männer, welche seine Fähigkeiten kannten und wußten, daß es ihm nur an Gelegenheit gebrach, sie anzuwenden, empfahlen ihn dem Departements-Minister. Dieser versprach, ihn bei nächster Gelegenheit zu versorgen. H. machte, auf dies Versprechen gestützt, eine weite Reise, mit einigem dazu gesparten Gelde. Monate vergingen, und noch war kein Anschein zu seiner Versorgung vorhanden. Wenn H. sich den Minister vorstellete; so entschuldigte sich dieser mit der Aeußerung: daß in seinem Fache sich noch keine Erledigung gefunden hätte; es sey in mehrern Jahren kein Offizlant gestorben, dessen Stelle H. zu Theil werden könne; er müßte abwarten. H. sahe seine Ersparniß itzwischen auf die Neige gehen und sein Kummer wuchs mit jedem Tage, welchen er auf Hofnung dahin lebte. Wo Hülfe hernehmen, an einem theuern Orte den günstigen, vielleicht noch weit entfernten Zeitpunct abwarten, welcher ihm eine Bedienung gewähren sollte? — Um diese Zeit fiel ihm Süßmilchs **göttliche Ordnung in der Veränderung des Menschengeschlechts** in die Hände und dies Buch brachte ihm in seiner kritischen Lage auf die Gedanken, dem Minister nachfolgende Bittschrift einzureichen:

Hochgebohrner Graf,

Hochgebietender wirklicher Herr Geheimer Staats- und Kriegs-Minister,

Höchstzuverehrender, Gnädiger Herr,

Als ich die Ehre genoß, Ew. Excellenz mein gehorsamstes Anliegen um Zutheilung eines Postens in Hochdero Departement unterthänig vorzutragen,

gen, geruheten. Dieselben auf die Empfehlungen der Personen eine gnädige Rückſicht zu nehmen, denen meine geringe Fähigkeiten bekannt ſind und die mir vormahls ihr Vertrauen ſchenkte. Ich ſchilderte Ew. Excellenz geziemend meine Lage und die unverſchuldeten Zufälle, welche zeither würkende Urſachen meines unbeſtimmten Schickſals waren. Hochdieſelben hatten die Gnade, gegen mich mündlich und gegen meine Füeſprecher ſchriftlich zu äußern: daß Dieselben mir einen angemeſſenen Poſten zu ertheilen geneigt wären, ſobald ſich dazu eine bequeme Gelegenheit finden würde. Ich habe den Effect dieſer geneigten Vertröſtung bisher entgegen geſehen und bin von der Unverbrüchlichkeit Ew. Excellenz hohen Wortes zu ſehr überführt, um nicht noch länger die Erfüllung deſſelben in Geduld abzuwarten, wenn anders meine Vermögens-Umſtände und Beziehungen mich dazu geſchickt machen. Allein eben dieſe gebieten mir, Ew. Excellenz mich von neuem unterthänig in Erinnerung zubringen und Hochdieſelbe um Verſorgung zu bitten. Es kömmt die Betrachtung hinzu, daß es Ew. Excellenz, bei dem für mich hegenden Hochgeneigten Willen, nicht an Gelegenheit zu meiner

Cccc

Versorgung fehlen wird, wenn ich die Anzahl der sich unter Hochdero Befehlen befindenden Offizianten, mit der von der weisen Vorsehung festgesetzten Sterblichkeit der Menschen in Vergleichung stelle. Nach dieser, auf erfahrungsmäßiger tabellarischer Berechnung sich gründenden unveränderlichen göttlichen Ordnung, sterben jährlich fünf Menschen von hundert. Nehme ich nun an, daß in den verschiedenen Königlichen Provinzen, die zum Departement Ew. Excellenz gehören, nahe an dreihundert Offizianten sich befinden; so müssen, zufolge der festgesetzten Sterblichkeit, jährlich funfzehen mit Tode abgehen, welches auf jeden Monat schon mehr als einen Menschen beträgt. Zufolge dieser Berechnung habe ich dennoch Hoffnung, binnen vier Wochen durch Ew. Excellenz Gnade zu einem Posten zu gelangen, in soferne Hochdieselben, Dero mir ertheilte gnädige Zusage in Erfüllung gehen zu lassen, geruhen wollen.

Ew. Excellenz widme ich dagegen den größten Eifer, Treue und Fleiß; Eigenschaften, die mich lebenslang bezeichnen sollen, als

Ew. Excellenz
unterthäniger Diener, H.

Diese allerdings seltsame, aber einem, jeden Schein von Hülfe suchenden nothleidenden Herzen abgedrungene Bittschrift, bewog den Minister, einen eben so großen Menschenkenner, als edelmüthigen Menschenfreund, seinem Klienten eine zuträgliche Bedienung zu ertheilen. H. vergaß nicht seine auf sich habende Obliegenheiten. Er besaß Religion und Tugend. Er theilte sein Einkommen in zween Theile. Mit einem lebte er schlecht und recht; den andern vertheilte er unter seine Gläubiger. Anhaltende Thätigkeit erwarben ihm die Gunst seiner Vorgesetzten; seine Redlichkeit rettete seines und seines Vaters Nahmen von einer unwillkührlichen Verunglimpfung. Seine Treue gegen Mutter, Schwester und Frau wurde durch ihre Liebe und seine Frömmigkeit überhaupt, durch das bald hierauf erfolgende Ableben seines Onkels belohnt, dieser ließ ihm ein beträchtliches Vermögen nach, von welchem derselbe beim Leben den Dank des redlichen H. einzuärndten, durch Geitz verhindert worden war. H. änderte nach dieser glücklichen Epoque wenig in seiner Lebensart. Mäßig und bescheiden in der ihm angewiesenen Sphäre und durch eigenes Unglück gegen fremde Leiden fühlbar, fand er sein Vergnügen im Wohlthun und in der Hülfe, die er seinen Nebenmenschen leisten konnte und seine Wonne in dem Danke, welchen er dem Minister, als den Stifter seines Glücks, bei jeder Gelegenheit, aus gerührter Seele zu erkennen zu geben, sich bestrebte.

Herzhaftigkeit des Zimmer=Gesellen Ecksteins. Wohlfeile Gewitter-Ableiter zur Beherzigung des Herren Ober-Consistorial Rathes Silberschlags.

Zu dem Einschlagen des Gewitters, wovon in dem letzten Stücke, S. 1086 u. s. w. ein mehreres gemeldet wurde, verdient, wie billig, nachgehohlt zu werden: Daß, als der Blitz in der Spitze des Thurms auf der Dreifaltigkeits Kirche gezündet hatte und dadurch das Gesimse gegen die Abend=Seite in Flamme sogleich ausgebrochen war, sich dabei vorzüglich der Zimmer=Geselle Eckstein auszeichnete. Mit entschlossenem Muthe bestieg er, ohne an die Lebensgefahr zu denken, die Spitze des Thurms und hieb mit seiner Axe das brennende Gesimse ab. Dadurch und durch die so vortrefflichen Anstalten des K. Herrn Ober-Baurathes Naumann ward dem so gefährlich werdenden Feuer auf einmahl Einhalt gethan.

Tlantlaquatlapatli hielte es für Schuldigkeit, diese patriotische That in seiner Chronic ebenfalls aufzubewahren. Eckstein verdient nicht nur den Dank des Publici, sondern auch noch ein Geschenk, denn eine Gegenwart des Geistes in solchen gefährlichen Fällen, eine solche entschlossene Herzhaftigkeit muß zur Aufmunterung und zum Beispiele anderer belohnt werden und —

In dem Augenblicke, da Tlantlaquatlapatli dieses entwarf, erhielte er folgendes Schreiben:

Mein Herr,

Sie haben in 70ten Stück Ihres beliebten Volksblattes, bei Gelegenheit der Nachricht des am 22ten d. M. vom Blitzstrahle getroffenen Thurmes der Dreifaltigkeits-Kirche, Ihren, meinen und aller rechtschaffenen Patrioten Wunsch, daß insonderheit die Kirchthürme mit Gewitter-Ableitern versehen werden möchten, zur Sprache gebracht und, in Ermangelung der Königl. Unterstützung, bei dem Publico den Gedanken, dergleichen durch Subscription zu vermitteln, rege gemacht. Sie vermuthen, daß, wenn bei der Dreifaltigkeits-Kirche die Kosten sich auch auf 4 bis 500 Thaler belaufen sollten, diese doch leicht durch Subscription zusammen kommen würden. So viel wäre vielleicht nicht nöthig. Der sel. Hr. Domprobst von Voß ließ auf dem Thurme seiner Kirche in Buch, welcher unstreitig der König unter den Thürmen der märkischen Land-Kirchen ist, einen Ableiter, selbst nach Herrn O. C. R. Silberschlags Angabe anlegen, dessen Kosten nur 28 Thaler betrugen. Sie finden die Beschreibung davon, nebst der Kostenberechnung, im 18ten Theile meiner öconomisch-technologischen Encyklopädie, S. 327 folg. und der dazu gehörigen Fig. 902. c) Man ersieht hieraus, daß, wenigstens bei Land-Kirchen, kein großer Aufwand hierzu nöthig ist.

Den 30. August.   D. Krünitz.

Es muß einem Volksschreiber meiner Gattung sehr angenehm seyn, wenn die würdigsten Gelehrten nicht nur seine Blätter lesen, sondern wenn sie ihm auch so biedermännisch, wie Hr. D. Krünitz die Hand reichen. Tlantlaquatlapatli dankt ihm öffentlich für seine so patriotische Absichten, bittet ihn um künftige Aufmerksamkeit und Unterstützung und versichert zugleich dem Hrn. D. Krünitz, daß er sich der in der N. S. erhaltenen Erlaubniß mit seinem Schnipselchen bedienen wird.

Unser verehrungswürdige Hr. O. C. R. Silberschlag kann daraus sehen: daß außer Tlantlaquatlapatli weit würdigere Gelehrte die Errichtung der Gewitter-Ableitung wünschen. Ein alter und erfahrner Natur-Forscher sagte: den Gewittern geht es meistentheils wie den Störchen. Sie kommen wieder.

Uebrigens nehme Hr. O. C. R. Silberschlag alles mit dem Herzen auf, mit welchem man sich es dachte und niederschriebe. Die Pflicht eines rechtschaffenen Predigers erfordert seine Gemeinde zu erbauen, Moral und Religion in ihr Herz tief einzugraben; die Pflicht eines rechtschaffenen Volksschreibers aber befiehlt, daß er zu seiner Zeit ein Wörtchen von solchen Gegenständen, dessen Nutzen die vernünftig denkende Welt schon lange anerkannt hat, Meldung thut.

N. S. Wäre es nicht sehr ersprießlich und allgemein heilsam, wenn diejenigen, welche von unserm Vielgeliebten Friedrich Wilhelm Häuser gebaut bekommen, von dem Königl. Bau-Amte angehalten würden, zugleich Blitz-Ableiter zu errichten? Tlantlaquatlapatli wünscht diese Frage von würdigen Männern beantwortet einzurücken und zugleich dem Königl. wirkl. Geheimen Staats- und Justizminister Hr. von Wöllner Excell. zu überzeugen, wie gern man sein Schärfchen zum Wohle des Ganzen beitragen möchte.

Post-Straßenraub. Der Schlächter-Knecht Lenz hat bekannt.

Bekanntlich wurde in der Nacht zwischen dem 13 und 14ten Innius der Beiwagen der ordinairen Stettinschen Post diesseits Oranienburg bei dem Dorfe Pinnow auf die gewaltsamste Art beraubt und der dabei befindliche Schirrmeister, nebst dem Postillon mit vielen Wunden ermordet, desgleichen ein Bursche von 15 Jahren tödlich verwundet. Das Königl. Preußische General-Postamt traf sogleich zur Entdeckung dieser Räuber und Mörder-Bande die zweckmäßigsten Anstalten und bestimmte dem, welcher im Stande ist, wenigstens einen dieser Unmenschen anzuzeigen, nach Beschaffenheit der Umstände, eine Belohnung von 50 — 100 Rthlr. auch dem Befinden nach noch ein mehreres.

Nach dem dieser scheußliche Mord und Post-Straßenraub genauer untersucht wurde, so entstand vorzüglich gegen einen aus Oranienburg gebürtigen Schlächter-Burschen, Christian Lenz, Verdacht. Dieser verstärkte sich durch seine Entweichung in dem höchsten Grade. Das Königl. Preuß. General-Postamt ließ ihn augenblicklich mit Steck-Briefen verfolgen, seinen ganzen Anzug beschreiben (wer diesen vergessen hat und ihn wieder wissen will, lese nur die Zeitung No. 74) und zu dessen Habhaftwerdung ebenfalls die gehörigen Befehle ertheilen.

Ob nun gleich nach genauerer und sorgfältigsten Untersuchung, noch nichts weiter ausgemittelt werden konnte, die Wahrscheinlichkeit aber immer größer wurde, daß bei dieser unmenschlichen That, mehrere concurrirten auch ein Theil derselben und des geraubten Geldes, welches in 2000 Rthlr. Zweigroschen Stücken und 800 Rthlr. Groschen bestanden, sich vielleicht noch im Lande befinden möchten; so ließ der Herr Minister von Werder Excellenz als Präses des Königl. Preuß. General-Postamts öffentlich jedermann erinnern nnd warnen: den Aufenthalt und Schlupfwinkel dieser verruchten Menschen, wenn ihm solcher wissend, oder noch sonst etwa bekannt wäre, der nächsten Gerichts-Obrigkeit so fort genau anzuzeigen, oder zu gewärtigen, daß derjenige, welcher hiernächst als Diebeshehler oder Mitwissender ausgemittelt würde, auf das schärfste und nachdrücklichste bestraft werden sollte.—

Da vorher auf die Entdecker dieser Mörder nnd Post-Straßenräuber eine Belohnung von 100 Rthlr. und darüber versprochen worden, so wurde diese zur äußersten Betriebsamkeit auf 500 Rthlr. erhöht.

Aller dieser vortrefflichen Anstalten ungeachtet blieben diese scheußliche Thaten mehrere Wochen verborgen. Der Bursche, welcher ein Bruder des ermordeten Postillons seyn soll, starb einige Tage nachher an seinen Wunden. Man wünschte sehnlichst, den jungen Unglücklichen zur Sprache zu bringen. Aber umsonst. Die verruchten Bösewichter hatten ihn zu unmenschlich behandelt.

Durch alle diese Mord-Geschichten bekam das Publicum den besten Stoff. Bald hieß es, man hätte seine Spieß-Gesellen u. s. f. Indessen säumte der Oranienburger Magistrat gar nicht. Alles, was verdächtig schien, wurde abgehört. Darüber maulten einige und sagten: daß mancher Unschuldige dabei wäre und um seine Ehre käme — Ganz und gar nicht, antwortet Tlantlaquatlapatli, denn der ehrliche Mann hat nichts zu fürchten. Auch leidet in solchen critischen Fällen die Ehre des Unschuldigen niemahls.

Gegen 9 Wochen verstrichen, ohne die geringsten und gewissen Nachrichten von dem Mord- und Räuber-Gesindel einzuziehen. Endlich entstand am Dienstag den 18ten August ein allgemeines Gerücht: man hätte den Christian Lenz, der Scharfschütze Zimmermann von dem Lichnowskyschen Regimente hätte ihn aufgebracht. Viele glaubten es, viele auch nicht, weil die Sage: man hätte ihn! schon oft gegangen und allezeit ungegründet war. Diesesmahl aber erfolgte das Gegentheil. Schon des Morgens früh liefen die Leute und ungeachtet der Tag sehr schwülend heiß war, so ertrugen doch viele

lieber die starke Sonnen-Hitze, als den berüchtigten Christian Lenz nicht zu sehen. Abends
um halb fünf kam er auf einem Wagen geschlos-
sen nach Berlin. Das Volk erwartete ihn theils
vor, theils in der Stadt mit der größten Sehnsucht. Indem er hereingefahren wurde, so drängte
sich einer aus dem Volke näher zu dem Wagen
und rief: Du Racker, du Schinderknecht,
wo hat dich denn der Teufel so lange gehabt? — Philosophisch saß Christian Lenz
auf seinem Wagen und antwortete in dem ru-
higsten Tone: er wär's nicht. — Wart' nur
schrie ersterer nach, werden's dir schon weisen! — Der Wagen fuhr weiter. Ein Haufen
Jungen, Lehrbürschen und Mädchen liefen voraus und riefen: Sie bringen ihn! Sie bringen ihn! — Wen? — Den Christian Lenz!
den Mörder! Nun stürzte gleichsam alles heraus,
Fenster und Thüren wurden aufgerissen. Schnell
wimmelte der Weg, woher er kam und wohin er
sollte, von Menschen! Das ist er, der Bösewicht, rief eine betagte Frau, o pfui, du
allerwelter schlechter Kerl! und — spie aus.
— Nu, nu, erwiederte eine junge Dirne, welche

Lenz sehr in das Gesicht gefaßt hatte, er bleibt doch immer ein hübscher Kerl! Er ist so rothbäckicht, so voll, so fleischicht, schade für ihn! — Der Wagen mußte sehr langsam fahren, weil die Menschen ihn umringt hatten. Viele begleiteten ihn bis nach der Hausvoigtei. Hier wurde Lenz abgesetzt und nach seinem bestimmten Gefängnisse gebracht.

Den folgenden Tag konnte man ihn für zwei Groschen sehen. Natürlich wurde manches zwei Groschen Stück geopfert: daß es Unrecht war, einen solchen verdächtigen Menschen und noch dazu für Geld zu zeigen, bleibt ausgemacht. Denn bei solchen wichtigen und bis jetzt noch so critischen Gegenständen muß das allerstrengste Incognito herrschen. Kaum erfuhren die Obern, daß man Lenz wie ein ausländsches Wunderthier für das Geld sehen ließe, so wurde es auf der Stelle und zwar mit allem Rechte verboten. Ob nun gleich diese Volks-Neugierde auf einmahl gelegt wurde, so erlosch sie doch bei vielen noch nicht ganz. Jetzt begaben sich mehrere erst nach der Hausvoigtei und sahen — wenigstens das Gebäude an. Ebendasselbe geschah die folgenden Tage. Ein Hausvater ging mit seinem schon etwas erwachsenen Sohne auch vorbei. Ach Papa, rief der angehende Mit-Bürger, warum stehen denn hier so viele Leute?' — Da haben sie den Christian Lenz eingesperrt. — Gewiß den Mörder Papa? — Ja mein Sohn! Fürchte Gott; folge deinem Vater und Mutter; so kannst Du kein so Bösewicht werden! — Tlantlaquatlapatli freute sich über diese väterliche Lehre. Wohl, wohl dachte er, Ihr andern Väter thut ein gleiches!

Montags, den 30ten September, erscholl gegen Mittag das Gerücht. Christian Lenz hat endlich gestanden! Wirklich! — Ganz gewiß! Und was? — Davon in dem nächsten Stücke.

Lehrburschen- und Straßen-Jungen-Unfug. Polizeidiener-Zucht.

Schon sehr oft gab Tlantlaquatlapatli auf das Betragen der Lehrburschen und Straßen-Jungen achtung. Ersteres fiel ihm vorzüglich auf. Häufchen weise rotten sich die Bursche zusammen, halten Gespräche, wie Bürger von

30—40 Jahren, dichten und trachten auf Betrug, foppen die Leute aus und stören die Ruhe auf der Straße.

Einem solchen Auftritte wohnte Tlantlaquatlapatli vergangene Woche in einer kleinen Entfernung bei. Sechs bis acht solcher Messieurs hatten sich gegen Abend auf dem Gens d'armen Platze bei der Mohrenstraßen Ecke zusammen gerottet, nach ihrer Art gewitzelt, die vorübergehenden Leute ausgelacht und ausgefoppt. Ein Polizeidiener mußte dieses bemerkt haben, denn er schlich langsam herbei, versteckte sich, so gut er konnte, hinter dem Laternen-Pfahle und sah ein Weilchen dem Unfuge zu. Nachdem die Lehrburschen noch eine Zeitlang sich an dem Ausspotten und Auslachen ergetzt hatten, so schritten sie zu einem andern Zeitvertreibe. Dieser bestand darin: daß sie ihre lederne Schurzfelle abbanden, sie zusammenwickelten, damit theils sich, theils auf das Straßen-Pflaster schlugen, wodurch der größte Staub entstand.

Während dieser Balgerei sprang der Polizeidiener hervor, faßte einen der jungen Straßenstörer und nahm ihn mit fort. Die andern aber verloren sich so schnell, wie eine Gesellschaft Sperlinge, welche einen Flinten-Schuß hörte.

Das Betragen des Polizeidieners verdient Beifall. Gelegenheitlich meldet Tlantlaquatlapatli, daß mehrere solcher Jungen der Abend-Nebell, ungeachtet es verboten ist, nachlauffen und sie oft mit einem Zeter-Geschrei verlassen. Wollten sie sich also gefälligst zuweilen einstellen, so würden sie gewiß manchmahl einen solchen fetten Fang, wie die Jäger bei einem starken Herbst-Nebel mit den Krämmts-Vögeln thun.

Chronic von Berlin,
oder
Berlinsche Merkwürdigkeiten.
Volksblatt.

Drei und vier und siebzigstes Stück.

Berlin, den 12. September. 1789.

Der Geburts-Feier Sr. Königl. Hoheit des Prinzen Wilhelm von Preussen gewidmet. Den 3ten Julius 1789.

Mit dem reinsten seligsten Entzücken
Lächelt Gottes Engel sanft herab
Auf das Leben guter Fürsten, die
Seine Erde zu beglücken
Mild der gute Gott ihr gab, —
Schützt solch theuers Leben spät und früh.
Bester Prinz! Dein Engel lächelt Segen
Heut und Wonne deinem Tage zu,
Mancher fromme Wunsch eilt ihm entgegen;

Ihm, der Dich uns gab — denn, Prinz!
  zum Segen
Einer Welt gegeben bist auch Du!
Nie, Gedanke, müssest du verschwinden
Aus der Seele Wilhelms, daß Sein Herz
Sey geschaffen, lebhaft zu empfinden
Menschenglück; zu lindern Menschenschmerz.
Daß des Fürsten Hoheit ohne Würde
Seiner Seele leerer Schatten sey;
Daß ihm ohne Edler Liebe, Bürde
Sey sein Stand, — ach schwer wie Sklaverei!
Daß des Mitleids Thräne ewig ehre
Fürsten, deren Auge sie gekannt,
Daß der Tag nie wiederkehre,
Welcher ohne schöne That verschwand.
Daß es freilich mancherlei Beschwerde
Habe, immer gut zu seyn und groß;
Aber daß kein Loos der ganzen Erde
Schöner sey, als guter Fürsten Loos!
Göttlicher Gedanke, Ihn begleiten
Durch Sein Leben müssest Du — o dann
Sehen auch gewiß die fernsten Zeiten
Wilhelms Tag und Leben segnend an!

           Ernestine Krüger.

Tagebuch
des
Königl. National-Theaters in Berlin.
(Zwei und dreißigste Fortsetzung.)

April. 1789.

Entschuldigung.

Wegen der Feierlichkeiten mußten wir einige Wochen mit unserm Tagebuche des Königl. National-Theaters zurückstehen. Daß mehrere Leser darüber unwillig wurden, ihren Unwillen sogar laut zu erkennen gaben, war uns angenehmer, als wenn sie gar nichts geäußert hätten. Denn dieses war der kräftigste Beweis, daß sie die Fortsetzung unsers Tagebuches wünschten. Jetzt erfüllen wir wieder diesen Wunsch und die dramatischen Leser dürfen versichert seyn, daß wir nicht nur in eben dieser Unpartheilichkeit fortfahren, sondern auch gewiß von den merkwürdigsten Vorfällen nichts vergessen werden. Das letztemahl schlossen wir S. 944 mit dem siebenten Aprille.

Den 8ten. Belmonte und Constanze. Mademois. Helmuth hatte, wegen der nahen Entbindung der Madam Unzelmann, die Rolle der Constanze übernommen. Sie erhielte viermahl den stärksten Applau. Daß sie in dem sogenannten Bravour-Gesange mehr als Madame Unzelmann leistet, wird jeder Kenner uns gern zugeben. Frankenberg bekam auch als Osmin dreimahl den stärksten Beifall. Die Schiffs-Capitaine Ibrahim und Achmet Bin Aly aus Algier wohnten der Vorstellung bei. Eine artige Bemerkung könnte man diesen Abend machen. Die meisten Augen waren auf die Schiffs-Capitaine gerichtet. Entstand Applau, so applaudirten diejenigen, welche nur nach den Fremden sahen, doch mit: Hörten jene auf; so thaten diese es ebenfalls. Jeder, welcher Belmonte und Constanze kennt, wird wissen, daß ein nicht unbeträchtliches Gefolge vorkommen müsse. Heute war es sehr klein. Als wir uns darnach erkundigten; so hieß es. Viele wären krank. Ein Glück, daß die dramatischen Krankheiten nicht von Dauer sind. Lippert kündigte auf morgen: die offene Fehde u. s. w. ab. Nein, nein, riefen mehrere in dem Parterre, Längerhanns! Langerhanns soll spielen! Lippert machte rechts um kehrt euch, ging in die Coulisse, kam bald darauf wieder und fragte: worin er aufzutreten die Ehre haben sollte? — In den sechs Schüsseln! — den Hofrath in den sechs Schüsseln! Lippert machte wieder seinen Bückling, ging ab und Langerhanns Freunde schieden vergnügt auseinander.

Den 9ten. Die offene Fehde, die Heirath durch ein Wochenblatt. Medea sollte statt des letzten Stückes seyn; unsere Demoiselle Döbbelin ließ sich aber wegen Unpäßlichkeit entschuldigen. Zween Herren kann man freilich nicht auf einmahl dienen. Daß die sechs Schüsseln nicht gegeben wurde, rührte daher, weil das Stück nicht durchgängig besetzt war. Einige maulten darüber, indessen riefen sie doch Langerhanns nicht mehr.

Den 11ten. Die Erbschleicher. Fleck trat heute wieder zum erstenmahle als Kaufmann Gerhard auf. Die Th. Z. schreibt S. 122 Hr. Fleck spielte heute nach seinem gehabten Unglück zum erstenmal wieder. S. 106 aber schriebe sie doch, daß Hr. Fleck kurz vor Anfang des Stückes krank geworden wäre. Ist dieses nicht ein

Widerspruch? Auf dem heutigen Anschlags Zettel stand folgende Nachricht: Einem hochgeehrten Publicum wird, in Beziehung auf das am Mittewochen laute Begehren einiger Mitglieder desselben, hiermit schuldigst bekannt gemacht, daß Hr. Langerhanns, nach geschehener Anfrage, auf seine Ehre versichert hat, es sey ihm diesmal unmöglich in Berlin zu spielen, weil er sich durchaus nicht dazu eingerichtet habe.

Zu zwei Mitarbeiter dieses Tagebuches sagte Langerhanns eben dieses: Wir thaten ihm den Gefallen und glaubten, dachten aber Cede majori!

Den 12ten. Die Eifersüchtigen. Das Milchmädchen. Wahrscheinlich hat Lippert Hoffnung der erste Hof- und Leibjäger zu werden, denn er machte in seiner ersten Arie als Caspar eine solche lange Cadenze und Firma, daß man glaubte, er hätte sich etwas Athem von andern geborgt. Wir fragen jeden unpartheiischen musicalischen Kenner, ob nicht dieses unter die musicalischen Schnirkel gehört, folglich alles an dem unrechten Orte angebracht ist? Frankenberg nahm und sang seinen Niclas weit richtiger und natürlicher.

Den 13ten. Belmonte und Constanze. Daß wir in der Rolle des Belmontes Hrn. Lippert als einen vorzüglichen Sänger, wie doch die Th. Z. S. 122 behauptet, anerkennen sollen, können wir unmöglich unterschreiben: es wäre denn, daß wir niemahls einen vorzüglichen Sänger zu hören Gelegenheit hatten. — Sein Spiel ist so affektvoll und brav, schreibt sie weiter, als man es von ihm zu erwarten gewohnt ist. Wenn der Herausgeber dieses so brav nennt, wie sollen wir denn Czechtizky's Spiel als Bassa Selim nennen? Offenbar spielt er doch besser als Lippert. Ueberhaupt scheint es, als ob der Herausgeber gar nicht gut auf Czechtizky zu sprechen wäre: denn bis jetzt hat er ihn in seinen Anzeigen wenig oder gar nicht berührt. So etwas nennt man partheiisch und unbillig.

Einige Damen, welche im Parterre saßen, hatten große Hüthe auf. Als sie sich von ihren Plätzen in die Höhe richteten, so entstand bei den Personen, welche hinter ihnen gesessen hatten, Unwillen und Lärmen. Niedersitzen! niedersitzen! Als dieses nicht sogleich geschah; so rief ein anderer noch unwilliger; Setzen sie sich doch nieder, man kann ja nichts sehen! — Die Damen thaten es und sahen mit einem beleidigten Blicke zurück. — Die Herren, sagte eine zu der andern, haben gegen unser Geschlecht wenig Lebensart. — Nicht doch, meine schöne Damen, die Herren hatten allerdings recht. Sie bezahlen so gut, wie sie, und wollen so gut sehen, wie sie. Lassen sie dafür ihre große Hüthe zu Hause, bleiben sie ruhig auf ihren Plätzen sitzen, so wird alles ungestört bleiben.

Heute ist es auch sehr früh aus. Die Glocke ist kaum acht, sprach einer bei dem Herausgehen, — das thut nichts, antwortete ein anderer: dafür dauert es ein ander mahl desto länger.

Den 14ten. Die glückliche Jagd. Die Abentheuer einer Nacht. Ersteres Stück wirkte einst wegen des Buchhändlers Trapps ziemlich im Reiche. Bekanntlich bezog sich dieser characteristische Zug auf einen wirklichen Vorfall.

Den 15ten. Maß für Maß. Leer.

Den 16ten. Auf hohen Befehl: Die Eifersüchtigen. Das Milchmädchen. Carl Döbbelin war mit seiner Gesellschaft angekommen, bliebe die Nacht hier und besuchte die Vorstellung: Dadurch wurde das Parterre etwas voller.

Den 18ten. Auf höchsten Befehl: Die Eifersüchtigen. Das Milchmädchen. Madame Baranius erscheint als Milchmädchen in einem Taffet Kleide, sehr geputzt mit einem großen Blumenstrauße. Wahrscheinlich muß sie ihre Milch sehr wässern, denn sonst wäre es nicht möglich, sich solche schöne Kleider anzuschaffen.

(Die Fortsetzung folgt.)

Tlantlaquatlapatli's Zeitung.

Feierlichkeiten bei dem Aufenthalte Ihrer Königl. Hoheit der Frau Erbstatthalterinn, Prinzessinn von Oranien.

(Neunte Fortsetzung.)

Sonntags, den 9ten August. Morgens wohnten Ihre Majestät die regierende Königinn und die Frau Erbstatthalterinn von Oranien K. H. dem Gottesdienste in der Dom-Kirche bei. Der Herr Ober-Consistorial-Rath Conrad hielt eine erbauliche Predigt.

Mittags bei Sr. Maj. dem Könige große Tafel.

Abends bei Ihre Majestät der regierenden Königinn in dem Lust-Schlosse Monbijou große Cour und Souper.

Montags, den 10ten. Großes Diner bei Sr. Majestät dem Könige für das ganze Königl. Haus. Abends bei Allerhöchstdemselben großes Concert und Souper.

Dienstags, den 11ten. Morgens gab Ihre Majestät der regierenden Königinn, der Frau Erbstatthalterinn von Oranien K. H. in Monbijou ein großes Dejeuner.

Mittags speiste die Frau Erbstatthalterinn in Ihren Appartements auf dem hiesigen Schlosse. Se. Majestät der König, Ihre Majestät der regierenden Königinn, wie auch sämmtliche Prinzen und Prinzessinnen waren gegenwärtig.

Nach aufgehobener Tafel nahm Ihre K. H. nebst den Durchlauchtigsten Prinzen und Prinzessinn von dem ganzen Königl. Hause den zärtlichsten Abschied und trat Abends gegen fünf Uhr von den besten Wünschen begleitet, die Reise nach Holland an. Höchstdieselbe wurde von Sr. Majestät dem Könige bis Charlottenburg begleitet.

Von da ging die Reise weiter nach Brandenburg zu.

Da es bekannt war, daß heute die Durchlauchtigste Prinzessinn Berlin verlassen würde,

(1139)

so gaben sich viele Personen alle Mühe, Höchdieselben noch einmahl zu sehen und wenigstens ein stilles Lebewohl zu sagen. Schon des Mittags war der Schloß-Hof voll Menschen. Tlantlaquatlapatli war auch da, ging wieder und hatte das Glück Ihre Königl. Hoheit die Frau Erbstatthalterinn und Prinzessinn von Oranien absahren zu sehen.

Bekanntlich haben allerlei Reimer bei diesen Feierlichkeiten ihren Pegasus geritten, die meisten aber wurden gar unsanft aus dem Sattel geworfen. Dessen ungeachtet wagte Tlantlaquatlapatli, als die Durchlauchtigste Prinzessinn fortfuhr, auch noch seinen Pegasus zu besteigen und da fiel ihm folgende Strophe ein:

Bei der Abreise der Frau Erbstatthalterinn und Prinzessinn von Oranien. Berlin, den 11ten August 1789.

Als Friederike Wilhelmine
In unsrer Residenz erschiene,
So freuten wir uns alle sehr:
Jetzt, da wir sie verlieren wieder,
Verstummen unsre Jubel-Lieder
Und trauern leider desto mehr!

(Die Fortsetzung folgt.)

Der Schwarzkünstler, Geister-Citirer und Charlatan Phylidor.

Tlantlsquatlapatli blätterte vor einigen Stunden seine herausgegebene Chronic von Berlin durch und fand in dem 37. St. S. 553: daß er noch von den Phylidorschen Schwarzkünstleien etwas rückständig geblieben war. Sogleich suchte er die schon längst gesammelten Materialien zusammen, um sie dem Publico nicht länger mehr vorzuenthalten. Dadurch, daß die Vorfälle der verunglückten Hexereien etwas später abgedruckt werden, hat das Publicum nichts verloren, in dem Gegentheile gewonnen. Denn nun ist man in den Stand gesetzt, noch vollständiger zu seyn.

Den 8ten Februar dieses Jahres, that uns Phylidor die Ehre an, seine (wie er sich damahls auf dem Anschlags-Zettel auszudrücken pflegte) sehenswürdige Magische oder sogenannte Schwarzekunst nachahmende Kunst-Stücke zum erstenmahle zu zeigen. Man ließ den Anschlags-Zettel, weil er ein Meisterstück von Charlatanerien enthielte, abdrucken. Die Leser finden ihn Seite 554.

Phylidors Schauplatz war im Döbbelinschen Comödienhause in der Bärenstraße. Der Anfang präcise um halb sechs Uhr. Die Thüren wurden schon um 4 Uhr geöffnet: durch diese so frühe Eröffnung gab Phylidor am deutlichsten zu erkennen, daß er für das erste in dem eigenliebevollen Wahne stand, als ob die Berliner nicht die Zeit erwarten könnten, bis er seine Kunst-Stücke zeigte; für das zweite, daß alles sich nach seinem Saale drängen würde, endlich für das dritte, daß man so etwas außerordentliches wunderschönes noch niemahls gesehen hätte. Statt um halb sechs wurde der Vorhang erst um 6 Uhr aufgezogen. Zuschauer fanden sich zwar ein, indessen doch nicht so viel, als sich wahrscheinlich der Schwarzkünstler vorgestellt hatte. Phylidor erschien in schwarzer Kleidung mit dem Degen an der Seite, machte dem Publico seinen Bückling und eröffnete seinen Schwarzkünstlerschen Cram. Nachdem er einige Stücke, von welchen er in seinen Anschlags-Zettel Meldung gethan hatte, zeigte, so sah sogleich jeder Kenner, was für ein Held Phylidor war. Bald darauf wurden die Helden-Thaten noch sichtbarer und dergestalt, daß er als ein wahrer physikalischer

Pfuscher da stand. Um nicht zu weitläuftig zu werden, übergeht man alle diese Geschichten, meldet aber so viel: daß mehrere Zuschauer ärgerlich wurden, zu scharren und Hm Hm! anzustimmen anfingen. Phylidors Gällchen lief auch über. Trotzig sprach der so große Wunder-Mann: Wenn's die Herren besser machen können, so machen sie's! Hexenmeister bin ich nicht! — Zuerst sich als einen Meister der Schwarzkunst auf dem Zettel drucken lassen, hernach mündlich bekennen: Er sey kein Hexenmeister. Wie reimt sich dieses? Genug: dem Publico mißfiel natürlich der unanständige Ton, scharrte und hustete ihn mit allem Rechte aus. Das ist mir in meinem Leben nicht passirt, sagte Phylidor!

(Die Fortsetzung folgt.)

Der Liebhaber à l'Okzakow oder der musicalische Hahnrei.

(Eine wahre Geschichte.)

Von J., der Nachbar eines Hautboisten verliebte sich in dessen Ehehälfte. Sie war ein junges artiges, rasches Weibchen und hörte vorzüglich gern die durchdringenden Töne der Liebe. Dieser, sobald sie das allergeringste merkt, geht es oft, wie einem Dachse. Hat er nur von etwas den entferntsten Geruch; so ruhte er nicht eher, als bis er alles ausgespäht hat: dieses erfolgte hier ebenfalls. F. war ein großer Freund musicalischer liebenswürdiger Gerichte: Kaum lernte er das Weiblein kennen, so dachte er: Ein vortreffliches Gericht. Ein Bißchen könnte schon deinen Heißhunger stillen! Jetzt traf er die Anstalten, so bald als möglich von dieser so delicaten Leckerspeise wenigstens etwas zu kosten. Zu dem Ende warf er der Frau Hautboistinn bald verliebte Blicke, bald Kuß-Händchen, bald schickte er ihr durchdringende Seufzer zu. Das Weibchen fand dieses Betragen sehr liebenswürdig und überzeugte sich, daß F. seine Instrumente mit weit größerer Fertigkeit und zugleich stärkerer Empfindung spielen würde, als ihr Mann gewöhnlich auf dem Seinigen spielte. Nicht nur fühlte sie gegen F. etwas, welches einem Mitteldinge zwischen Plato und Epicur vollkommen ähnlich sah, sondern sie räumte ihm sogar in ihrem Herzen die erste Stelle schon ein. Nun philosophirte sie: wie fängt man dieses Romänchen am besten an? Mein Mann ist zwar ziemlich alt, aber dessen ungeachtet, sehr eifersüchtig. Früh steht er auf, früh legt er sich zu Bette. Leider muß ich allezeit Gesellschaft leisten. Du mußt also auf eine andere Art dein Gewebe der Liebe zu spinnen anfangen! — Indem die junge Hautboistinn so für sich überlegte, fiel ihr auf einmahl ein: Halt! dein Mann muß ja auch in Gesellschaft seiner Collegen zu Cränzchen, Bällen, Tabagien und noch andern Belustigungen. Dann reitet er sein Stecken-Pferdchen und nimmt sehr oft eine stärkere Portion Aquavit zu sich, als er wirklich ertragen kann. Hier fände sich also die beste Gelegenheit, wo du endlich noch die liebe-glühenden Thränen des F. trocknen könntest. So bald die Weiber etwas auf dem Korne haben, so zaudern sie bekanntlich nicht lange, sondern legen sogleich Hand an das Werk. Unser Hautboisten-Weibchen that ebendasselbe.

Als ihr Mann bei einem Cränzchen blasen mußte, so verscheuchte sie jede Furcht und Blödigkeit. F. hatte schon Nachricht und erschien in dem Augenblicke als der Mann fortgegangen war. Der Heißhungrige konnte nicht schneller essen, der Durstige nicht gieriger trinken, als F. sich mit Umar-

mun-

mungen und Küsse an seiner musicalischen Schönen sättigte. Tausend Schönheiten sagte eins dem andern! Endlich blieb natürlich nichts mehr übrig, als à la Manier de Mr. de F. die Festung à l'Okzakow zu stürmen und einzunehmen; da aber für das erstemahl zu viele Vorposten eingenommen werden mußten und dadurch sich die Zurückkunft des Alten näherte, so unterbliebe für jetzt der Haupt-Sturm.

Man kam also vor der Hand überein, die Belagerung so bald als möglich fortzusetzen: Sie versprach ihm alles schriftlich bekannt zu machen und J. versicherte, daß er ohne einen Tropfen Blut zu vergießen, die berühmte Festung einzunehmen in dem Stande seyn würde. Dann gab er ihr noch den Rath, daß, wenn er erscheinen könnte, sie nur schreiben sollte. Okzakow wird gestürmt!

Schon den folgenden Tag mußte der Alte bei einer Hochzeit aufspielen. Kaum war Madame allein, so schrieb sie J. das abgeredete Billett. Heute wird Okzakow gestürmt! J. hatte sein Kriegsheer schon in der Lage, daß er augenblicklich den Angriff thun konnte. Ohne Aufschub ward also die Belagerung angefangen, die Festung gestürmt und glücklich in Besitz genommen.

Eeee

Seitdem die Festung erobert war, versäumte der Feldherr nicht, sie mit überflüssigem Proviante der Liebe zu versehen. So durchlebte das Weibchen die angenehmsten, wonnevollsten Tage. Da endlich das Proviantiren kein Ende nehmen wollte, so mußte dieses nach und nach Verdacht erregen. Einem Nachbar fiel das am ersten auf. Dieser erfüllte seine Pflicht als treuer Nachbar und erzählte alles, was er sah, seinem alten musicalischen Freunde.

Der Alte roch wohl, wo der Braten mochte angebrannt seyn, dachte aber: F. ist ein Vornehmer, hat einen langen Arm, weil er vieles Vermögen besitzt; du mußt also behutsam verfahren und dir den Weg einer solchen Genugthuung suchen, womit die Geschichte nicht ruchtbarer wird, du aber doch deinem Zwecke näher kömmst. Merken ließ er sich indessen nichts und da er vorher in der That die Stelle des musicalischen Hahnreichs spielte; so spielte er sie jetzt mit Vorsatze fort.

Etwa acht Tage nachher, als er die Nachricht von seinem Nachbar eingezogen hatte, sagte der Alte ganz phlegmatisch: da muß ich nun wieder zu einer Hochzeit. Geld verdien ich zwar, aber ich soll auch die ganze Nacht aushalten: Aergerlich ist es mir, wenn ich nicht schlafen kann, indeſſen was thut man nicht, um was zu verdienen und ſeinem treuen Weibchen Geld zu ſchaffen. Du kannſt dich alſo in Gottes Nahmen ſchlafen legen. Denn ich komme zuverläſſig nicht nach Hauſe. Madam bedauerte gar ſehr, daß ſie abermahl ohne ihre muſicaliſche Ehehälfte die Nacht zubringen ſollte und —

(Der Beſchluß folgt.)

Die betrunkene gnädige Frau.

Vergangene Woche ging Tlantlaquatlapatli des Abends durch die Königsſtraße und ſah ſehr viele Menſchen nach der Jüden-Straße laufen. Natürlich fragte er, was es da Neues gäbe? Man antwortete ihm: Eigentlich wüßten ſie es noch nicht, hätten aber gehört, daß man Spitzbuben, welche einbrechen wollten, ertappt hätte. Tlantlaquatlapatli lief jetzt ſelbſt in Geſellſchaft mit, fand aber den Vorfall ganz anders.

Eine betrunkene Frau hatte einen Säugling in dem Arme und trieb ſich vor des Conditors Gülers Hauſe in dem Rennſteine herum. Haufenweiſ drängten ſich die Leute dazu und bedauerten

Der Katzendieb und Katzenfresser.

Eine schon betagte Höker-Frau in der Cronen-Straße beschloß, nach dem Tode ihres Mannes sich einen Gesellschafter anzuschaffen. Oft sann sie darüber nach, wer denn eigentlich diese Stelle vertreten sollte. Einen Hund! — Hm! Dieser bellt zu sehr, ist er schön, so wird er dir weggemauset. Das ist nichts! Eine Henne! Diese legt zwar Eyer, allein sie könnte doch deinem Obst-Crame schaden. Ein Aeffchen! Ja, ja, das ginge wohl, allein der Beutel läßt es nicht zu. Diese Creaturen sind zu theuer! Einen Liebhaber! Du lieber Himmel! Wenn nicht die Tage schon da wären, wo man sagen muß, sie gefallen mir nicht. Eine Katze? — Ja eine Katze wird der beste Gesellschafter seyn. Die Höker-Frau schaffte sich einen Kater guter Art, welcher bräunlicht mit schwarzen Pünctchen gezeichnet war, an und nannte ihn Peter Mieß. Sehr wenig kam dieser Liebling von ihrer Seite. Ging er einmahl aus; so rief sie so lang, Peterchen, Peterchen Mieß, bis er endlich wieder herbei geschlichen kam. Peter, weil er sehr gutes Futter hatte, wurde sehr groß und zugleich fett. Daduch erhielt er in der Nachbarschaft allgemeine Aufmerksamkeit. —

Ein Soldat, ein gebohrner Franzose, bekam diesen Peter auch zu Gesichte. Seine gute Leibes-Constitution erweckte in ihm den Appetit, den Peter in seine Gewalt zu bekommen und zu verzehren. Der Soldat führte seinen Plan aus. Die Höker-Frau vermißte ihren Peter, suchte, rief Peterchen, Peterchen Mieß! Umsonst! Peterchen kam nicht. Die Frau grämte und der Soldat freute und rühmte sich: einen Bräten erhalten zu haben, welchen er lange nicht so fett erhalten hätte. Er verzehrte Peter Stückchen weise mit dem größten Appetite. Aus Dankbarkeit legte er die Haut des Peters vor ihre Keller-Thüre und schrieb an dieselbe mit lateinischen Buchstaben: Di Peter att mick schmeckt recht gutt! Die gute Höker-Frau Erschrocken rief sie aus: Armer Peter! Wer wird deinen Verlust mir ersetzen?

Ungehobeltes Betragen eines Polizei-Dieners.

Am vergangenen Sonntag den 6ten September, morgens um acht Uhr, balgten sich zwei

Knaben. Sie waren leicht angezogen und in Camisölern ohne Aermel. Die Balgerei war vor des Kaufmanns Woltersdorf's Laden, dem Berlinschen Rathhause über. Während dieses kleinen Duodrama's kam ein Polizei-Diener, welcher einen einfachen blauen Rock und gelbe Weste an hatte, noch jung aber sehr kernhaft aussah, dazu und wollte diesem Duoprama ein Ende machen. Einer dieser Jungen rettete sich sogleich mit der Flucht. Der anderer war langsamer: der Polizei-Diener hohlte aus leibes Kräften aus und schlug den Jungen über das Creuz oder sogenannte Schulter-Blatt, daß der arme Teufel laut aufschrie: Ach Herr Jesus, Herr Jesus, mein Creuz, mein Creuz! und vor Schmerz krümmend auf die Erde sank. Dem Polizei-Diener war dieses sehr unerwartet, wollte seine Autorität ganz behaupten und rief: Allons marsch, mit nach Kahlands-Hofe! Kaum hörte dieses der Junge, so sprang er furchtsam auf und schrie: Ach nein, nein, nicht nach Kahlands Hof! u. s. w.

Unter dieser Catastrophe war nicht nur eine schon beträchtliche Anzahl Menschen, sondern vorzůglich auch ein ſanfter, menſchenfreundlicher Mann, welcher wie andere behaupteten, zu dem Berlinſchen Magiſtrate gehörte, dazu gekommen. Sogleich trat er dem Polizeidiener näher, fragte ihn, wer ihm Befehl gegeben hätte, einem Menſchen von 12 oder 13 Jahren ſo zu begegnen, daß er todt oder wenigſtens zu einem Krüppel werden könnte, ob er ſeine Pflicht nicht beſſer verſtünde? Er aber, ſagte der brave Mann zu dem Geſchlagenen, geh er mit nach Kahlands-Hof: Ich werde ihn begleiten. Der Knabe erhohlte ſich etwas von ſeinem Schrecken und ging ſeiner Wege. Der Polizei-Diener ſprach kein Wörtchen und ging auch ſeinen Gang. Ja, ja, rief jemand unter den Zuſchauern! Ich kenne den Polizei-Diener! Er iſt kaum ein halbes Jahr dabei, nun will er ſich ein Anſehen geben, und den Richter ſpielen!

Dieſer Vorfall wurde ſogleich Tlantlaquatlapatli berichtet mit der Bitte ihn anzuzeigen, und beſonders den ſo verehrungswürdigen Herrn Präſidenten Philippi, im Nahmen aller rechtſchaffenen Bürger gehorſamſt zu bitten: Den Polizei-Dienern, welche ſich ein ſolches ungehobeltes Be-

tragen zu Schulden kommen laſſen, eine anſtändi-
gere Behandlung anzuempfehlen.

Bekanntlich geziemt es keinem ſolcher Leute,
das Amt eines Richters zu vertreten, dafür aber
auf Ruhe und Ordnung zu ſehen, dieſe zu erhalten
und ſich als vernünftig denkende Menſchen aufzuführen.

Ueber die Pflicht der Polizei- und Stadt-
Diener wurde ſchon umſtändlich geſprochen. Hat
einer oder der andere von den Polizei-Dienern davon nichts geleſen, ſo wird er wohl thun, wenn er
das fleiſſig durchlieſet. Er darf nur das 43 und
44 Stück S. 670 nachſchlagen. Und kömmt er
dem nach ſeinem Kräften nach, ſo wird er ſich
gewiß bei ſeinen Obern wahres Vertrauen und bei
der Bürgerſchaft Achtung und Liebe erwerben.

Der Schlächter-Knecht Chriſtian Lenz.

Dieſer Menſch iſt ſeit vier Wochen das Haupt-
Geſpräch in der Stadt. Tlantlaquatlapatlt
macht bekanntlich die Runde in ganz Berlin bei
Tage und Nacht herum, kömmt auf alle Coffee-
Häuſer, Tabagien, Weinhandlungen, an alle öf-
fentliche Plätze in und vor der Stadt und er mag hin-

kommen, wohin er will, so hörte er, wie man sich von Christian Lenz unterhält. Der eine sagte dieses, der andere jenes. Der dritte erzählt; diese Sache so, der vierte wieder anders. Der fünfte lügt noch ein Gesetzchen dazu, und der sechste thut wieder eines davon. Mehrere geriethen schon darüber in Streit, weil jeder es am besten will.

So viel bleibt ausgemacht: die Hauptthat ist wahr, Christian Lenz hat bekannt, sein Gewissen, welches sein heimlicher Teufel eingewieget hatte, wacht auf, und — Gern würde Tlantlaquatlapatli etwas weitläuftiger seyn, kann aber wegen Mangel des Raumes nicht. Indessen wird er sich in dem vierten Bändchen bemühen, diese Catastrophe nach den Pflichten eines rechtschaffenen Volks-Schreibers als ein warnendes Beispiel vorzutragen.

Haupt-Inhalt
des dritten Bändchen.

49 und 50. Stück. Ueber den Character und die Pflichten eines Präsidenten, Vorgesetzten und Schriftstellers. . . Seite 751
Der Liebhaber als Schornsteinfeger oder Mittel, die Männer zahm zu machen. — 764
Orthodoxie und Halsstarrigkeit des Rabbiners Jokkusiel. Ahndung des Hamburgschen Magistrats. . — 768
Schlächter-Unterredung. . — 774
Die ertrunkene Braut. . . — 775
Wurst wider Wurst. . — 777
Quittung. . . — 778

51 und 52 Stück. Beschluß der Lebens-Geschichte eines Berlinschen ungerathenen Sohnes. . . — 779
Tagebuch des K. N. Theaters in Berlin. Januar. . . — 784
Ueber die Fortschritte der Jüdischen Nation und Abschaffung der Polacken. — 791
Ueber das Abpflücken der Kornblumen. — 802
Die verlorne Feiertags-Perücke. — 806
Ein Paar Schlächter-Frauen. — 807
Entschuldigung meines Weibes. — 810

Haupt-Inhalt.

53 und 54. Stück. National-Theater. Januar. — Seite 811
Empfang Ih. K. H. der Frau Prinzeſſinn von Oranien. — 821
Mein Vetter wünſcht der Führer bei den 6 Damen zu werden. — 831
Illumination im Ladewigſchen Garten.
Ein Paar Kriegsſchiffe in der Luft. — 836
Die ehrliche Unehrlichkeit. — 840
Fünf Polacken auf einmahl. — 841

55 und 56. Stück. National-Theater. Februar. — 843
Empfang Ihrer K. H. der Frau Prinzeſſinn von Oranien. — 855
Beſchreibung des berühmten Enßlenſchen Kunſt-Cabinettes. Beſchluß. — 869
Antworten. — 874

57 und 58. Stück. Ehrfurcht und Freude. Ein Gedicht von der Kaufmannſchaft bei dem Empfang J. K. H. der Frau Prinzeſſinn von Oranien. — 875
National-Theater. März. — 878
Feierlichkeiten bei dem Aufenthalte J. K. H. der Frau Prinzeſſinn von Oranien. 2te Fortſetzung. — 887
Ueber jüdiſche Aufklärung. erſtes Fragment. — 892
Glückliche und unglückliche Lotterie Nummern. — 898

Haupt-Inhalt.

Der fanatisch-pohlnische Selbstmörder. Seite 899
Frische Cartoffeln. — 901
Anzeigen der Verlags-Bücher in der Petit und Schönesche Buchhandlung. — 903

59 und 60. Stück. Gedicht bei dem Empfange J. K. H. der Frau Prinzessinn von Oranien, von der Bürgerschaft. — 908
National-Theater. März. — 909
Feierlichkeiten bei dem Aufenthalte J. K. H. der Frau Prinzessinn von Oranien. 3te Fortsetzung. — 922
Ueber jüdische Aufklärung. Beschluß. — 927
Majorennes, hartes und stinkendes Rindfleisch. — 933
Vertheidigung des Buchhändler Brönners. — 935

61 und 62. Stück. National-Theater. April. — 939
Feierlichkeiten bei dem Aufenthalte J. K. H. der Frau Prinzessinn von Oranien. 4te Fortsetzung. — 944
Versammlung der K. Academie der Wissenschaften. — 949
Aufforderung an die Ober-Aeltesten und alle würdige Gelehrte der jüdischen Colonie in Berlin. Den verbannten Owadioh betreffend. — 954

Haupt-Inhalt.

Bildniß des berüchtigten Raph. Süßkind,
Cohen Jockusiel, Ober-Land-Rabbiner. Seite 966
63, 64 und 65. Stück. Gesang der Freude
bei der Anwesenheit J. K. H. der Frau
Prinzessinn von Oranien. — 969
Feierlichkeiten u. s. w. — 971
Empfang in Charlottenburg. — 974
Volks-Zulauf nach Charlottenburg.
Nachtlager der Berliner. Wohlfeiles
fettes Hammelfleisch. Freude der Sei-
fen Sieder und Wäscherinnen. — 989
Illumination bei der verwittweten Köni-
ginn Majestät. — 995
Königl. Feuerwerk. — 1000
Vortreffliche Anstalten zur Erhaltung der
Ordnung. Königl. Zufriedenheit. — 1004
Character-Züge und schlechte Streiche
des Raphael Jockusiels. — 1011
Entschuldigung. — 1016
66, 67 und 68. Stück. Feuerwerks-Ge-
dicht. — 1017
Feierlichkeiten u. s. w. Ordnung der Hu-
saren. Feuerwerks-Jubel. Aernte der
Charlottenburger. Freude der Bierschenker und Gastwirthe. — 1020
Geburts-Fest des Cron-Prinzen von Preus-
sen. — 1030

Haupt-Inhalt.

Prächtige Aufführung des Oratorii Hiob
von Dittersdorf.   Seite 1032

Große Königliche Redoute. Versammlung der Götter oder Quadrillen ꝛc. — 1043

Antwort an die Ober-Landes-Aeltesten
und Vorsteher der Berlinschen Judenschaft.   — 1063

69 und 70. Stück. Feierlichkeiten. Große
Königliche Redoute. Beschreibung der
Character-Masken.   — 1068

Redoute bei der Madame Schubitz.   — 1077

Hartherzigkeit und Mitgefühl.   — 1082

Fürchterliche Donnerwetter. Entzündung des Blitzes. Feuer-Tumult. Predigt des Hrn. O. C. R. Silberschlags
Gewitter-Ableiter.   — 1086

71 und 72 Stück. Klagen der Schuster und
Schneider. Wohlfeile Stiefel.   — 1097

Natürlich polnische Juden-Character-
Maske.   — 1099

Feierlichkeiten. 8te Fortsetzung.   — 1102

Seltsame Antwort eines Franzosen und
seltsame Bittschrift eines Teutschen.   — 1108

Herzhaftigkeit des Zimmer-Gesellen Eck-
steins. Wohlfeile Gewitter-Ableiter
zur Beherzigung des Hrn. O. C. R. Sil-
berschlages.   — 1116

Haupt-Inhalt.

Post-Straßenraub. Der Schlächter-
Knecht Lenz hat bekannt. — Seite 1120

Lehrburschen- und Straßen-Jungen Unfug.
Polizeidiener-Zucht. — 1126

73 und 74 Stück. Zur Geburts-Feier des
Prinzen Wilhelms von Preussen. — 1129

National-Theater. April. — 1131

Feierlichkeiten bei dem Aufenthalte J. K.
H. der Frau Prinzessinn von Oranien. — 1137

Der Schwarzkünstler, Geister-Citirer,
und Charlatan Phylidor. — 1140

Der Liebhaber à l'Okzakow oder der
musicalische Hahnrei. — 1143

Die betrunkene gnädige Frau. — 1147

Der Katzen-Dieb und Katzen-Fresser. — 1149

Ungehobeltes Betragen eines Polizeidieners. — 1150

Der Schlächter Knecht Lenz. — 1153

www.ingramcontent.com/pod-product-compliance
Lightning Source LLC
Chambersburg PA
CBHW030605300426
44111CB00009B/1105